군산의 근대 풍경

역사와 문화

군산의 근대 풍경 : 역사와 문화

초판 1쇄 발행   2015년 1월 30일
초판 2쇄 발행   2017년 7월 31일

지은이   공종구 · 김민영 · 김두헌 · 류보선 · 송석기 · 장은영 · 최성윤 · 최영호
펴낸이   윤관백
펴낸곳   ※돌선 선인

등 록   제5-77호(1998. 11. 4)
주 소   서울시 마포구 마포대로 4다길 4 곳마루B/D 1층
전 화   02) 718-6252
팩 스   02) 718-6253
E-mail   sunin72@chol.com

정가 · 16,000원
ISBN 978-89-5933-792-7   93910

군산대학교 새만금종합개발연구원
환황해새만금연구총서 **17**

군산의 근대 풍경
: 역사와 문화

공종구 · 김민영 · 김두헌 · 류보선
송석기 · 장은영 · 최성윤 · 최영호 공저

도서출판 선인

머리말

우주의 중심은 어디인가? 관점이나 입장에 따라 당연히 여러 가지 다양한 생각들이 있을 것이다. 그 다양한 여러 가지 생각들 가운데 가장 확실한, 따라서 부정할 수 없는 사실은 바로 나 자신이 우주의 중심이자 기원이라는 생각이다. 독단과 독선의 혐의에도 불구하고 이러한 생각은 충분한 설득력을 지닌다. 내 자신이 없다면 다른 사람들을 포함한 이 세상의 다른 사물들이나 존재들은 별다른 의미를 지니지 못할 것이기 때문이다. 그리고 이 세상 모든 사물에 의미를 부여하는 궁극적인 주체는 다른 사람이 아닌, 바로 나 자신이기 때문이다. 이러한 생각이 퍼져나가는 동심원의 파장을 확장하면 우리 동네, 지역사회, 국가, 오대양 육대주, 우주로 나아가게 된다. 궁극적인 지점에서 나와 우주가 별개의 실체가 아닌 하나가 될 수 있는 것도 바로 그러한 이치에서이다.

최근 들어 군산의 지역사회가 외부의 타자들로부터 부쩍 많은 관심과 주목의 대상으로 떠오르고 있다. 외부 타자들의 공동 작업의 소산인 『왜 우리는 군산에 가야 하는가』(글누림, 2014)라는 책은 그러한 사실을 선명하게 증거한다. 반가운 사실이 아닐 수 없다. 그렇다고 마냥 반가워 할 수만은 없을 것 같다. 여러 가지 면에서 그러한 성격의 연구 성과를 내기에 최적화된 조건을 갖춘 군산의 연구자들이 마땅히 해야 할 작업을 다른 지역의 연구자들이 선점해버린 데서 오는 자책과 회한 때문이다. 이러한 맥락에서 군산대학교 새만금종합개발연구원에서 매년 기획 총서로 출간하고 있는 '환황해새만금 연구 총서'가 가지는 의미와 의의는 결코 작지 않아 보인다. 무엇보다 이 총서는 일제의 강제를 매개로 한 서구의 충격에서 출발한 식민지 근대 이후 우리 사회를 강박과 주술처럼 지배해 온 서구 중심주의의 에피고넨인 '서울 중심주의'의 악령으로부터 벗어나고자 하는 본격적인 시도와 탐색이라는 점 때문이다. 주변 없는 중심이 존재할 수 없고, 중심 없는 주변 또한 존재할 수 없다. 주변은 중심과는 또 다른 차원의 중심이다. 이치가 그러함에도 불구하고 한국에서 근대화 과정이 본격적으로 진행되는 1930년대 이후 지방은 끊임없이 서울의 '부정적인 변종'이나 '열등한 타자'로 식민화되고 영토화되어 왔다. 안타깝게도 그러한 현실은 부정할 수 없는 사실이다. 더불어 지방의 일부 거주자들은 서울의 중심성이나 헤게모니를 내면화하는 오리엔탈리즘의 충실한 사도가 되거나 심지어 서울의 중심성이나 헤게모니에 자발적으로 투항하는 식민주의의 헤르메스를 자처하기도 했다.

사실이 그렇다. 우리는 그동안 너무나 많은 '서울의 근대'만을 불러왔다. 그리하여 우리는 '군산의 근대'에 너무나 등한하였다. 이제는 군산의 근대를 불러야 할 때이다. 군산은 서울의 변방이나 주변이 아니라 그 자체가 하나의 독자적인 작동 원리와 고유한 정체성을 지닌 하나의 소우주이기 때문이다. 우리 군산은 1899년 개항 이후의 역사만 하더라도 호기심을 자극하는 대상이 무궁무진할 정도로 매력적인 도시이다. 문민정부 시절 의욕적으로 추진된 '역사바로세우기 운동'과 함께 적지 않은 근대의 역사 문화유산과 유물들이 역사의 창고에 봉인되기는 했지만 아직도 많은 유물이나 유적들이 그 당시의 흔적들을

선명하게 증거하고 있다. 더욱이 근대 역사박물관의 개관 이후 군산
은 근대 문화 역사 도시로 환골탈태하고 있다. 그리고 적지 않은 영
화 촬영지와 이제는 중소기업의 반열에 오른 이성당을 비롯한 맛집들
이 인구에 널리 회자되면서 우리 군산은 갈수록 외지의 관광객들에게
매력적인 명소로 각인되고 있다. 하지만 이제까지 군산의 근대는 그
에 합당한 연구사적 조명이나 대접을 받아오지 못해 왔다. 어느 누구
도 부정할 수 없는 사실이다. 그러한 흐름은 이제 바뀌어야 하고 최
근 들어 의미 있는 작업들이 이루어지고 있다. '군산의 근대 풍경'이
라는 타이틀의 이 저서 또한 그러한 작업의 연장선에서 출발하고 있
다. 이 저술은 '학제 간 통섭학'으로서의 '군산학'을 정립하고 그 성과
를 공유·확산하는 데 의미 있는 기여를 할 수 있을 것으로 생각한
다.

『군산의 근대 풍경 : 역사와 문화』는 크게 8편의 개별 논문으로 구
성되어 있다. 1부 역사 4편, 2부 문화 4편이다. 구체적인 세목을 살펴
보면 다음과 같다.

최영호의 「군산 거주 일본인의 귀환 과정에 나타난 지역적 특성」
은 일제강점기에 군산 지역(옥구 포함)에 거주했던 일본인들이 해방
직후에 결성한 '세화회'를 밀도 있게 탐색하고 있는 논문이다. 이 글을
통해서 필자는 군산 '세화회'의 결성 과정과 주요 조직 활동, 지역적
특징을 밝히고 있다. 필자는 군산 지역 일본인 사회의 특징으로 현지
정착성이 높고 조선인과의 관계성이 양호했다는 점을 들고 있다. 아
울러 군산 '세화회'의 조직적 특징으로 서울과 부산에 비해 짧은 기간
에 그쳐 귀환 원호 활동에서 괄목할 만한 실적이 없었다는 점, 그리
고 비교적 안정적인 임원 구성의 모습을 보인 점을 들고 있다. 김민
영의 「미군정 정부수립 시기 군산 옥구 지역의 사회와 경제」는 현재
마이크로필름 상태로 되어 있는 『군산신문(1947.11.15~1949.6.29)』 자

료를 복원·재구성함으로써, 해방 직후 특히 미군정 수립을 전후로
한 시기, 군산 옥구 지역의 사회·경제상을 소묘적으로 검토하고 있
는 글이다. 송석기의 「근대문화도시조성사업과 군산근대도시경관 변
화의 기록」은 2009년에서부터 2014년까지 진행된 '군산 근대문화도시
조성사업'에 대한 면밀한 검토와 추적을 통하여 앞으로 지속될 군산
원도심의 도시 경관 조성 사업과 관련된 주요 쟁점을 검토하고 있는
글이다. 김두헌의 「군산 지역 세거 가문 연구 현황과 과제」는 우리들
이 일반적으로 '성씨'라고 부르는 '가문'의 역사적 계보와 추이의 추적
을 통해 군산 지역의 위상을 탐색해 보고자 하는 문제의식에서 출발
하고 있는 글이다.

　류보선의 「문학으로 본 군산」은 이 저서의 2부를 구성하는 '문화'편
의 총론 성격을 지니고 있는 글이다. 이 글은 한국의 근대 문단 지형
에서 돌올한 성취를 보여준 바 있는 백릉 채만식과 고은의 문학을 중
심으로 군산의 근대문학 지형을 밀도 있게 탐색하고 있다. 군산의 근
대문학 지형에 대한 좋은 길라잡이 역할을 할 수 있을 것이다. 최성
윤의 「이근영의 삶과 문학」은 임피 출신의 소설가인 이근영의 생애와
문학을 총체적으로 접근하고 있는 글이다. 임피 출신이면서도 일부
전문가를 제외하고는 지역사회에 잘 알려져 있지 않은 이근영의 생애
와 문학에 대한 소개 성격의 이 글은 지역사회에 이근영을 알리는 데
의미 있는 기여를 할 것으로 보인다. 장은영의 「『만인보』에 나타난
군산」은 고은의 장편 대하서사시인 『만인보』에 나타난 군산 지역의
토포필리아를 정치하게 탐색하고 천착하고 있는 매우 흥미로운 논문
이다. 공종구의 「채만식의 『심봉사』 계열체 서사의 근대성」은 채만식
이 전통적인 고전 서사인 '심청' 이야기에 집요할 정도로 관심을 가진
의도가 무엇이었을까?를 탐색해보고자 하는 문제의식에서 출발한 논
문이다. 이 글을 통해 필자는 채만식의 의도가 가부장제 이데올로기

에 기초한 전통적인 가족제도의 억압과 폭력을 심문하고 처벌하고자 하는 오이디푸스적 욕망의 상징적 실천임을 드러내고 있다.

이 의미 있는 성과가 세상에 선을 보이게 되는 과정에서 많은 분들의 도움을 받지 않을 수 없었다. 당연히, 도움을 주신 분들의 고마움을 적바림하는 일을 잊어서는 안 될 것 같다. 무엇보다 먼저 무례와 폭력에 가까울 정도의 촉박한 원고 마감 일정과 많지 않은 고료에도 불구하고 완성도 높은 좋은 원고를 보내주신 8분의 필자들에게 감사의 마음을 전한다. 더불어 8개의 구슬을 보배로 꿸 수 있는 기회를 주신 군산대학교 새만금종합개발연구원장이신 김민영 교수에게도 감사의 마음을 전하는 바이다. 마지막으로 이 조그만 성과가 독자들에게는 군산의 근대 문화와 역사에 애정과 관심을 가지게 하는 계기가, 그리고 연구자들에게는 후속 연구들을 자극하고 촉발할 수 있는 촉매가 되기를 바라는 바이다.

2014년 12월 6일
필자들을 대표하여 공종구 씀

목 차

제2부　문화

제1부 **역사**

제1장

군산 거주 일본인의 귀환 과정에 나타난 지역적 특성*
 : 세화회의 조직과 활동을 중심으로

최영호**

Ⅰ. 서론

이 논문의 목적은 군산 거주 일본인을 구성원으로 하여 해방 직후에 만들어진 군산의 일본인 세화회에 관하여 그 결성 과정과 주요 조직 활동을 관련 자료를 통해 밝히고 지역적인 특성을 찾는 데 있다. 1945년 8월 18일에 조선총독부의 지도를 받아 설립된 서울의 세화회 조직은 일본군의 지원을 받아 이윽고 남한 전체로 확산되어 갔다. 애초 세화회는 한반도 거주 일본인의 생활권익 보호와 귀환자 원호를 위해 만들어진 관민 합동단체였다. 모리타 요시오(森田芳夫)는 세화회와 일본인 귀환에 관한 일차적인 자료를 모아 1980년 자료집을 편찬했다.[1] 그는 어린 시절을 군산에서 보냈으며 서울에서 성장했다.

* 이 논문은 2007년도 정부(교육과학기술부)의 재원으로 한국연구재단의 지원을 받아 연구되었음(NRF-2007-361-AL0001). 『한일민족문제연구』 제26호(2014년 6월)에 게재되었음.
** 영산대학교 교수. 영산대학교 국제학연구소 소장.
 1) 森田芳夫・長田かな子, 『朝鮮終戰の記録 : 資料篇第二巻』, 嚴南堂書店, 1980.

해방 직후 세화회 서울 조직에 직접 관여했으며 일본으로 귀환한 이후에는 세화회를 포함하여 한반도 거주 일본인의 귀환과 관련된 자료들을 수집하는 데 부단한 열정을 보여 교과서적인 자료집을 생산한 것이다. 한편 본 논문의 집필자는 2013년 단행본 발행을 통하여 모리타 자료집을 토대로 하면서도 거기에 새로운 자료와 연구 성과를 소개하고 서울과 부산 그리고 도쿄를 대상 지역으로 하여 세화회 조직의 결성 과정과 주요 활동을 정리한 바 있다.2) 이 논문은 비교 검토 대상 지역을 보다 확대하여 기존 연구를 보완하고자 집필된 것이다.

여기서는 연구 대상 지역을 군산으로 한정하여 이 지역 일본인의 귀환 과정에서 나타나는 특성을 찾고자 한다. 세화회 조직과 활동을 살펴봄으로써 군산 지역 일본인의 귀환에 관한 지역성(Locality)을 발견하고자 하는 것이다. 일본인의 귀환 문제와 관련하여 그들의 식민지 경험에 대한 평가와 마찬가지로 긍정적 혹은 부정적으로 평가하는, 소위 이분법적인 사고를 탈피하고 다양성에 주목해야 한다. 그들의 식민지 인식이 어떠한 차이를 나타내는가, 또는 지역적으로 어떤 특징이 나타났는가에 관하여 다각적인 시각이 필요하다는 것이다. 일본인 귀환에 관한 다각적인 접근의 방향으로서는 오늘날 일본인 식민자의 역사인식 혹은 일본인 귀환자의 자기인식에 주목하는 연구가 널리 이루어지고 있다.3) 여기에 또 하나의 방향으로서 본 논문은 일본인 귀환자들의 거주 지역에 주목하는 연구도 필요하다는 점을 강조하고 싶다. 필자는 이처럼 가로축과 세로축에서 다각적인 접근을 확장시켜갈 때 비로소 귀환 연구에서의 다양성이 확보될 수 있을 것으로 본다.

---

2) 최영호, 『일본인세화회: 식민지조선 일본인의 전후』, 논형, 2013,

3) 申鎬, 「'植民者'から'理解者'へ : '植民2世'の植民地経験をめぐる語りを中心に」, 松原孝俊(編), 『九州大学発韓国学の展望』, 花書院, 2013, 159~167쪽.

　주지하는 바와 같이 남한 지역 전반에 걸친 세화회 조직의 공통적인 특징으로서는 8월 25일 서울에서 발표된 「취지문」이 보여주는 바와 같이 시대적인 인식의 한계를 지적할 수 있다. 일본 제국의 해체라고 하는 현실을 적극 수용하지 못하는 가운데 황국신민으로서의 충절을 지키면서 일본인들의 권익 보호를 위해 막연하게 해방된 조선인민과 협력해야 한다고 하는 자세를 보였다는 점을 지적할 수 있다.[4] 또한 세화회 임원의 일반적인 특징으로서는 해방 전 총독부 중앙 및 지방기구와 그 외곽단체에서 권력을 장악하고 있던 소위 일본인 지도층과 인적인 네트워크를 가지고 있었고, 이러한 지도급 인사들은 일본으로 귀환한 후에도 대부분 일본 사회에서 지위와 권익을 보장받았다고 하는 점을 지적할 수 있다.[5]

　이처럼 세화회는 전반적으로 공통점을 갖고 있으면서도 지역적으로 약간의 차이점을 나타냈다. 서울과 부산을 중심으로 하여 세화회 조직의 지역별 특징을 살펴보면, 서울의 세화회가 한반도 전체 일본인 사회를 지도하는 입장에서 결성 과정에서 경제인과 문화인 지도자들을 영입하고 이들에게 전반적으로 사명감을 요구했으며 회보의 발행·일본인 자제 교육·귀환자와 전재자에 대한 원호 등 다양한 지도적 활동을 전개했다.[6] 반면에 부산의 세화회는 초기에 통제받지 않는 개별적 일본 도항을 억제하고 선박 운임을 통일화 하고자 하는 움직임을 보이다가 점령군 진주 후에는 귀환자 및 전재자 원호에 전념하기에 이르렀다. 이에 따라 부산의 세화회 임원들은 귀환하기 쉬운 지

---

[4] 森田芳夫, 『朝鮮終戦の記録』, 巖南堂書店, 1964, 137쪽.

[5] 永島広紀, 「朝鮮半島からの引揚と ‘日本人世話会’ の救護活動 : 朝鮮総督府·京城帝国大学関係者を中心に」, 増田弘(編), 『大日本帝国の崩壊と引揚·復員』, 慶應義塾大学出版会, 2012, 143~144쪽.

[6] 최영호, 『일본인세화회』, 141~157쪽.

역적 조건에 따라 서울과는 비교가 되지 않을 만큼 유동성이 심했으며 따라서 세화회 조직의 자생적 결속력도 비교적 약했다.[7] 그러면 군산 지역의 세화회는 서울이나 부산에 비해 어떠한 지역적 특성을 보였을까?

한반도 일본인 귀환의 지역적 특성에 관한 본격적인 연구는 물론 군산 지역의 귀환에 관한 본격적인 연구도 아직은 없고 다만 일부 연구에서 이에 관하여 부분적으로 언급되고 있을 따름이다. 해방 직후 군산 지역 거주 일본인의 동향에 관하여 부분적인 언급이 되어 있는 논문으로는, 한국의 김민영 연구자가 2012년에 기존 연구들을 정리하여 발표한 논문,[8] 그리고 일본의 후지이 가즈코(藤井和子) 연구자가 「월명회」 구성원의 자료를 비롯하여 구술 자료 등을 구사하여 군산 거주 일본인 문제를 다룬 논문[9]을 들 수 있다. 김민영은 모리타의 자료를 인용하여 1945년 8월 23일부터 12월 29일까지 5차례에 걸쳐 5,109명의 일본인이 군산을 '철수'했다고 하며 군산 지역 거주 일본인의 귀환 규모에 관하여 언급했다.[10] 또한 그는 관련 자료를 통해 식민지 시기 군산의 일본인 인구 규모를 언급하면서 식민지 말기의 인구가 군산부만 해도 8천 명이 넘었고 옥구군까지 합하면 11,000명이 넘었다고 언급하고 있다. 그런데 그는 거주자 통계 8천 명 이상과 귀환자 통계 5,109명 사이의 통계 차이가 무엇을 나타내는지에 관한 언

---

7) 최영호, 『일본인세화회』, 180~193쪽.

8) 김민영, 「일본인의 생활세계와 식민지인식」, 김종수 · 김민영 외 공저, 『새만금도시 군산의 역사와 삶』, 선인, 2012, 150~151쪽.

9) 藤井和子, 「植民地都市群山の社会史(1): '新興洞日本式家屋(旧広津家屋)'と広津家の歴史」, 『関西学院大学社会学部紀要』 115, 2012, 105~106쪽; 藤井和子, 「コラム朝鮮群山引揚者と月明会」, 島村恭則(編) 『叢書戦争が生みだす社会Ⅱ : 引揚者の戦後』, 新曜社, 2013, 169~173쪽.

10) 김민영, 「일본인의 생활세계와 식민지인식」, 151쪽.

급은 하지 않았다.

또한 후지이는 그녀의 논문에서 "이 땅에 살아 온 일본인들은 군산 출생 일본인도 포함하여 일본으로 귀환하지 않을 수 없게 되었다. 그들은 현금 1000엔과 수하물만을 가지고 모든 토지·가옥·재산을 두고 가야했다"고 하며 군산 거주 일본인의 귀환 상황에 관하여 서술했다.[11] 이러한 서술을 통해 전달되는 해방 직후 군산의 일본인에 대한 이미지는 집단 열차수송에 의한 귀환과 함께 모든 재산을 하루아침에 잃고 고향을 쫓겨나가는 가엾은 존재라고 할 수 있다. 이러한 이미지가 일반적으로 한반도 거주 일본인의 귀환 상황에 관하여 널리 알려진 것이기는 하지만, 한반도 거주 일본인 가운데 권력층 지도급 인사들을 고려한 서술은 아니며 또한 한반도 남부 지역을 포함하여 미군정 당국의 통제를 받기 전에 많은 일본인이 자신의 재산을 처분하거나 지참하고 발 빠르게 귀환해 간 상황을 고려한 것도 아니라는 점을 미리 일러두고 싶다.

한반도 거주 일본인의 귀환 상황에 관하여 일률적으로 이미지를 전달하기에 앞서 개개인의 처해진 상황에 따라 귀환이 다양하게 이루어졌다고 하는 점을 인식해야 한다. 특히 일본 본토에 접근하기 위한 지리적 조건에 따라 극명하게 서로 다른 귀환 양상을 보였다는 점을 인식해야 한다. 한반도 귀환자 가운데에도 이러한 현실적 상황을 솔직하게 회고한 사람들이 있다. 예를 들어 1927년 서울에서 태어나 생활하다가 패전 직후 남달리 이른 시기에 귀환하게 된 후쿠다 미치코 (福田迪子)는 자신의 회고록을 통해 "모두 각각의 입장이나 권력을 이용하여 조금이라도 일찍 유리하게 귀국하기를 원했다. 공무원이나 군인 특히 지위가 높은 사람들은 그러한 경향이 심했던 것 같다"고 언

---

11) 藤井和子, 「植民地都市群山の社会史(1)」, 106쪽.

급했다.[12] 이해관계에 따라 각기 다양하게 전개된 귀환 움직임에 대하여 복안(復眼)을 가지고 접근해야 한다는 것이다.

애초에 '대부분'의 일본인은 '잔류'하고자 하는 의사를 가지고 있다가 점령군의 진주와 일본군의 무장해제에 따른 한반도 사회의 변화에 따라 '귀환'에 내몰릴 수밖에 없었다. 그러나 이러한 '대부분'의 이미지는 반드시 '모든' 일본인에게 적용되는 것은 아니다. 지역적인 조건에 따라 개개인의 사정과 판단이 달라지고 결과적으로 귀환의 양상도 지역적으로 달리 나타났다. 특히 지역적 조건에 따라 미군 진주에 앞서 수하물이나 지참 화폐 분량의 통제를 받지 않고 일본으로 건너간 일본인 규모가 지역별로 달리 나타났다. 이렇듯 점령 당국의 통제를 받지 않고 귀환한 일본인의 존재야 말로 앞에서 지적한 인구 통계와 귀환자 통계와의 차이를 설명할 수 있는 주요 변수라고 생각한다. 귀환자 개개인의 다양한 귀환 과정의 특성을 이해해야 한다는 근본적인 문제제기와 함께, 이 논문에서는 다양성 연구에 이르는 초기 단계로서 군산의 지역성에 착목하고자 한다.

Ⅱ. 해방 직전 군산 지역의 일본인

일제강점기에 있어서 식민 도시 군산 지역의 사회적 특징에 대해서는 김태웅의 연구가 괄목할 만하다. 그는 1930년『국세조사보고서』에 나타난 군산부(群山府) 직업 구성을 분석하여 민족별 계층화 현상을 특성으로 지적했으며 시기가 흐를수록 더욱 민족별 양극화가 심화

---

12) みなそれぞれの立場、権力を利用して、少しでも早く、有利に帰国したいと願った。役人や軍人、特にエライ人は、ひどかったようである。福田迪子,『京城回想』, 福田迪子, 2012, 154쪽.

되어 갔다는 점을 밝혔다. 이 지역에 나타난 일본인과 조선인의 민족별 특성으로 그는 다음과 같은 점을 지적했다. 첫째, 일본인의 경우 조선인에 비해 중간층이 두터운 형태의 계층 구성을 보였다. 둘째, 제2차 산업 종사자들 중에서 일본인들은 상류 계층에 속한 반면 조선인들은 하류 계층에 속했다. 셋째, 직업 구성에서 관공리와 같은 권력층의 대부분을 일본인이 차지했고 또한 무직자 중에도 일본인의 비중이 높았는데, 이들 가운데 은급, 소작료, 지대, 가옥임대, 유가증권 등 각종 수입을 통해 무위도식하는 사람이 많았고 학생의 경우도 조선인에 비해 일본인이 월등히 많았다.[13]

그럼 해방 직전으로 시기를 한정하여 군산 거주 일본인의 인구 상황을 살펴보자. 일찍이 1899년에 개항한 군산은 호남과 충청도 지역 미곡집산지로서 발전했으며 주변 일본인 농장과 함께 커져갔다.[14] 형성 과정에서 보이는 특징을 가지고 식민 도시를 크게 세 가지로 나누어 보면, 식민 지배와 함께 새로운 도시가 형성된 Type-1, 즉 '신설 도시' 유형, 전통적인 도시에 식민 지배에 의한 도시화가 중첩되어 변형된 형태로 도시로 변모한 Type-2, 즉 '혼합 도시' 유형, 그리고 기존의 대도시 부근에 식민 거주지가 형성된 Type-3, 즉 '확대 도시' 유형으로 나누어 생각할 수 있다.[15] 이렇게 보면 군산은 전형적으로 Type-1에 해당하는 도시였다. 군산은 식민도시로 형성되어 1910년부터 1935년

13) 김태웅, 「군산부 주민의 이동사정과 계층분화」, 김종수・김민영 외 공저, 『새만금도시 군산의 역사와 삶』, 선인, 2012, 119~126쪽.

14) 原田敬一, 「韓国併合前後の都市形成と民衆 : 港町群山の貿易・生産・生活」 韓哲昊 外, 『植民地朝鮮の日常を問う : 第2回佛教大学・東国大学校共同研究』, 佛教大学国際交流センター, 2012, 71~149쪽; 金富子, 「朝鮮南部の植民地都市・群山の性売買:遊郭・アメリカタウン・性売買集結地」, 宋連玉, 『軍隊と性暴力: 朝鮮半島の20世紀』, 現代史料出版, 2010, 86~102쪽.

15) 橋谷弘, 『帝国日本の植民地都市』, 吉川弘文館, 2004, 11~13쪽.

까지 전라북도의 실질적인 도청 소재지로서 근대 문물을 일찍부터 받아들였다. 다만 1933년 일본 제국의 미곡통제법이 식민지 조선에서도 적용되면서 군산항에서의 미곡 수출이 줄어들고 공업 도시로 탈바꿈하고자 하는 지역적 노력도 실패하면서 군산은 식민 도시로서의 비중이 점차 낮아져 갔다.[16]

조선총독부가 1944년 5월에 펴낸 『인구조사결과보고』에 따르면,[17] 당시 군산부에 총 11,942세대가 거주한 것으로 나타나 전라북도 내의 다른 도시인 전주(全州府, 13,272세대)에 비해서 약간 작은 규모였다는 것을 알 수 있다. 또한 군산 근교의 옥구군(沃溝郡)에는 총 18,491세대가 거주했다. 이 시기의 조선인과 일본인을 합한 총인구 규모를 보면 절대 수에서 군산(57,589명)이나 옥구군(101,023명)이 전주(67,093명) 혹은 타 지역에 비해 월등히 많았다고 보기는 어렵다.[18] 하지만 일본인만의 인구에서 본다면 일제강점기 내내 군산은 전라북도에서 가장 큰 도시였다고 할 수 있다. 1944년의 인구 통계를 보면 전라북도 거주 일본인 총수 33,068명(남 15,509 / 여 17,559) 가운데 군산에 거주하는 인구가 가장 많았다. 이것은 우리가 군산을 '식민 도시'라고 부르는 가장 큰 이유가 되고 있다. 1944년 5월 1일 당시 군산에는 총 8,261명(남 3,756 / 여 4,505)의 일본인이 거주하고 있었던 것으로 되어 있다. 한편 옥구군에는 총 2,798명(남 1,364 / 여 1,434)이 거주하고 있어 군산, 전주, 익산군에 이어 4번째로 많은 인구의 일본인이 거주하고 있었던 것으로 되어 있다.

---

16) 이준식, 「일제강점기 군산에서의 유력자 집단의 추이와 활동」, 『동방학지』 131, 2005, 211~217쪽.
17) 朝鮮総督府(編), 『昭和19年5月1日人口調査結果報告其ノ一』, 朝鮮総督府, 1944, 1~16쪽.
18) 朝鮮総督府(編), 『昭和19年5月1日人口調査結果報告其ノ一』, 6쪽.

〈표 1-1〉 1944년 5월, 군산 옥구 지방의 인구

		한반도 전체	군옥 지방 인구			
			합계	%	군산부	옥구군
세대		4,920,205	30,433	0.6	11,942	18,491
인구 총수	계	25,917,881	158,612	0.6	57,589	101,023
	남	12,892,250	78,905	0.6	28,543	50,362
	여	13,025,631	79,707	0.6	29,046	50,661
일본인	남	345,561	5,120	1.5	3,756	1,364
	여	367,022	5,939	1.6	4,505	1,434
조선인	남	12,499,487	73,538	0.6	24,559	48,979
	여	12,654,865	73,632	0.6	24,415	49,217
대만인	남	261	2	0.7	2	0
남양인	여	112	0	0.0	0	0
외국인	남	47,941	245	0.5	226	19
	여	25,652	136	0.5	126	10

〈표 1-1〉에서 알 수 있는 바와 같이, 한반도에 거주한 일본인 가운데 군산과 옥구 지방에 거주하는 일본인의 비율이 조선인을 포함한 전체 인구의 1.6%에 달했다. 이것은 한반도 전체의 일본인 비율 2.8%에 비하면 상대적으로 낮은 것으로서 대체로 일본인들에게 있어서 군산과 옥구 지역은 다른 지역이나 도시에 비해 그다지 선호의 대상이 되지 않았다는 것을 말해 준다. 다만 군산에 거주하는 일본인만을 대상으로 하면, 한반도 전체에 거주하는 일본인 가운데 차지하는 비율이 1.1%에 달하여 상대적으로 군산의 도회지에 일본인이 몰려 살았다는 것을 입증하고 있다. 참고로 군산에 거주하는 조선인의 경우는 한반도 전체의 0.2%에 불과했다. 이처럼 군산의 도회지에 국한한다면 조선인에 비해서는 일본인의 인구 비율이 높았다는 것을 알 수 있다.

이어 해방 직전의 일본인 직업 구성을 살펴보자. 이 시기 한반도에 거주하고 있던 일본인 전체의 직업을 보면, 당시 한반도의 중심 산업인 농업에는 극히 적은 수가 종사했음을 알 수 있다. 1942년 말의 총

독부 통계연표에 따르면 농업 종사자의 경우 조선인 가운데 68.1%를 차지하고 있는 데 반하여 일본인 가운데는 3.9%만이 이에 종사했다. 농업과 수산업을 합쳐 제1차 산업에 종사한 인구를 보면 조선인이 총 17,901,971명으로 70.1%를 차지했던 것과는 달리 일본인의 경우는 총 38,309명으로 5.1%에 지나지 않았다. 반면에 일반적으로 널리 지적되고 있는 바와 같이, 지배층을 형성하는 공무업과 자유업에는 과다할 정도로 많은 인원이 종사했다. 공무자유업 종사자의 경우 조선인 가운데 3.9%에 지나지 않았는데 일본인 가운데서는 39.5%라고 하는 점유율을 보였다. 일본 본토의 인구 대비 공무자유업 종사자 비율이 6.8%에 지나지 않았던 것과 비교해도, 39.5%라는 숫자는 한반도 일본인의 직업이 이 분야에 지나치게 편중되어 있었다는 점을 알 수 있다. 종사자 절대 수에 있어서도 당시 한반도에서 총 1,306,388명이 공무자유업에 종사하는 가운데 일본인이 297,233명을 차지하여 무려 22.8%의 높은 비율을 보였다.[19]

 이러한 전체 상황을 서울(경기도)과 경상남도(부산)와 비교하여 지역별로 좀 더 깊이 살펴보자. 군산 지역 일본인의 지역적 특성은 전라북도 거주 일본인의 직업 구성을 통해 유추할 수 있다. 〈표 1-2〉는 1942년 말 인구 통계를 지방별로 재구성한 것이다.[20] 전라북도의 경우, 농업과 수산업에 종사한 일본인의 비율(18.1%)이 한반도 전체 중에서 가장 높았다. 한반도 전체 평균 5.1%에 비하면 이 지역의 비율은 상대적으로 매우 높았다는 것을 알 수 있다. 일본인이 가장 많이 거주하던 경기도에서는 농수산업에 종사하는 일본인이 1.6%에 불과했고 그 다음으로 많이 거주하던 경상남도에서는 8.3%를 차지하는 데

19) 朝鮮總督府(編), 『昭和17年度朝鮮總督府統計年報』, 朝鮮總督府, 1944, 28~35쪽.
20) 지방 전체의 통계는 최영호, 『일본인세화회』, 47쪽을 참고할 것.

그쳤다. 비록 절대 수에서는 적었다고 하더라도 이렇듯 전라북도에서
농수산업에 종사하는 일본인의 비율이 높았다고 하는 것은 다른 지역
에 비해서 현지 정착성이 높고 조선인과의 일차적 접촉이 많았다는
것을 말해 준다.

이처럼 다른 지역에 비해 농수산업에 종사하는 일본인 비율이
압도적으로 높았던 것에 반하여 광공업(7.0%)에 종사하는 일본인은
한반도 전체에서 가장 낮은 비율을 나타냈고 상업과 교통업에 종사
하는 비율은 한반도 전체 평균(25.3%)에 비해 약간 낮은 18.4%를 나
타냈다. 그리고 공무 및 자유업에 종사한 일본인의 비율(44.5%)은
한반도 전체 평균(39.5%)에 비해 약간 높은 비율을 나타냈다. 기타
및 무직으로 통계에 잡힌 일본인 비율(12.0%)은 강원도의 12.1%에
이어 한반도에서 높은 비율을 나타냈다.[21] 이것은 김태웅 연구자가
지적한 일제강점기의 지역적 특성 가운데, 소위 무위도식하는 일본
인이 많았다고 하는 특성이 패전 직전에까지 계속되었음을 말해주
고 있다.

〈표 1-2〉 1942년 말 지방별 직업별 일본인 인구

단위 : 인구 (명), 비중 [일본인 인구 중의 점유율] (%)

지방별	일본인 인구	농업 및 수산업		광업 및 공업		상업 및 교통업		공무 및 자유업		기타 및 무직	
		인구	비율	인구	비율	인구	비율	인구	비율	인구	비율
계	752,823	38,309	5.1	164,326	21.8	190,675	25.3	297,233	39.5	62,280	8.3
전라북도	35,363	6,398	18.1	2,468	7.0	6,511	18.4	15,725	44.5	4,261	12.0
경기도	206,627	3,240	1.6	37,542	18.2	57,731	27.9	93,743	45.4	14,371	7.0
경상남도	98,974	8,228	8.3	16,589	16.8	29,017	29.3	33,634	34.0	11,506	11.6

21) 최영호, 『일본인세화회』, 47쪽.

Ⅲ. 해방 직후 군산세화회의 결성

패전 당시 군산에서 인쇄업을 경영하고 있었고 나중에 군산세화회의 부회장을 역임한 미쓰토미 가하치(光富嘉八)[22]는 일본에 귀환한 후 1948년 4월에 군산 지역 일본인의 귀환 상황에 관한 회고 기록을 남겼다. 그는 패전 당시 군산 지역에는 일본인 약 8,000명이 거주하고 있었고 인근 시골을 포함하면 약 11,000명이 거주하고 있었다고 회고했다. 그가 말하는 인근 시골은 옥구군을 지칭하는 것으로 보인다.[23] 또한 패전 당시에 전라북도 경무부장을 역임하고 있던 아마기 이사오(天城勳)[24]는 일본에 귀환한 직후 1947년 11월에 전라북도 거주 일본인의 귀환 상황에 관한 회고 기록을 작성했다. 그는 패전 직후 다른 지역과 마찬가지로 총독부 지시로 식민 통치에 관한 서류들을 소각한 것과 도내 각 신사를 폐쇄한 것을 기록했는데, 군산의 신사의 경우 8월 18일에 승신식(昇神式)을 치르고 폐쇄했다고 했다.[25] 또한 그는 패

---

[22] 光富嘉八는 1920년대에 군산상업학교 조합회 의원을 역임하면서 불어나는 미곡 수출량을 처리하기 위해 군산항 개축을 총독에게 적극 요청했다. 『京城日報』, 1923.7.27. 아울러 그는 1927년에 군산인쇄주식회사를 설립하고 1931년부터 군산부회 의원을 역임하면서 군산 지역 일본인 사회에서 유명 인사가 되었다. 이준식, 「일제강점기 군산에서의 유력자 집단의 추이와 활동」, 197~201쪽.

[23] 光富嘉八, 「群山日本人の引揚」, 『同和』 75号, 1964.3. (森田芳夫・長田かな子, 『朝鮮終戦の記録 : 資料篇第二巻』, 268쪽)

[24] 天城勳(1915~2011)는 도쿄에서 태어나 1942년에 도쿄제국대학 법학부를 졸업하고 고등문관시험 합격 후 조선총독부에 채용되었다. 바로 군대에 들어갔다가 1944년 말에 제대하여 전라북도 경무부장이 되었다. 귀환한 후 그는 1946년에 문부성 심의실에 배속되었으며 GHQ민간정보교육국(CIE)과의 교섭업무를 담당했다. 1952년 초등중등교육국 재무과장을 비롯하여 1960년 문부대신 관방, 1962년 조사국장, 1965년 관리국장, 1966년 대학학술국장, 1969년 사무차관 등을 거치면서 문부성 관료로서 관록을 쌓았다. 그 후에도 그는 1972년 일본육영회 이사장, 1976년 일본학술진흥회 이사장, 1989년 일본유네스코국내위원회 회장 등을 역임했다. http://www3.grips.ac.jp/~oral/Japanese/Summary/amagi.htm; ja.wikipedia.org/wiki/天城勳.

전 직후 군산의 일본인 사회에서 연합군이 진주하면 강화조약 때까지
일본의 주권이 유지될 것이라는 소문이 나돌고 있었다고 회고했다.[26]
  패전 직후 한반도의 치안 상황이 불안해지자 8월 18일 총독부와
일본군의 지원 아래 서울에서 일본인 유지들이 모여 세화회 조직화
움직임을 보인 것을 비롯하여 각지의 일본인들이 스스로의 결속과
자구책을 강구해 갔다. 군산 지역에서는 일찍이 8월 16일 소련군인
지 미군인지 모를 연합군 군함이 군산항에 진주한다는 소문이 퍼지
면서 일본인 사회에 커다란 혼란을 가져왔다. 아마기는 이때 미군이
진주한다는 소문이 퍼진 것으로 기억했고,[27] 미쓰토미는 이때 소련
군이 진주한다는 소문이 퍼진 것으로 기억했다. 미쓰토미는 그의 회
고록에서 패전 직후 군산 일본인 커뮤니티의 혼란 상황을 다음과 같
이 묘사했다.[28]

  8월 15일 '중대 방송' 후에 일찍부터 조선인들이 술렁거리는 것을 느끼게
되었다. 그것은 우리들이 메이지(明治) 말년 조선에 왔을 때를 생각하게 하
는 분위기였다. 8월 16일에는 소련군이 서울에 들어왔다고 하는 유언비어가
퍼졌다. 그날 소련 함대가 군산항에 들어왔다고 하여 군산 연안의 경비를
맡고 있던 부대들이 입이도(옥구군)를 중심으로 배치를 전환하고 상륙하면
교전하겠다는 태세를 갖추었다. 경비부대는 비상소집을 하고 대기하고 있
었다. 경찰가족을 비롯하여 시민들은 일본인 조선인을 불문하고 오지로 피
난하는 사람이 많았다. 군산역에서도 피난열차가 준비되었고 이때 혼란상

[25] 天城勳, 「終戰以後の全羅北道」, 『同和』 159号, 1964.3(森田芳夫・長田かな子, 『朝鮮終戰の記錄 : 資料篇第一卷』, 巖南堂書店, 1979, 409~411쪽)
[26] 森田芳夫・長田かな子, 『朝鮮終戰の記錄 : 資料篇第一卷』, 410쪽.
[27] 天城勳은 패전 직후 미군 함대가 군산항에 진주한다는 소문과 함께 이를 요격할 것인가를 두고 설왕설래 하는 중에 군산에 들어온 것은 미군의 군함이 아니라 따리엔(大連)을 출항한 일본군의 군함이었다는 것이 밝혀졌다고 했다. 森田芳夫・長田かな子, 『朝鮮終戰の記錄 : 資料篇第一卷』, 409쪽.
[28] 森田芳夫・長田かな子, 『朝鮮終戰の記錄 : 資料篇第二卷』, 268~269쪽,

황은 이루 말할 수가 없었다. 그날 오후가 되어 소련함대가 아니라 패전소 식을 듣고 대기하던 일본군 구축함 3.4척이었다는 것이 밝혀졌다.

또한 미쓰토미는 군산세화회의 결성 과정에 대해서도 비교적 상세한 기록을 남겼다.[29] 그의 기록에 따르면, 8월 19일 히구치 도라조(樋口虎三)[30]를 회장으로 하여 세화회가 결성되었다고 되어 있다. 히구치는 패전 당시 한반도의 최대 전력배급회사인 '남선합동전기회사'(南鮮合同電氣會社)[31]에서 부회장 직함을 가지고 있었고 전라북도 의회 의원이자 군산부 의회 부의장이기도 했다.[32] 이렇게 볼 때 군산에서는 다른 지역에 비해 비교적 이른 시기에 세화회 명칭을 사용하는 단체가 결성된 것을 알 수 있다. 서울에서 세화회가 8월 18일에 결성되고 부산에서 9월 1일에 결성되었으며 남한 지역에서 대체로 8월 하순에 결성되었던 것에 비하면 군산의 단체 결성 움직임은 상대적으로 빠르게 나타난 것이다. 이것은 군산 거주 일본인들이 총독부와 일본군의 지시에 순응하여 일찍부터 세화회라고 하는 이름을 사용한 것으로 해석할 수 있다.

결성 직후 군산세화회의 부회장 직책은 당시 모두 군산 경방단(警防團)의 간부였던 사람들이 맡았다. 경방단 단장이면서 인쇄업을 하고

---

[29] 森田芳夫·長田かな子, 『朝鮮終戦の記録 : 資料篇第二巻』, 269~270쪽.

[30] 樋口虎三는 1920년대 토목청부업자로서 군산 상공회의소 총재로 임명되었고 1930년대 군산부회 의원 등을 역임하면서 군산지역 일본인 사회의 충주적인 존재가 되어 갔다. 일본패전 직전 남선합동전기 간부이자 대주주로서 관련 자료에 이름이 자주 등장하고 있다. 이준식, 「일제강점기 군산에서의 유력자 집단의 추이와 활동」, 192~201쪽.

[31] 李光宰, 「南鮮合同電気(株)の形成過程」, 『朝鮮史研究会論文集』 50号, 2012.10, 115~146쪽.

[32] 樋口虎三의 사진은 오늘날 후쿠오카시에 거주하고 있는 石橋克美가 관리하고 있는 블로그 「釜山でお昼を」에서 재인용했다. http://nekonote.jp/korea/old/fukei/kunsan/denki2.html.

〈그림 1-1〉 군산세화회 초대 회장 樋口虎三

있던 미쓰토미 가하치가 세화회 부회장으로서 수송과 의료를 담당했고, 경방단 부단장이자 전라북도 의회 의원이던 와키타 슌지(脇田春次)가 세화회 부회장으로서 섭외와 상담역을 맡았다. 그리고 경방단 제2분단장이자 군산부 의회 의원이던 이토 다다다카(伊藤忠孝)가 세화회 부회장으로서 총무와 재무관리를 담당했다. 이때 군산세화회는 일본인 아동의 교육을 위하여 하부부서로 교육부를 두었고 교육부장에 초등학교 교장이던 마쓰시마 아쓰시(松島篤)를 앉혔으나 교육부는

3개월도 되지 않아 해체되었다.[33] 군산세화회 부회장이나 교육부장과 같은 군산 거주 일본인 사회의 지도급 인사들은 공통적으로 그 출생과 사망 그리고 귀환 상황이 그다지 알려지지 않고 있다. 이것은 군산 지역 일본인에 관한 연구가 심도 있게 이루어지지 않은 결과이기도 하지만 기본적으로 한반도 거주 일본인 가운데 군산 지역의 지도급 인사들이 귀환 후에 괄목할 만한 업적을 남기지 못하고 상대적으로 지명도가 낮았기 때문이다.

군산세화회는 결성 직후 최초의 사무실을 군산항 부근의 상공경제회 안에 두었다가 나중에는 유치원 건물로 옮겼다. 세화회의 초기 자금으로는 전라북도 도청에 납부하려고 모아두었던 기부금 8만 엔을 사용했고 여기에다가 일본군으로부터 불하받은 물자를 팔아서 조성한 자금을 추가로 사용한 것으로 알려지고 있다.[34] 군산세화회가 가장 활발한 활동을 전개하던 1945년 11월의 임원 구성은 다음과 같다. 회장 樋口虎三, 부회장 光富嘉八·脇田春次·伊藤忠孝, 고문 井上武(군산시장)·村上義彦(군산역장)·增田省三(가네보 공장장), 상담부장 長与謹三, 관재부장 安積直左衛門, 총무부장 大久保久, 수송부장 田中富治, 의료부장 神林達三, 섭외부장 児玉兵一郎, 비서과장 浜田松男, 이사 小早川宏·中島京·寸田新三郎·香川友見·鈴木得万·石井福太郎·堀内繁造·高木隆雄·上林道雄·井上哲夫·相庭喜六·田中三郎·迫間俊夫·香原二雄·浦田伊幸.

서울과 부산의 세화회 조직과 비교하여 군산의 조직화 과정에서 나타나는 특징을 살펴보자. 무엇보다 지방조직으로서는 이른 시기에 결성되었다는 점에서 중앙의 지시에 재빨리 순응하는 모습을 보였다

33) 森田芳夫·長田かな子, 『朝鮮終戦の記録 : 資料篇第二巻』, 270쪽.
34) 森田芳夫, 『朝鮮終戦の記録』, 巖南堂書店, 1964, 141쪽.

고 할 수 있다. 조직화 과정에서 서울세화회의 경우, 비록 하부 조직
이 자주 변화하고 있었음에도 불구하고 적어도 최고지도자인 호즈미
신로쿠로(穗積眞六郎) 회장은 1946년 3월까지 귀환하지 않고 자리를
지켰으며 임원 구성에서 부회장직을 두지 않고 회장이 직접 단체를
지휘함으로써 안정적인 조직을 운영했다.[35] 이에 비하면 부산세화회
의 경우에는 초대 회장 가시이 겐타로(香椎源太郎) 이후 1945년 12월
까지 매월 회장이 바뀌어 세화회 조직의 불안정성을 야기했고 부회장
직은 1945년 10월 두 번째 회장 이케다 스케타다(池田佐忠) 재임 시에
만 잠시 채용한 일이 있다.[36] 이러한 서울과 부산의 세화회 조직에
비하여 군산의 경우는 회장이 곧 바로 귀환하지 않고 12월까지 그 직
책을 계속 유지했다는 점에서 일본인의 완전 귀환 때까지 서울보다는
불안정했지만 부산보다는 안정적인 조직을 유지했다고 할 수 있다.
또한 서울이나 부산과는 달리 특이하게도 시종 부회장 직책을 두어
집단 지도체제를 유지했다는 점을 지적할 수 있다.

Ⅳ. 미군 부대의 군산 지역 진주

일찍이 남한의 군정 당국은 1945년 9월 24일부터 무장해제 된 일본
군 장병들을 송출하기 시작하여 10월 중순에 가장 많은 일본군을 일
본 본토로 실어 날랐고 12월 말에 가서 이 지역 장병들의 송출을 마
쳤다.[37] 이와 함께 10월 23일부터 일본인 민간인의 계획 송출을 시작

---

35) 최영호, 『일본인세화회』, 114~118쪽.

36) 최영호, 『일본인세화회』, 183~186쪽.

37) Gane. William J., *Repatriation: from 25 September 1945 to 31 December 1945*, Forcign
Affairs Section, Headquarters USAMGIK, 1947. p.91.

했다.[38] 일본인 민간인의 체계적인 송출을 위하여 군정 당국은 애초
부터 세화회 조직을 활용하여 일본인들에게 귀환 일정을 통보하고 이
에 맞추어 귀환 열차를 배정하는 방식을 취했다. 일찍이 10월 3일 아
놀드((Archibald V. Arnold) 군정 장관은 「종전사무처리본부」의 보호부
장을 통하여 민간인 계획 수송 방침을 전달했으며 같은 날 담화문을
발표하여 일본인들은 모두 세화회에 등록할 것을 지시했다.[39] 이어
10월 8일에는 군정청 법령 제10호를 발령하여 일본인들의 등록을 의
무화하고 개별적인 귀환 이동을 금지시켰다.[40] 그러나 군산의 세화회
나 이 지역 일본인들이 이러한 중앙의 지시에 즉각 순응하는 움직임
을 보였다고 보기는 어렵다. 무엇보다 이들을 통제할 수 있는 미군
부대가 그 후에 이 지역에 배치되었기 때문이다.

전라남도와 북도를 관할하는 미군 부대 제24군의 제6사단 병력은
뒤늦게 10월 16일에 한반도에 진주를 시작하여 10월 17일과 18일에
광주와 군산 지역에 배치되기 시작했다.[41] 애초에 제96사단이 이 지
역에 배치될 예정이었지만 결과적으로 중국으로 배치되었고 이를 대
신하여 뒤늦게 제6사단이 배치되었다.[42] 이에 따라 군산 지역에서 미
군이 치안을 장악하는 것은 10월 하순에 들어서 가능했던 것으로 보
이며 11월에 들어서야 이 지역에 부대 배치를 모두 마친 것으로 보인

---

38) Gane, William J., *Repatriation: from 25 September 1945 to 31 December 1945*,
pp.93~97.

39) 최영호, 『일본인세화회』, 135~136쪽.

40) Headquarters United States Army Forces in Korea, Office of the Military Governor,
REGISTRATION OF JAPANESE NATIONALS, 1945.10.8; 한국법제연구회, 『미군정법령
총람 영문판』, 한국법제연구회, 1971, 65쪽.

41) U.S. Armed Forces in Korea, *History of the United States Armed Forces in Korea, Part
1*, Washington D.C., (영인본, 돌베개, 1988), 29~41쪽.

42) 柳芝娥, 「米軍の南朝鮮進駐と韓日米側の対応: 1945年を中心に」, 『史苑』 66卷 1号,
2005.11, 60~61쪽.

다.[43] 제24군 산하의 부대들이 한반도에 진주하여 일본군의 무장해제와 본국 송환을 지휘하고 감독했지만 군산과 같은 지방에는 뒤늦게 미군이 배치되었다. 따라서 군산 지역에는 미군 부대가 자리를 잡는 10월 하순까지 한 달여 기간 동안 사실상 치안의 공백 상태가 이어진 것이다.

모리타의 자료에 따르면 9월 29일부터 군산 지역에 미군이 진주하기 시작했다고 되어 있다.[44] 그러나 이 부대는 이 지역의 군정을 담당하는 부대가 아니라 이미 9월 12일부터 인천을 통해 경기도에 진주한 제7사단 병력이 일본군의 무장해제 상황을 점검하기 위해 이 지방에 모습을 드러낸 것으로 보인다. 이렇게 볼 때 군산 거주 일본인들은 의지만 있다면 10월 하순까지 미군의 통제를 그다지 받지 않는 가운데서 한반도를 떠날 수 있었으며 그 후에도 일부 일본인들은 소형 선박이나 어선을 이용하여 허술한 미군의 통제를 피해 이 지역을 빠져나간 것으로 추측할 수 있다.

한편 귀환자를 위한 원호 활동과 관련하여 군정 당국의 원호 체계를 간단히 살펴보자. 미국의 3성조정위원회(State-War-Navy Coordinating Committee)가 결정한 「민정에 관한 초기 기본지령」은 10월 13일에 미국정부로부터 승인을 얻은 후 곧 바로 남한의 군정 당국에 전달되었다. 이 지령 가운데 귀환자 원호와 관련된 규정은 제2부 「경제와 물자 공급 안의 B 「민생물자와 구호」였으며 앞부분에서 한반도 남부에서 중요자원을 최대한 활용하여 경제와 치안을 위한 조치를 취하도록 했다.[45] 마침 군정청은 일제강점기에 경무국에 소속되어 있던 위생과

43) 小此木政夫, 「解放朝鮮の政治状況 2 : 米軍の南朝鮮進駐」, 『朝鮮研究』, 238号, 1984.3, 55쪽.

44) 森田芳夫・長田かな子, 『朝鮮終戦の記録 : 資料篇第一巻』, 415쪽.

45) 神谷不二, 『朝鮮問題戦後資料集』 1巻, 日本国際問題研究所, 1976, 173쪽.

를 일찍이 9월 24일에 위생국으로 독립시켰는데,[46] 10월 27일에는 군정청 법령 제18호를 통해 이 기구를 보건후생국으로 승격시켰다.[47] 하지만 귀환자 원호 업무와 관련하여 일본에서 11월 하순에 조직되는 인양원호국이 일본인과 조선인의 귀환 원호 업무를 모두 담당한 것과는 달리, 남한에서는 보건후생국이 한반도 거주 일본인의 귀환 원호에 관한 업무를 거의 담당하지 않았고 해외에서 귀환해 오는 조선인 이재민을 위한 원호 업무를 주로 담당하게 되었다.[48]

한반도 거주 일본인 귀환을 위한 원호 업무는 군정청 외사과 하부의 난민과(Displaced Persons Division)가 이를 담당했다. 군정청 법령 제8호에 의해 10월 1일부로 외사과가 독립부서로 지정되었다.[49] 그리고 초대 외사과 과장에는 고든 엔더스(Gordon B. Enders) 소령이 임명되었다.[50] 난민과장에는 윌리엄 게인(William J. Gane) 중위가 착임하여 귀환 업무 전반에 관한 책임을 맡았고, 일본인 귀환 송출 업무에 관하여는 마틴 로스(Martin J. Ross) 중위가 담당했다. 엔더스 소령은 외사과 과장 취임 직후 게인 중위에게 귀환 문제에 관한 연구를 지시했고 연구에 기초하여 500만 명 정도의 귀환자들을 관리할 수 있는 기구를 구상해 보라고 하는 임무를 하달했다.[51] 엔더스의 명령은 다

---

46) 在朝韓美陸軍司令部軍政廳(編), 『駐韓美軍政廳官報1』, 在朝韓美陸軍司令部軍政廳, 1945, 92~93쪽.

47) 在朝韓美陸軍司令部軍政廳(編), 『駐韓美軍政廳官報1』, 128~129쪽.

48) 濱田康憲, 「米軍政期の南朝鮮救護政策に関する一考察 : 救護行政の再編成を中心に」, 『四天王寺大学大学院研究論集』 5号, 2010, 88~91쪽.

49) Headquarters United States Army Forces in Korea, Office of the Military Governor, ESTABLISHMENT OF THE FOREIGN AFFAIRS SECTION OF THE SECRETARIAT OF THE GOVERNMENT OF KOREA, 1945.10.1; 한국법제연구회, 『미군정법령총람 영문판』, 61쪽.

50) United States Army Forces In Korea, Official Gazette (官報), 1945.10.1.

51) Gane. William J., Repatriation: from 25 September 1945 to 31 December 1945, p.4; Gane, William J., Foreign Affairs of South Korea, August 1945 to August 1950, Northwestern University (Doctoral Dissertation), 1951. p.20.

소 과장된 임무와 같이 보이나 그만큼 귀환 업무에 만전을 기하라는 지시였다고 생각한다.[52]

게인 중위는 1945년 9월 25일부터 12월 31일까지의 3개월 남짓 기간에 지방으로부터 보고되는 귀환자 통계와 원호 상황에 관한 자료들을 토대로 하여 보고서를 정리했다. 이 보고서에서 그는 군정 당국이 한반도 일본인의 전면 귀환을 지시하게 되는 이유로 다음 세 가지를 들었다. 첫째 조선인들이 과거 혹독하게 일본인들에게 착취당한 것 때문에 더 이상 그들이 일본인의 잔류를 원하지 않는다는 것, 둘째 일본인들도 정부 관료나 기술자 등이 조선인으로 대체되면서 귀환하기를 원하고 더 이상 조선인들의 이익을 위한 일에 개입하기를 원치 않는다는 것, 셋째 앞으로 정치적 경제적으로 일본이 한반도에 침투하는 것을 방지하기 위해서였다고 한다.[53] 아울러 게인은 보고서에서 일본인 귀환 업무에서 현존하는 세화회를 최대한 활용할 것을 거듭 제안했다. 군정 당국의 한정된 인원과 예산으로서 체계적인 귀환자 원호 수송을 하기에는 세화회를 활용하는 것이 바람직하며 그와 함께 귀환 업무 추진에 있어서 세화회가 적극 협조해 온 것에 대한 긍정적인 평가를 덧붙였다.[54]

Ⅴ. 군산세화회의 단체 활동

한반도 거주 일본인의 대부분은 자신들이 한반도에서 쌓아온 경험과 재산을 지키기 위하여 패전 직후 잔류하고자 하는 움직임을 보였

[52] 최영호, 『일본인세화회』, 128쪽.

[53] Gane. William J., *Repatriation: from 25 September 1945 to 31 December 1945*, p.1.

[54] Gane, William J., *Foreign Affairs of South Korea, August 1945 to August 1950*, p.49.

다. 이러한 움직임은 한반도에서 무리 없이 오랫동안 지내온 일본인
들의 관성에 따른 것이며 일본 정부가 패전 직후 취한 초기 대응 방
침에 따른 것이기도 하다. 일본 정부는 패전 직후 해외 거주 일본인
에 대한 기본방침으로 '현지정착' 방침을 내세우고 해외기관에 이러한
방침을 전달했으며 귀환자에 대해서는 적극적인 대책을 강구하지 않
았다.[55]

그러나 남한에서 9월 중순에 들어서 총독부 업무가 사실상 미군정
에 이양되고 9월 하순에는 일본군이 철수해 나가면서 일본인 거류민
에 대한 보호 장치가 완전히 사라지자 일본인 사회가 전반적으로 귀
환 통보에 순응하는 움직임을 보이게 되었다. 10월 중순에 들어서 일
본의 점령 당국은 남한에서 밀려들어오는 일본인의 움직임을 계기로
하여 귀환자들을 원호하기 위한 중앙 책임부서를 지정하도록 일본 정
부에 지시했고 이에 따라 일본 정부도 뒤늦게 귀환자 원호를 위한 체
제의 정비에 나섰다.[56] 이와 같은 일본인 사회의 변화에 따라 세화회
의 주요 조직 활동도 일본인 거류민의 권익을 옹호하고자 하는 움직
임으로부터 귀환자 혹은 전재자를 위한 원호 활동으로 방향을 선회하
기에 이르렀다.

그럼에도 불구하고 남한의 다른 지역에 비해서 군산을 비롯한 전
라북도에서는 해방 직후 조선인과 일본인 사이에 충돌이 적었고 비교
적 평온한 분위기 가운데서 일본인의 귀환이 이루어진 편이다. 그것
은 식민지 시기 이곳 일본인 사회에서 비교적 현지 정착성이 강했고
조선인과 일차적 접촉이 많았다고 하는 지역적 특성과 관련이 있다.
해방정국이 되어 일본인이든 조선인이든 과거 식민 권력을 더 이상

---

55) 加藤聖文,「大日本帝国の崩壊と残留日本人引揚問題 : 国際関係のなかの海外引揚」,
    増田弘(編),『大日本帝国の崩壊と引揚・復員』, 16~20쪽.

56) 加藤聖文,「大日本帝国の崩壊と残留日本人引揚問題」, 30~32쪽.

유지하기 어려워진 상황에서, 게다가 과거 식민 권력을 대체할 만한
강력한 치안 통제가 마련되지 않는 상황에서, 이 지역에서 전반적으
로 민족적 반감이 강렬하게 표출되지 않은 이유를 지역적인 특성에
기인하는 것으로 밖에 설명하기 곤란하다.

　다만 이 지역에서도 해방 직후 민족 간 충돌이 전혀 없었던 것은
아니다. 군산 식량영단(食糧營團) 지부장 겸 이사를 역임하던 마사키
게이이치(正木惠一)가 노조원들의 임금 요구를 이기지 못하고 음독자
살한 것,57) 조선인 단체의 '방해' 공작으로 밀항 탈출이 불가능해지고
타인한테 의뢰받은 짐을 조선인에게 탈취당하자 군산어업조합 간부
미야자키 구니시게(宮崎邦茂)가 음독자살한 것58) 등은 사소한 민족 간
충돌 사건으로 기록되고 있다.

　이러한 상황에서 군산세화회는 몇 가지 조직 활동을 기록에 남기
고 있다. 첫 번째로 피징용 조선인 노무자와의 관계개선 움직임을 꼽
을 수 있다. 미쓰토미의 기록에 따르면, 일찍이 9월 중순에 일본에서
돌아온 피징용 노무자들을 중심으로 하여 조선인 1,000명가량이 이노
우에 다케시(井上武) 시장에게 미수금 지불을 요구하며 집단 농성을
전개하며 일본인의 안위를 위협했다고 한다. 이에 따라 군산세화회는
긴급하게 자금을 모집하여 이들의 불온한 행동을 무마할 목적으로 건
국준비위원회 지역단체에 총 33만 엔 정도를 전달했다고 한다.59)

　군산세화회의 두 번째 조직 활동으로 초기에 개별 귀환자를 위한
선박수배 움직임을 들 수 있다. 여타 지역과 마찬가지로 군산에도 미
군이 진주하기 전에 소형 선박을 이용하여 서둘러 일본으로 돌아가는

---

57) 森田芳夫·長田かな子, 『朝鮮終戰の記錄 : 資料篇第一卷』, 414쪽; 森田芳夫·長田か
　　な子, 『朝鮮終戰の記錄 : 資料篇第二卷』, 270쪽.

58) 森田芳夫·長田かな子, 『朝鮮終戰の記錄 : 資料篇第二卷』, 271쪽.

59) 森田芳夫·長田かな子, 『朝鮮終戰の記錄 : 資料篇第二卷』, 271~272쪽.

움직임이 있었다. 군산세화회는 일찍부터 선박을 수배하여 군산항을
통해 도청 간부 가족을 중심으로 하는 일본인 유지들을 긴급하게 수
송하고자 했다. 이러한 개별 귀환 움직임에 대해 조선인 청년대원들
이 방해공작에 나섰고 이에 따라 세화회는 부안과 같은 지역 내 작은
포구를 통해서 일본인들이 돌아갈 수 있도록 조치했다. 경찰 간부들
도 세화회 간부들과 결탁하여 가족들을 전주에 집결시킨 후 여수항을
통해 귀환하게 하는 계획을 수립했다. 9월 중순 첫 번째 화차가 경찰
관 가족을 싣고 전주를 떠났고 이어 두 번째 화차가 일반인 가족을
싣고 떠났다. 이들 귀환자들은 여수항을 출항하여 무사히 가라쓰(唐
津)에 도착했다. 그러나 세 번째 화차를 타고 경찰관 가족과 일반인
가족이 함께 전주를 떠났는데, 이들은 여수항에서 30톤급 선박 2대에
100명 안팎의 인원이 각각 승선하여 미군의 출항금지 명령이 떨어지
기 1시간 전에 가까스로 출항하기는 했지만, 그중에 한 척이 폭풍우
를 만나 행방불명되는 사고를 당하고 말았다.[60]

　군산세화회의 세 번째 조직 활동으로는 군정 당국에 대한 협조 움
직임을 들 수 있다. 남한 군정청에서 원호 업무 담당부서가 확정되고
지역별로 계획 송출을 실시하게 됨에 따라 군산의 세화회도 11월에
들어서부터는 군정 당국의 지시에 맞추어 일본인 잔류자들의 계획 송
환을 도왔다. 애초 군산세화회는 미군 진주에 앞서 지방 진주군들을
위한 위안소 설치를 계획했다가 철회했으며, 반면에 영어능력을 갖춘
일본인을 차출하여 번역과 통역을 담당하도록 준비시켜 미군과 함께
일하도록 주선했다.[61] 후지농장의 일부 일본인 농민 가운데는 귀환에
앞서 미군의 호위를 받으면서 조선인들의 방해를 뿌리치고 가을 추수

---

60) 森田芳夫・長田かな子, 『朝鮮終戦の記録 : 資料篇第一巻』, 415~416쪽.

61) 森田芳夫・長田かな子, 『朝鮮終戦の記録 : 資料篇第一巻』, 413쪽.

에 나선 사람도 있다. 반면에 군산에 진주한 미군은 군산경찰서의 경무주임과 경부보가 무기를 빼돌렸다고 하는 혐의로 단기간 이들을 전주경찰서에 감금하기도 했다.[62]

미쓰토미는 군산의 일반 일본인 귀환 과정에 대해서도 기록을 남겼다.[63] 처음에는 일본에서 군산으로 귀환 선박이 들어올 것을 알았는데 그렇게 되지 못했고, 군산에서 직접 배로 귀환할 것을 군정 당국에 요청하면서 소형 선박을 준비했는데 이것도 제대로 이루어지지 않았다고 했다. 결국 군산 거주 일본인들도 철도로 부산으로 이동하여 부산항을 통해 귀환해야 했다. 10월 22일에 일부 철도관계자 가족을 중심으로 하여 특별열차가 운행되면서 군산 지역 일반 일본인 귀환이 시작되었다. 군산 지역은 타 지역에 비해 열차 배정이 늦어져 11월 23일부터 일반 귀환자를 위한 수송 열차가 정식으로 군산역에 배정되기 시작했다. 결과적으로 11월 23일부터 열차에 의한 일반인 집단 귀환이 이루어지기 시작했고, 그것은 11월 25일, 11월 26일, 11월 27일, 12월 3일, 12월 6일, 12월 8일, 12월 10일, 12월 15일로 이어졌다.[64] 군정청 난민과장 게인은 지방 군정 부대의 보고를 정리하여 12월 28일 시점에 군산에 108명의 일본인이 남아있는 것으로 파악했다.[65]

일본인 귀환자들 가운데는 일단 본토로 귀환한 후에 다시 한반도로 들어오기를 희망하는 자가 있었으나 일본의 점령 당국은 특별한 사업을 목적으로 하는 이동 이외에는 원칙적으로 이를 허용하지 않았다.[66] 그럼에도 불구하고 조선인 귀환자들의 사이에 끼어 한반도로

---

[62] 森田芳夫 · 長田かな子, 『朝鮮終戰の記錄 : 資料篇第二卷』, 273쪽.

[63] 森田芳夫 · 長田かな子, 『朝鮮終戰の記錄 : 資料篇第二卷』, 273~274쪽.

[64] 森田芳夫 · 長田かな子, 『朝鮮終戰の記錄 : 資料篇第二卷』, 274쪽.

[65] Gane. William J., *Repatriation: from 25 September 1945 to 31 December 1945*, p.99.

다시 들어온 일본인이 존재했다. 예를 들어 조부모 때부터 군산에서
생활의 터전을 구축하고 스스로가 3살 때부터 군산에서 살아온 모리
타 히데오(森田秀夫)는 자신의 회고록에서 패전 직후 제주도에서 소
집해제 되어 군산으로 돌아와서 평온한 나날을 보내는 가운데 남한
정국이 불안해지자 일단 일반 일본인들과 함께 본국으로 귀환해 갔다
가 다시 군산에 돌아와 잔류해 있던 가족을 데리고 완전 귀환해 갔다
고 술회했다.[67]

군산세화회는 귀환자들의 짐을 맡아 해안 창고에 보관하면서 군정
당국의 보호 아래 일본으로 부쳐질 것으로 예상했는데 결국 일본으로
탁송되지 않았다. 군산 지역 일본인들 가운데는 한때 조선인 폭도에
시달려 집단생활을 하지 않을 수 없게 된 경우도 있고 충청도에서 내
려오는 귀환자들과 함께 군산의 동본원사(東本願寺) 등에 수용된 경
우도 있다. 하지만 지리적 조건에 따라 군산 지역은 38도선 이북 지
역이나 중국 지역에서 남하하여 귀환한 전재민 집단이 거류하거나 통
과하는 지역은 아니었다. 따라서 서울이나 부산과는 달리 군산의 세
화회는 귀환자 원호 활동에 대한 군정 당국의 재정적인 지원을 받지
못했고 중앙의 세화회 조직이나 군정당국으로부터 그다지 큰 관심을
받지 못했다. 1945년 말 군정 당국이 서울세화회를 통해 남한의 세화
회 임원들을 조사했을 때에도 군산세화회는 조사 대상에서 누락되었
고[68] 이듬해 2월 하순 군정청이 남한의 잔류 일본인 수를 발표했을
때에도 군산 지역의 일본인 숫자는 발표 대상에서 빠졌다.[69] 서울의
세화회가 1946년 2월 23일자 일지(日誌)에 당시 군산의 일본인 잔류자

---

66) SCAPIN-481, APPLICATIONS FOR PERMISSION TO ENTER SOUTH KOREA, 1945.12.21.

67) 森田秀夫, 『朝鮮渡航と引揚の記録』, 秀巧社印刷株式會社, 1980, 70~102쪽.

68) Gane, William J., *Foreign Affairs of South Korea, August 1945 to August 1950*, p.47.

69) 森田芳夫, 『朝鮮終戦の記録』, 396~397쪽.

수를 160명이라고 기록했는데,[70] 이것은 군산세화회의 보고에 따른 것이 아닌 서울의 추정치에 불과하며 신빙성이 매우 희박한 수치로 보인다.

일반인 집단 귀환에 따라 초기 세화회 임원들이 귀환해 가면서 사실상 군산 세화회의 업무는 끝이 난 것으로 보인다. 다만 1945년 12월에 군산세화회 회장에 다카세 고메이(高瀨合名)회사 지배인이던 가와시마 스테타로(川島捨太郎)가, 부회장에 약재상을 운영하던 다케다 신조(武田甚助)가 임명되어 각각 직책을 이어받은 것으로 되어 있다. 1946년에 들어서 일부 일본인들이 한반도의 재산에 대한 미련을 청산하지 못하고 군정 당국과 세화회가 통보하는 일정을 지키지 않게 되자 귀환 열차를 배정하는 데 자주 차질이 빚어졌다. 이에 따라 군정 당국의 원활한 귀환 수송에 협조해 온 서울세화회 관계자들은 남한 잔류 일본인들을 향해 귀환 통고 날짜를 지키자고 호소하기도 했다.[71] 군산의 일본인들은 1946년 3월 시점에는 대부분 이 지역을 떠나갔으며 선박 안내사 우에다 데쓰오(上田哲男) 등 극히 적은 가구만이 남았다.[72]

이렇게 볼 때 비교적 짧은 기간 존속했던 군산세화회는 서울이나 부산과 비교하여 그 조직 활동에서 다음과 세 가지 특징을 보였다. 첫째, 초기 활동에서 개별적인 귀환자들을 위해 선박을 수배하는 데 진력했다. 이것은 일본 본토로 귀환하기 쉬운 남한의 지역 특성상 해방 직후 항구도시에서 일반적으로 발생한 현상이다. 다만 조선인의 방해공작이 있었고 일본에 돌아가기에는 항로가 길었던 이유 등으로

---

70) 森田芳夫・長田かな子, 『朝鮮終戰の記録 : 資料篇第二巻』, 139쪽.

71) 「この温情に感じて、速かに帰国すべきだ」, 『京城日本人世話会々報』 第123号(号外), 1946.2.1.

72) 우에다는 1947년 6월 혹은 7월까지 군산에 남아 마군을 위한 선박 안내 업무를 수행했다. 森田芳夫, 『朝鮮終戰の記録』, 423쪽; 森田芳夫・長田かな子, 『朝鮮終戰の記録 : 資料篇第二巻』, 275쪽.

부산에 비해서는 개별적인 귀환자 수가 적었다. 둘째, 미군의 진주 후에는 군산 거주 일본인의 귀환 송출을 돕는 데 주력했다. 군산이 남하해 오는 전재민들이 주로 통과하는 지역이 아니었던 까닭에 전재민을 위한 원호 활동은 보이지 않았고 1945년 말 군산 지역 일본인의 집단 귀환이 종료됨과 함께 세화회의 단체 활동도 사실상 끝나게 된다. 서울과 부산의 세화회가 1946년 봄 이후에도 북에서 내려오는 전재민들을 원호하는 데 주력했던 것과는 극명한 대조를 보인 것이다. 셋째, 외부로부터 재정적인 지원이 없는 까닭에 군산세화회는 단체 활동에서 지극히 소극적인 모습을 보였다. 서울과 부산의 세화회가 업무 종결 때까지 군정 당국으로부터 지원을 받았고 따라서 군정 당국의 지도나 관리를 받았던 것과는 극명하게 대조를 이루고 있다. 군산세화회는 처음부터 끝까지 군정 당국이나 세화회 중앙조직으로부터 그다지 관심을 받지 못했다. 이것은 뒤집어 말하면 군산세화회가 서울과 부산에 비해 순수한 의미에서 거류민 스스로의 자생적인 단체로서 활동했다는 것을 의미하기도 한다.

VI. 결론

이상으로 해방 직전 군산과 옥구 지역에 거주한 일본인 인구의 특징을 분석하고 패전 직후 군산세화회 결성 과정과 조직 활동을 자료를 통해 확인함으로써 일본인 귀환의 지역적 특징을 도출했다. 이때 기존의 서울과 부산의 세화회 조직에 관한 연구와 대조하면서 군산의 지역적 특성을 찾아내는 데 주력했다. 가능한 군산세화회 관계자가 작성한 회고록을 중심으로 하여 패전 후 귀환 과정과 이를 둘러싼 세화회의 활동을 정리하고자 했다. 이 논문을 통해 한반도 일본인 귀환에 대한 복안적인 시점이 필요하다는 문제의식이 강조되었고 이러한 문제의식은 사료 검증을 통하여 지역성을 찾아내는 작업으로 어느 정도 실현되었다고 생각한다.

해방 직전 군산 지역의 일본인 상황에서는 비록 왜곡된 형태라고 하더라도 여타 지역에 비해 일본인의 현지정착성이 높았고 조선인과의 관계성이 양호했다는 점은 괄목할 만한 특징이라고 생각된다. 이에 따라 해방 직후 귀환 과정에 있어서도 일반 민간인의 잔류 움직임이 서울이나 부산에 비해 상대적으로 강했던 것을 엿볼 수 있다. 군산세화회의 조직에 있어서는 서울과 부산에 비해 매우 짧은 기간에 그쳤지만 그동안 비교적 안정적인 임원 구성 모습을 보인 것을 발견할 수 있다. 나아가 이러한 지역적 특성은 일본인 귀환 이후에까지도 그들에게 영향을 끼쳐온 것으로 해석할 수 있다. 군산에 거주했던 일본인들이 한일 국교정상화 이후 자신의 '고향'에 관한 추억을 중심으로 모임을 결성하고 유지해 오는 과정에서 이 지역 한국인과 비교적 친근한 관계를 중시해 왔기 때문이다.

결론으로서 군산 거주 민간 일본인의 귀환이 의미하는 바를 확인하고자 한다. 군산항 개항에 따른 일본인 이입과 대규모 농장 경영 등으로 일제강점기에 군산 지역에 정착하는 일본인이 많아졌다. 이에 따라 이 지역에서 성장하고 학창시절을 보낸 2세 자녀를 둔 가족이 많았다. 이들은 패전 직후 자신들의 '고향'을 떠나야 했고 일본 본토 주민으로부터 차별을 체험하는 가운데 새로운 생활에 적응해 가야 했다. 이들에게 있어서 군산은 분명히 자신의 고향임에도 불구하고 조선인들과는 달리 분명히 그렇다고 단언하지 못하는 '공중에 떠있는 듯한' 기분의 '고향'이 되어갔다.[73] 생활의 여유를 회복하고 나서 뒤늦

---

[73] 山田良介, 「植民地朝鮮半島と日本人 : 聞き取り調査からのアプローチ」, 松原孝俊 (編), 『九州大学発韓国学の展望』, 56~58쪽.

게 군산 지역 출신자들이 자신들의 '고향'을 추억하는 모임을 발족하
고 유지해 온 것은 조선인과도 다르고 일본 본토의 일본인과도 다르
다고 하는 자기인식에 따른 것이었다고 할 수 있다.[74]

오늘날 일본 사회에서는 귀환자에 관한 전반적 이미지로서 이렇듯
고향에서 쫓겨나 새로운 일본생활에 어렵사리 적응해 가는 불쌍한 존
재라고 하는 이미지가 강렬하다. 이러한 귀환자에 대한 단선적인 이
미지는 패전 직후부터 일본 사회에 고착되어 왔기 때문이다. 필자가
조사한 바에 따르면 『서일본신문』이 1945년 9월 4일자 기사에서 센자
키(仙崎) 항구의 귀환자를 묘사하는 가운데 패전 직후 일본에서 최초
로 그들에 대한 이미지를 전달한 것으로 파악된다. 이 신문은 이때
한반도에서 처음으로 5천 명가량의 일본인 귀환자가 9월 2일 상륙한
것으로 보도했다. 그런데 그 가운데 2천 명 정도의 일반인 귀환자가
이날 밤 임시열차로 시모노세키(下關)로 가서 상륙 첫날을 어떻게 보
냈는지에 대해서 비교적 상세하게 보도했다. 300명이 열차로 친지가
있는 지역으로 향했으며 나머지 1,700명은 시모노세키의 각 시설에
나뉘어 관계 관청에서 지급된 모포로 따뜻한 첫 밤을 보냈고 일부만
을 제외하고는 다음날 아침에 건빵을 지급받아 기쁜 마음으로 열차에
올라 각각 목적지를 향해 갔다고 했다.[75] 그러나 이 신문은 5천 명
가운데 일반인 귀환자 2천 명을 제외한 3천 명의 존재에 대해서는 아
무런 언급을 하지 않았다. 식민지 조선 거주 일본인의 귀환 문제를
보는 시각에 있어서 복안(複眼)을 제시하지 않은 것이다.

끝으로 오늘날 군산 지역에서 과거 일본인 거주지를 문화콘텐츠로
보존하고자 하는 지역 활성화 움직임이 활발한 것과 관련하여, 일본

---

74) 藤井和子, 「コラム朝鮮群山引揚者と月明会」, 170~171쪽.
75) 『西日本新聞』, 1945.9.4.

인이 군산의 근대화에 끼친 영향이나 일제강점기 일본인의 생활에 대해 널리 일반에 알려지고 있는 것처럼 패전 직후 일본인과 일본군의 철수 과정, 미군의 군산 진주 상황에 대해서도 널리 관련 연구들이 나오기를 기대한다. 일제강점기에 식민 통치 권력에 의존하여 이 지역에서 특권을 누리고 생활해 온 일본인들의 삶을 재조명하고, 이들이 세상이 바뀐 해방정국에서 일본으로 귀환해 간 과정을 기록하고 재해석하는 일은 역사연구와 역사교육에 있어서 중요한 과제가 아닐 수 없다. 현실적으로 아무리 어두운 역사라고 하더라도 그 역사를 문화콘텐츠로 재구성하여 휴식과 상상력을 제공하는 기재로 활용할 수 있다면, 그것을 바라보는 사람들에게 현재의 삶에 대하여 감사와 성찰을 불러일으킬 수 있고 나아가 풍부하고 중후한 지역의 이미지를 창출하여 지역 활성화에 기여할 수도 있을 것이다.

◆참고문헌◆

김민영, 「일본인의 생활세계와 식민지인식」, 김종수 · 김민영 외 공저, 『새만금도시 군산의 역사와 삶』, 선인, 2012.

김태웅, 「군산부 주민의 이동사정과 계층분화」, 김종수 · 김민영 외 공저, 『새만금도시 군산의 역사와 삶』, 선인, 2012.

김종수 · 김민영 외 공저, 『새만금도시 군산의 역사와 삶』, 선인, 2012.

서울대학교 아시아태평양교육발전연구단 자료총서4, 『조선총독부편, 1944년 5월 인구조사결과보고』, 도서출판선인, 2000.

이준식, 「일제강점기 군산에서의 유력자 집단의 추이와 활동」, 『동방학지』 131, 2005.

최영호, 『일본인세화회: 식민지조선 일본인의 전후』, 논형, 2013.

한국법제연구회, 『미군정법령총람 영문판』, 한국법제연구회, 1971.

金富子, 「朝鮮南部の植民地都市 · 群山の性売買: 遊郭 · アメリカタウン · 性売買集結地」, 宋連玉, 『軍隊と性暴力: 朝鮮半島の20世紀』, 現代史料出版, 2010.

宋連玉, 『軍隊と性暴力: 朝鮮半島の20世紀』, 現代史料出版, 2010.

申鎬, 「'植民者'から'理解者'へ: '植民2世'の植民地経験をめぐる語りを中心に」, 松原孝俊(編), 『九州大学発韓国学の展望』, 花書院, 2013.

柳芝娥, 「米軍の南朝鮮進駐と韓日米側の対応: 1945年を中心に」, 『史苑』 66巻 1号, 2005.11.

李光宰, 「南鮮合同電気(株)の形成過程」, 『朝鮮史研究会論文集』50号, 2012.10.

韓哲昊 外, 『植民地朝鮮の日常を問う: 第2回佛教大学 · 東国大学校共同研究』, 佛教大学国際交流センター, 2012.

天城勲, 「終戦以後の全羅北道」, 『同和』159号, 1964.3.

小此木政夫, 「解放朝鮮の政治状況2 : 米軍の南朝鮮進駐」, 『朝鮮研究』, 238号, 1984.3.

加藤聖文, 「大日本帝国の崩壊と残留日本人引揚問題 : 国際関係のなかの海外引揚」, 増田弘(編), 『大日本帝国の崩壊と引揚・復員』, 2012.

神谷不二, 『朝鮮問題戦後資料集』 1巻, 日本国際問題研究所, 1976.

在朝韓美陸軍司令部軍政廳(編), 『駐韓美軍政廳官報1』, 在朝韓美陸軍司令部軍政廳, 1945.

島村恭則(編), 『叢書戦争が生みだす社会II : 引揚者の戦後』, 新曜社, 2013.

朝鮮総督府(編), 『昭和17年度朝鮮総督府統計年報』, 朝鮮総督府, 1944.

朝鮮総督府(編), 『昭和19年5月1日人口調査結果報告其ノ一』, 朝鮮総督府, 1944.

永島広紀, 「朝鮮半島からの引揚と'日本人世話会'の救護活動 : 朝鮮総督府・京城帝国大学関係者を中心に」, 増田弘(編), 『大日本帝国の崩壊と引揚・復員』, 慶應義塾大学出版会, 2012.

橋谷弘, 『帝国日本の植民地都市』, 吉川弘文館, 2004.

濱田康憲, 「米軍政期の南朝鮮救護政策に関する一考察 : 救護行政の再編成を中心に」, 『四天王寺大学大学院研究論集』 5号, 2010.

原田敬一, 「韓国併合前後の都市形成と民衆 : 港町群山の貿易・生産・生活」 韓哲昊 外, 『植民地朝鮮の日常を問う : 第2回佛教大学・東国大学校共同研究』, 2012.

福田迪子, 『京城回想』, 福田迪子, 2012.

藤井和子, 「植民地都市群山の社会史(1) : '新興洞日本式家屋(旧広津家屋)'と広津家の歴史」, 『関西学院大学社会学部紀要』 115, 2012.

藤井和子, 「コラム朝鮮群山引揚者と月明会」, 島村恭則(編), 『叢書戦争が生みだす社会II : 引揚者の戦後』, 新曜社, 2013.

増田弘(編), 『大日本帝国の崩壊と引揚・復員』, 慶應義塾大学出版会, 2012.

松原孝俊(編), 『九州大学発韓国学の展望』, 花書院, 2013.

光富嘉八, 「群山日本人の引揚」, 『同和』 75号, 1964.3.

森田秀夫, 『朝鮮渡航と引揚の記録』, 秀巧社印刷株式會社, 1980.

森田芳夫, 『朝鮮終戦の記録』, 嚴南堂書店, 1964.

森田芳夫・長田かな子, 『朝鮮終戦の記録 : 資料篇第一巻』, 嚴南堂書店, 1979.

森田芳夫・長田かな子, 『朝鮮終戦の記録 : 資料篇第二巻』, 嚴南堂書店, 1980.

山田良介, 「植民地朝鮮半島と日本人 : 聞き取り調査からのアプローチ」, 松原孝俊(編), 『九州大学発韓国学の展望』, 2013.

『京城日報』, 1923.7.27.

『西日本新聞』, 1945.9.4.

『京城日本人世話会々報』第123号(号外), 1946.2.1.

Gane. William J., *Repatriation: from 25 September 1945 to 31 December 1945*, Foreign Affairs Section, Headquarters USAMGIK, 1947.

Gane, William J., *Foreign Affairs of South Korea, August 1945 to August 1950*, Northwestern University (Doctoral Dissertation), 1951.

Headquarters United States Army Forces in Korea, Office of the Military Governor, ESTABLISHMENT OF THE FOREIGN AFFAIRS SECTION OF THE SECRETARIAT OF THE GOVERNMENT OF KOREA, 1945.10.1.

Headquarters United States Army Forces in Korea, Office of the Military Governor, REGISTRATION OF JAPANESE NATIONALS, 1945.10.8.

SCAPIN-481, APPLICATIONS FOR PERMISSION TO ENTER SOUTH KOREA, 1945.12.21.

United States Army Forces In Korea, *Official Gazette* (官報), 1945.10.1.

U.S. Armed Forces in Korea, *History of the United States Armed Forces in Korea, Part 1,* Washington D.C., (영인본, 돌베개, 1988).

ja.wikipedia.org/wiki

http://nekonote.jp/korea/old/fukei/kunsan/denki2.html.

제2장

미군정 정부수립 시기 군산 옥구 지역의 사회와 경제

김민영*

Ⅰ. 문제의 소재

한 시기 일정 지역의 경제사회상을 파악하는 데 있어서 당시의 신문자료가 갖는 중요성은 새삼 다시 말할 필요가 없을 것이다. 더욱이 군산 옥구 지역의 사회경제사와 신문자료를 관련시켜 말하자면, 우선 『일제하 군산·옥구지역의 민족사회운동사』라는 연구총서가 있다.[1] 이는 일제강점기 특히 1920, 30년대를 중심으로 동아, 조선일보 등 당시 주요 일간지에 나와 있는 지역의 관련 기사를 복원하고 재구성함으로써, 당시의 경제사회 상황을 아는 데 상당한 도움을 주었다고 생각된다. 이를 통해 우리는 말로만 듣던 당시의 상황을 살펴봄으로써 많은 역사적 교훈을 얻을 수 있었고, 다음 연구를 위한 실마리를 찾을 수 있었다.

한편 지역사회경제사적 관점에서 볼 때, 해방 이후 특히 미군정, 정

---

* 군산대학교 경제학과 교수.
1) 김민영, 『일제하 군산·옥구지역 민족·사회운동사』, 군산문화원(1997).

부수립을 전후로 한 시기, 군옥 지역의 사회경제상을 아는 것 또한 매우 중요한 과제로 남아있다. 하지만 단절과 연속선상에 있는 이 시기 군옥 지역의 사회경제상에 대해서는 아직 많은 부분이 과제로 남아있는 실정이다. 더욱이 이 시기를 본격적으로 다룬 기초적인 논저마저도 아직 쉽게 발견되지 않고 있다.

특히 신문자료와 관련해 볼 때, 물론 당시 이 지역에서 발행된 신문들은 다소 있었으나, 불행히도 현재로서는 그 자료를 찾지 못해 아쉬운 형편이었다. 그러한 가운데『군산신문(1947.11.15~1949.6.29)』의 원본이 국립중앙도서관에 남아 있고, 이것이 마이크로필름으로 제작된 사실이 근래 밝혀졌다.[2]

군산신문은 1947년 10월 15일 군산시 중앙로 1가 69번지의 사옥에서, 김종량(金宗亮)을 사장으로 하여 창간됐다. 발행인은 서울에서 발행된 일간지 한성일보의 사장이었으며 당시 군산신문 사장을 겸하고 있었다.

현재 남아있는 군산신문의 마이크로필름 자료에는, 1947년 11월 15일의 창간호로부터 1949년 6월 29일자인 509호까지가 담겨져 있다. 이 신문은 타블로이드판 2면으로 되어 있는데,[3] 1면에는 주로 외신과 서울 중앙소식을 싣고 있으며, 2면에는 군산 지역을 중심으로 한 지역소식을 담고 있다.

---

[2] 현재 군산대학교의 중앙도서관에 이 마이크로필름자료가 소장되어 있다. 하지만 장비 관계로 열람만 가능할 뿐 복사는 불가능한 실정이다. 더욱이 군데군데 결호가 있으며, 마이크로필름자료의 특성상 상태가 불량하여 더러 판독이 어려운 부분도 있다. 그렇다 하더라도 당시 지역의 사회경제상을 파악하는 데 있어서는 더없이 귀중한 자료로 생각된다.

[3] 이처럼 기본적으로는 2면으로 제작되어 있으나, 특집을 낼 때에는 몇 차에 걸쳐 4면 등으로 발행되고 있다. 아울러 여기에서는 주로 관계 기사를 참조했으나, 신문 기사의 하단에 나와 있는 광고나 공지사항 또한 당시 이 지역사회의 단면을 생생히 반영하고 있다고 생각된다.

따라서 이 자료를 복원하여 재구성함으로써 아직 많은 부분이 알려지지 않고 있는 해방 직후 특히 미군정, 정부수립을 전후로 한 시기, 이 지역의 경제 사회상을 아는 데 많은 도움이 될 수 있을 것으로 생각된다. 따라서 여기에서는 현재 마이크로필름 상태로 되어 있는 『군산신문』 자료를 통해 해방 직후 특히 미군정 정부수립을 전후로 한 시기, 군산 옥구 지역의 사회경제상을 기초적으로 검토하고자 한다.

Ⅱ. 미군정 정부수립 시기 지역의 사회 상황

해방으로부터 약 2개월간 군산과 옥구 지역의 각 행정 관서에는 말단관리인 한국인 직원들만이 직장을 지키고 있는 정도였다. 그리고 군산에는 당시 거주하던 일본인 이외에도 인근지방 특히 불이농촌(不二農村) 등에서 들어와 약 2만 명 이상의 일본인들이 모여 있었다. 옥구 군내에 살고 있었던 이들 일인들의 직업은 거의 농업이었다. 기타 성산면에는 과수원을 경영하는 자도 있었지만 대부분 농장이었고, 소수의 잡화상도 있었다. 그중에 가장 많이 살고 있는 곳이 미면의 불이농촌(현 군산시 미성동) 거주자들이었다.[4]

---

[4] 불이농촌은 1920년부터 약 3개년간 240만 원의 공사비를 투입하여 不二興業株式會社가 건설한 간척농촌이다. 2천 정보의 농지에 중앙에는 322정보의 관개 대저수지가 있어서 미작의 적지였다. 간척지는 저수지 남반부의 약 850정보와 군산에 가까운 북반부의 약 1,000정보로 나누고 남반부는 우리나라 사람에게 소작을 주어 경작시키고, 북쪽의 1,000정보는 300호의 일본인 영농자를 이민 받아 집단농촌을 건설하였다. 1924년 5월 일본의 각 현에서 모집한 제1회의 이주자 33호 120여 명으로부터 시작하여, 1호당 3정보씩 할당하고 각종 지원으로 총독부의 보호를 받아 입주로부터 12년 후에는 상환이 끝났는데, 이때 300여 호 1,700여 명이 영농하고 있었다. 이들은 일본 각 현에서 이주하였는데, 출신지의 현명을 촌명으로 하여 집단촌을 이루고 있었다.

해방이 되자 이들 일인들은 전전긍긍하였으며, 일본으로 돌아가면 식량난에 굶주린다고 떠나려하지 않은 자들도 있었다. 결국 이들은 단체로 군산에 이동하여 지역의 일인들과 합세하였다. 그들은 재류일본인회라는 조직을 갖추고 있었는데, 현 군산국민학교에 집단적으로 기거하다가 주로 선편으로 모두 돌아갔다. 특기할 일은 그들이 지니고 있었던 재산 등을 고스란히 가지고 갈 수 있게 관대히 대해 주었다는 사실이다. 예컨대 불이농촌의 치안 유지도 학도대의 미면 지대원들이 맡아 그들을 보호해 주었다. 아무튼 군옥 지역 일인들의 철수는 타지방보다 빨랐다. 철도편으로 빠져 나가기도 했었지만, 선박편이 있었기 때문이었다.

주지하듯이 1945년 8월 해방으로부터 미군정이 들어선 10월까지의 약 두 달 동안 한반도는 정치적 공백기였다. 또 미군정이 들어선 이후에도 대한민국 정부가 수립된 1948년 8월까지의 군정 3년간은 가히 무질서한 과도기였다. 하지만 이러한 정치적 공백기에 있어서 정치기관이 일시적으로 마비 상태에 빠지더라도 행정의 기능만은 멈출 수 없었다. 따라서 조선총독부의 통치체제 가운데 행정 기구는 대체로 존속되었다.

따라서 군산 시내의 각 동장들은 회합을 통하여 일본인 재산 불매운동을 결의하고 전 시민에게 계몽까지 실시하였다. 10월에 들어서면서 미군정이 실시되어 일본인 관리들이 완전히 물러나고 미군정에 의한 새로운 행정체제가 정비되고 있었다.

다음의 신문 기사는 당시 군산시가지의 모습을 잘 그려주고 있다.[5]

---

5) 『군산신문』, 1947.12.4. 16호, 「저물어 가는 거리의 점묘 / 가락눈 엷게 싸인 거리엔 주정뱅이만이 비틀비틀 / 산처럼 쌓여있는 김장거리는 어디로 가고 천정 없는 매점엔 애잔한 화로불만 놓여져」.

"넓다란 거리 쓸쓸히 사람 그림자 드물고 아직 사람마다 過冬의 무장이 끝나지 않은 듯 한데 거듭 겨울날이 추위를 몰고 와 한갓 거리는 바람소리 부산하다. 산처럼 쌓여있는 배추, 무 등의 김장거리가 모두다 어디로 갔나? 활기를 피우던 시장인이 몇 가지 서양물건을 늘어놓은 천정 없는 매점엔 쬐끄만 화로불 하나 놓여있고 가끔 북풍과 아울러 눈설이…. 과연 군산은 미곡으로서 조선에서 제일가는 항도라. 시장부근에는 쌀 상점이 잔뜩 늘어놓아 하얀 쌀이 수북히 쌓여있다. 네거리 복판에 한푼의 하루 목숨을 이어가는 사람들이라 정신없이 부산히 날뛰는 겨울의 해는 짧아 거리엔 그림자 늘어 앉아 전기불 들어간지 오래인 점포의 유리문 꼭 닫히고, 별다른 경기가 없는가 휘무룩한 석유불에 수군거리는 말소리조차 힘없이 들려 나온다. 이렇게 수족을 척 놓은 거리는 움직임 없는 어두운 밤새에 높은 산맥을 다넘어 마치어 오는 겨울의 어린 눈싸라기가 잊지않고 찾아와 남김없이 자리를 잡아 거리에는 하얀 눈에 잠기어 조용하다. 천정 높다란 곡간에 한 장의 가마니…. 식구들이 이불 없는 방안에 모여 앉아 문을 때리는 한풍 돌아가기만 기다린다. 그냥 저물어 가는 밤은 새웠겠다 아들은 사정을 모르고 밥 달라는 때를 쓰기 시작한다. 어머니의 달래는 말소리는 목 바치어 차마 비저오지 못하는 기막힌 말이나 무정한 배급 쌀자루엔 한 톨의 쌀도 없었다. 옷 없어 추워 나갈 수 없고 밥 없어 이 높은 곡간…. 이렇게 신음한 겨울이 벌써 해방의 종소리를 들은 그 해부터 세 번째나 되는 모양이다. 그러나 이제까지 조선사람 다운 살림살이조차 하지 못하고 요리 저리, 이 사람 저 사람한테 불편한 자리 만들며 지내 왔는데, 추위는 사정을 모르고 해마다 이렇게 문으로 들어와 떨어진 문구멍으로 서리바람 불어 정신없이 몰아다 부치니, 이 신세 누구에게 말하며 누구에게 원망을 하겠나? 한편 거리 담 넘어 주조장 도가지에다 빠졌나 잔뜩 취하여 혼자 천하 통치나 하는 듯이 장바닥을 휩쓸며 헤매이고, 이 사람 저 사람 붙들고 시비를 하다가 듣기 싫은 소리에 넘쳐서 배부른 신세타령이 요란하다. 빈 자루 하나 둘러메고 언 발 끌며 그러한 골목에서 회상하건대 저 삼년 전의 포성과 화약연기 같은 왜구가 눈코 뜰 새 없이 무리지어 갈 적에 어리석은 미움 날뛰며 달코롬한 한 잔의 술을 마시고 기다란 행열 우렁찬 환호의 뒤를 따라가던 것이 이러한 서러움의 시작 이었던가 생각 든다. 남의 문간을 헤매이며 근근이 살아나온 가느다란 목숨 한 가닥이 오늘도 할 수없이 또 문전에 떨고서 사정을 말하며 무슨 선물이나 있을까 했더니 한 자루 보퉁이와 무정한 인사에 그만 할 말없어 돌아와 보면 한 칸 오도막 살림에 굶주린 처자가 있는 것이다. 독립문

앞에 삼팔선이 칼날 없애고 발맞추어 어깨동무하고 들어갈 줄 았았던 것이, 또 그 절벽에 눈이 쌓이었으니 이 추운 겨울 준비조차 할 것 없으나 어떻게 넘길 수가 있는가? 크나큰 걱정거리만이 생긴다. 거리의 왕자인 듯이 무엇이 옳다 틀리다하는 정당의 그림자가 확실히 없어진 듯 하나 그래도 두 독립의 날이 우리 겨레에는 통일조차 해결 못하고 시장의 시세인 물가만 나날이 올라가고 우리 살림살이만 가난하여 가니 조국을 원망해도 소용없는 노릇이다. 또 아직 우리겨레가 있어 우리는 구속된 독립을 위하여 UN의 손님이 오신다하니 거기에 등을 떼어 이 서글픔과 또 하나의 해가 지난 44281년 (1948년-필자 주)의 새해가 눈앞에 돌아오고 있는 거리. 헐벗은 우리의 가정이 끼니마다 한 다발의 강적과 한 되 박의 쌀을 팔아 굶주린 식구의 목숨이어 나가고 저 발걸음 부산한 그 거리의 벽서를 써 그 손님에게나 호소하려는가 한다."

아무튼 이때의 군정관은 마우쓰(Mautz) 소령이었다. 군정관은 한국인의 부윤을 물색하기 시작하였다. 당시 각 동장연합회가 군산에서는 가장 강력한 행정적인 조직체이었기에 이곳에서 추천하도록 하였다.

그 결과 초대 군산부윤으로 김용철 씨가 선출되어 1945년 10월부터 집무를 시작하였다. 초대 부윤은 1946년 10월까지 약 1년간 어려운 시기의 부윤을 지냈다. 이처럼 군산부는 미 군정관과 한국인 시장을 두었으며 각 과에도 미군 고문관을 두었다. 그리고 그 후 행정고문회를 설치하였다. 미 군정청은 지방행정기관의 협찬기관으로서 행정고문회 제도를 채택했다. 식민지 시대에 극히 형식적이나마 있었던 지방자치제가 폐지된 상황에서, 제반 정책을 입안하여 실천해 가기 위해 지방주민의 참여와 협력이 필요했던 것이다. 그래서 군정 당국은 도·부·군·읍·면에 각각 행정고문회를 설치하도록 했던 것이다.[6]

---

6) 하지만 당시 군산부의 재정 상태는 그리 양호하지 않았는데, 다음의 신문 기사는 그 사정을 잘 나타내주고 있다. 『군산신문』, 1949.5.14. 467호, 「부 신년도 예산 편성 불일내 완료 / 세입세출 각 1억여 만 원 / 각 과 예산요구액 2억 6천여 만 원」- "상당한 장시간에 걸쳐 엄숙히 심사, 편성중인 군산부 신년 예산은 근일 중 완료하게 될 것이라 하는데 아주 정밀한 숫자는 알 수 없으나 부 간부의 비공식 말에 의

　이는 행정 집행기관의 협의기관에 불과했지만 지방주민의 의사를 시정에 반영시키는 데 있어서 공식적인 역할을 행할 수 있었고, 또한 독립적으로 당면한 문제를 제기하여 토의와 심의를 거쳐 얻어진 결론을 가지고 행정당국에 반영시키는 역할도 담당했다. 일종의 지방단체 의회와 같은 역할을 대행하는 존재였던 것이다.[7]

　또한 군산시는 당시 사회가 전후의 궁핍으로 가난에 시달렸고, 고아 및 집 없는 노인들이 많이 발생하였으며, 따라서 그들을 보호하기 위한 복지시설을 건립하였다. 그 실태를 보면 양로원은 소룡동에 건평 192평 수용 인원 40명 규모의 수심양로원(1948년 9월 15일 설립)과 미원동에 건평 85평의 수용 인원 30명 규모의 귀화양로원(1954년 4월 1일)을 설립했다. 기타 아동복지시설로는 오에스영아원(1957년 8월 6일 설립, 건평 209평 수용 인원 97명 개복동 소재), 삼성애육원(1951년 8월 20일 설립, 건평 107평 수용 인원 120명 신창동 소재), 구세군후생학원(1952년 6월 10일 설립), 군산애육원(1947년 4월 10일 설립, 건평 102평, 수용 인원 80명, 나운동 소재), 국제애육원(1952년 2월 1일 설립, 건평 146평, 수용 인원 46명 월명동 소재), 신광모자원(1957년 6월 21일 설립, 수용 인원 208명, 나운동 소재)을 설립하였다.

하면 세입에 있어 국고보조대금, 도선료, 수도 사용료, 시장세, 도로 탕 부담금, 府課稅 등 주요 수입 1억 1천만 원 정도로 계상하고 있는데, 각각로부터 세출예상 요구액은 2억 6천만 원 정도라 한다. 그리하여 세입과 세출의 균형을 갖추기를 위하여 각과 요구액중 주로 건설비에서 1억 5천만 원을 삭감하여 세입 1억 천만 원, 세출 1억 1십만 원, 예산 총계 2억 2천만 원 정도로 계상하고 있다한다. 그런데 금년도 세출 요구액 중 건설비가 주로 삭감당하였음에 비추어 군산부 건설 사업은 난관에 봉착하게 될 것이라고 한다."

[7] 그러나 그 성격은 어디까지나 지방군정청의 협의기관에 불과하였다. 또한 도부의 행정고문회는 군정당국에 의한 관선고문과 주민들의 선거에 의한 민선고문으로 구성되어 있었다.

Ⅲ. 미군정 정부수립 시기 지역의 경제 상황

1. 식민지기 군산 옥구 지역의 경제 상황

군산 지역의 식민지 말기 공업 역시 당시 한반도 전체의 정황을 그대로 반영하고 있었다. 즉 당시 군산 지역에 존재했던 회사들의 대부분은 일본자본의 집중적인 투자와 진출을 통해 이루어졌으나, 업종에 있어서는 역시 본격적인 중공업 부분이 아닌 경공업에 해당하는 비교적 소규모의 전근대적 형태를 벗어나지 못했다. 해방 직후 군산 지역의 경제 관계 모습을 다음의 신문 기사가 잘 나타내주고 있다.[8]

"날이 갈수록 추위는 심해지고 있는 이때, 군산에 있는 이재민들의 생활 상태는 어떠한가? 겨우 지붕과 벽돌 밖에 없는 창고 속에서 굶주림과 추위에 신음하고 있는 것이다. 더욱 어린아이를 데리고 있는 부인들은 자기의 헐벗음을 모르고 아이를 위하여 몇 배의 고생을 하고 있는가 하는 것은 도저히 말과 글로 표현할 한도를 넘어서고 있는 것이다. 이것을 부후생과에서는 어떻게 처리하고 있는가? 「옷을 주겠다」라는 무책임한 언사를 얼마나 고맙게 여기고 기다리는 그들에게 其後 아무런 소식조차 없다기에 어제 2일 하오 1시경 이재동포수용소에서 살고 있는 부인 약 오십 명이 아이를 데리고 부후생과를 찾아서 「옷은 언제 배급하려는가? 아이들이 떨고 있으니 차마 이 꼴을 못 보겠습니다」라고 진정해온데 대하여, 책임자는 어디로 갔는지 계원이 없다고 명쾌한 답변조차 피하니 장차 이일을 어떻게 해결하였으면 좋을까. 당국의 맹성을 바라마지않으며 일반에게도 무언가 호소하고 싶다."

"군산은 모든 조건에 있어서 발전요소를 많이 가지고 있다. 즉 해안을 이

---

8) 『군산신문』, 1947.12.3. 15호, 「옷을 빨리 배급 주오 / 50여 명 이재민 부녀자가 부청에 와서 진정」 및 1947.12.7. 19호, 「해방의 군산은 어디로 / 조선인 소유의 가옥은 태반이 2, 3중으로 저당 / 유지 간에는 장래를 극히 우려」.

용한 무역과 어업, 그리고 미곡의 집산지와 農具, 기타 농촌생활필수품의
공급 등 경제적으로 대단히 유리한 조건인데도 불구하고 현재 군산의 상태
는 어떠한가? 大休들은 모두 어디로 가버렸는가? 대소의 공장경영자는 물론
일반소시민까지 완전한 퇴보적 생활로서 원형상태를 保持못하고 있는 것은
세금납부의 성적으로 보아도 능히 판단할 수 있는 것인데, 최근 모처의 통
계를 보건대 군산에 있는 적산가옥을 제외한 조선가옥은 태반이 2중, 3중
저당에 들어가고 있다는 사실은 이것을 증명하고도 남을 것이다. 확고부동
한 이점에 있어 유지 간에는 군산의 장래를 가장 우려하고 있다 한다."

　주지하듯이 식민지 시대 군산 지역에는 최근까지 존속하다가 두산
백화를 거쳐 롯데주류로 이름을 바꾼 백화양조가 1917년에 설립되었
으며, 기타 경성고무가 한국인 기업가 이만수 씨에 의하여 1932년에
설립되어 민족자본의 명맥을 유지하고 있었다.

　하지만 1948년 정부수립 후 귀속재산 처분 과정에서 전북의 총 귀
속기업체 219개 가운데 군옥 지역이 67개 업체로 그 비율이 매우 높
은 것은, 당시 이 지역 특히 군산 지역의 공업이, 비록 일본 식민지
자본에 의한 것이었긴 하지만, 어느 정도 이루어지고 있었음을 보여
주는 것이다. 이러한 사실은 해방 직후 조사된 전북 지역의 귀속재산
현황에 잘 나타나 있는데 이에 의하면, 전북의 총 귀속기업체 219개
중에서 가장 많은 수를 점하고 있는 것은 단연 군산시였다. 즉 전주
가 33개, 군산이 67개, 이리가 23개, 기타 군이 96개 업체였다. 이는
그만큼 군산 지역에 기존 일인 소유의 주요 기업체가 높은 비율을 차
지하고 있었기 때문으로 이해된다.

　특히 이 가운데 1932년에 세워진 경성 고무는 한국인 기업가에 의
해 설립된 유일한 민족계 중소 기업체였다.[9] 그리고 바로 이러한 점
에 '수탈과 개발'이라는 당시 군산 지역 경제의 이율배반적 성격이 내

---

[9] 고승제, 『한국경영사 연구』, 한국능률협회(1975), 212~226쪽 참조.

포되어 있었던 것이다.

즉 식민지 시대 전주의 인구가 군산보다 많았으나 산업경제면에서
는 군산이 월등하게 앞서고 있었다. 일인 도시화된 군산에는 1934년
에 일인 호수 2,370호에 9,408명의 상주 일인이 살고 있었다. 그들은
군산을 대륙침략의 병참기지로 삼고 군산 권 개발계획을 세우기도 했
다. 따라서 군산공업단지 개발, 외항개설, 금강하류공사, 군산·장항
간의 대교가설계획 등이 추진되었다.

하지만 이상의 모든 계획들은 1941년 태평양전쟁의 발발로 개발
계획이 중단되었다. 또한 여기에 덧붙일 것은 군산비행장의 전략적
중요성이 확실하여 비행장이 건설되고, 그들의 전쟁 수행에도 큰 몫
을 차지하고 있었다는 점이다. 한편 1940년 11월 1일 부령 제220호
(1940.10.23 공포)로 옥구군 개정면의 조촌리, 구암리와 미면의 신풍
리, 둔율리의 일부를 군산부로 편입시키는 제2차 행정구역의 개편이
있었다.

2. 미군정 정부수립 시기 군산 옥구 지역의 경제 상황

1) 지역경제의 개관

해방 직후 한국경제는 식민지 반봉건적 경제구조의 철저한 청산과
그것에 기초한 자립경제의 건설을 그 당면과제로 안고 있었다. 즉 한
편에서는 일본제국주의자본과 예속자본을 흡수함으로써 자립경제건
설의 물질적 기반을 마련하고, 다른 한편에서는 반봉건적, 지주적 토
지소유를 지양하는 것이 그 당면과제였던 것이다. 실제로 전자는 귀
속재산의 처리로, 후자는 농지개혁으로 실시되었다.[10]

아무튼 해방에서 미군정 정부수립기에 이르는 시기, 군산지역경제는 기본적으로는 식민지구조의 단절과 함께 성장의 한계를 안고 있기는 했지만, 특히 정부수립 이후 줄곧 인접 도시들보다 우세한 가운데 진행되고 있었으며, 전국적인 수준에서도 상대적으로 높은 수준을 보여주고 있었다. 그리고 이러한 측면에 바로 이 시기 군산 지역 경제의 '단절과 연속'이라는 이중적 성격이 놓여 있었던 것이다. 하지만 이후 군산 지역 경제는 여타 지역 등과의 격차가 계속적으로 심화되면서 침체 일로를 걷게 되며, 이러한 추세는 한국 사회의 자본주의 발전이 체계화되는 1970년대 이후 지속적으로 강화되어 간다.

즉 해방 직후 군산 지역은 미군상륙에 대비 진지구축과 비행장의 확장공사에 군인 학도근로대의 동원 등으로 소란하였다. 또 다시 군산은 군사요지로 된 셈이다. 가로에서 특공대원(神風特攻隊員－飛行兵)의 모습을 종종 볼 수 있었다. 1940년에는 42,553명으로 인구도 증가되었고, 그 후 1945년까지는 일제 말기의 징용, 징병 등으로 유동인구가 많아 인구증가가 둔화되었지만, 8월 15일 해방 직후까지의 군산항과 군산부의 위상은 여전하였다. 그러한 의미에서도 해방 전 군산 옥구 지역의 경제상을 보다 명확히 정리하여야만 해방 후의 군산경제 상태를 올바르게 이해할 수 있다고 생각된다. 즉 과연 이 정체성은 어떻게 생긴 것인가, 왜 낙후될 수밖에 없었는가 하는 점을 바르게 알아야, 군산이 앞으로 발전할 수 있는 기틀을 도출해 낼 수 있다고 생각된다.

1945년 8월 15일 해방 후의 군산항은 달라졌다. 물론 이것은 군산항 만에 국한되는 것은 아니었을 것이다. 무엇보다 대일 통상이 차단되면서부터 무역항으로서의 기능을 상실하게 되었다. 즉 식민지 시대

---

10) 장시원 외, 『한국경제사』, 한국방송통신대출판부(1994)를 참조.

농산물(쌀)의 수출항으로 유명했었고 이에 수반하여 정미업과 양조업이 성황을 이루었던 이 지역은, 해방 이후 경제력을 장악하고 있던 일인의 철거와 북한, 만주, 중국, 일본과의 거래 및 왕래 중단으로 항구와 무역 및 상업도시로서의 구실을 근본적으로 뒤바꾸어 놓아 큰 혼란을 겪지 않을 수 없었다. 일본인의 철거와 원료 구입난, 기술부족, 일본, 북한, 중국 등지에의 판로상실 등으로 공장들은 대부분 문을 닫을 수밖에 없었다. 그러기에 군산항은 휴면상태로 들어갈 수밖에 없었다.

또한 일제 식민 통치로부터의 해방이 곧 모든 것을 가져다주리라는 막연한 기대는 미군정 3년 동안의 혼란과 불확실성 속에서 좀처럼 충족될 수 없었다. 한국 사회의 문화, 전통, 역사 등에 대한 충분한 사전지식을 갖추지 못한 미군정 당국자들은 시대의 변환기에 처한 한국 사회를 어떻게 관리해 나가는 것이 가장 효과적인 적응방식인가를 제대로 파악하지 못하였다.

즉 해방감과 새로운 사회건설의 요청이 갖게 하는 끝없는 기대와 정열은 한국 사회를 활기찬 시장바닥처럼 소란스럽게 만들었다. 이처럼 정치적, 사회적 불안정은 말할 것도 없이 경제적으로도 불안하기 짝이 없었다. 그리고 군산 역시 예외일 수는 없었다. 특히 군산이 타지방보다 불안정하였던 것은 일인이 3,000호에 약 12,009명 가까이 살고 있었기에 해방 후 3,000호 가까운 적산가옥(일인거주 소유가옥 - 후에 일산가옥이라고도 함)에 대한 입주, 소유, 불하문제 등 갈등이 있었고, 집 없이 외지에 나가 있었던 귀환동포들이 군산에 많이 들어왔기 때문이었다. 그러기에 군산은 타 도시와 전혀 다른 주민 형성이 되었다.

한편 당시 군산의 정치운동을 보면, 1948년 5월 10일 실시한 제헌 국회의원 선거에는 무소속 윤석구, 한민당의 백남용 등 2명의 대립이었는데, 무소속의 윤석구 후보가 백남용 후보보다 2,611표 많은 10,737표로 당선되었다.

주지하듯이 군옥 지역은 역사적으로 볼 때 농민 및 노동운동의 발상지가 된다. 그것은 부두노동자, 정미공장의 선미공들의 태업과 소작쟁의 등 조직적인 일제와의 항쟁이 전통이 있었기 때문이다. 또한 해방 이후 각지에서 많은 인구가 들어와 군산에 살고 있는 관계로 지연적, 혈연적 유대가 적으며, 항구라는 특성상 개방적이고 진취적인 기질이 강하다고 할 수 있겠다.

행정적으로는 1948년 5월 10일 총선거에 의해 국회가 개원되고 대한민국이 탄생된 후 지방행정조직법의 개정을 보았다. 지방행정 조직에 있어서는 미군정하의 모든 법령 규칙을 그대로 시행하다가 1949년 8월에야 지방행정 조직법을 개정하여 시행 1948년 8월 15일 제32호 (1949.7.4 공포)로 군산부가 군산시로 개칭되었다. 군산시는 21개동으로 조직, 편성하였다.

아무튼 정부수립 직후 한국 사회의 경제사정은 해방 이전보다는 말할 것도 없고, 해방 직후의 경제사정보다도 더 악화되어 있었다. 즉 인플레이션과 식량난, 각종 생필품의 부족, 실업자 증가 등으로 매우 심각하였다. 그리고 이처럼 경제사정이 암담한 상태에 머물렀던 것은 남북 분단으로 인해 북한에 위치하는 광공업, 비료, 전력 등의 주요 생산시설에 접근할 수 없게 되었다는 사실과 미군정의 적절하지 못한 경제정책에도 기인하고 있었다. 따라서 제1공화국 정부는 출범과 동시에 정부예산의 균형화, 통화량의 수축, 물가안정 등의 유통 경제적 안정화정책과 공업 부문의 부흥정책을 추진하였다.

특히 1948년 12월의 「한미경제원조협정」은 이러한 정부의 경제정책과 재정적 기초에 크게 이바지하였다. 이를 반영하여 군산 지역은 경제적으로 1948년경부터 공장들의 재건이 활발해지고 가동율도 도

내에서는 제일 앞섰었다. 당시 전주는 일제강점기의 기반이 있어서 전국적으로 유명했었고 판로도 넓었었다. 하지만 당시 전북도내 전력 80%를 군산에서 사용한 것을 보면, 그래도 군산이 전북에서는 산업 부문에 있어서 상대적으로 활발했음을 보여주고 있다고 할 수 있겠다.

한편 전후 공업화를 통한 경제 재건에는 외국원조, 귀속재산의 불하 그리고 정부의 재정·금융지원 등이 효과적으로 작용하였다. 당시의 산업부흥은 민간기업보다는 정부 주도에 의한 것이었기 때문에, 그에 따른 부작용도 있었다. 산업부흥 과정에서 나타난 또 하나의 문제로는 귀속재산의 불하 과정에서 내부적 불평등의 확대와 특혜에 의한 대기업의 출현 등이 이루어졌다는 점이다. 정부는 막대한 귀속재산을 불하하는 과정에서 특정인에게 불하하는 편법을 사용하였다.

또한 시장가격보다 35~40% 낮은 가격에서 귀속재산을 불하하였을 뿐만 아니라, 특혜를 통해 불하받는 귀속재산의 대금 납부도 자기 자본이 아닌 은행융자로 해줌으로써 이들 특정인에게 엄청난 특혜를 주었다. 거기에다 계속되는 인플레이션으로 인해 그 재산의 가치가 폭등함에 따라 얼마 후에는 무상으로 불하받은 것이나 다름없는 결과가 되었다.

이러한 결과로 정부의 각종 혜택을 토대로 하여 막강한 대재벌기업이 출현하기 시작하였다. 이에 반해 농업 부문과 중소기업 부문은 대기업에 상응하는 혜택을 받지 못함으로써 이들 사이에는 부의 차가 확대되었다. 또한 여기서 알아야 할 것은 해방 후로부터 50년대 말까지의 군산항을 말할 때, 흔히 침체항, 정체항 등으로 표현하지만, 이것은 어디까지나 일제강점기의 군산항과 비교한 결과라는 사실이다.

즉 정부수립 이후 도내 수출 제일의 임해상공도시로 기존시설을 살렸고, 또 합판업종의 호황 등으로 군산의 특수성 속에서 경제성장이 지속되어 왔었다고 본다. 다만 외국원조 귀속재산의 불하, 정부의 재정·금융지원 등의 특정 특혜를 받고, 또 받을 수 있는 대재벌기업이 군옥지방에 없었다는 인재난, 입지적 조건의 불리 등으로 타지방에 비하여 군산의 상공업 발전에 큰 어려움과 아쉬움이 있었음은 말할 나위도 없을 것이다.

이처럼 한편에서 큰 기업이 재정·금융지원으로 성장하고 있는 상황에서, 당시 군산의 기업은 대기업의 출현, 특정재벌의 탄생 등에 비해 어림도 없는 형편이었다. 그렇기에 군산항의 낙후론은 5·16 이후 60년대부터의 경제 붐과 공업화시기에, 마산항, 울산항을 중심으로 한 개발권 중심에서 호남권 소외와 서해안개발의 외면 등 정치적 권력득세와 경제개발, 정경유착의 함수관계가 뚜렷해졌을 때부터 시작했다고 보아야 옳을 것이다.

따라서 해방에서 미군정, 정부수립기에 이르는 시기 군산지역경제의 전개 과정은 '단절과 연속'이라는 시각에서 정리할 수 있을 것이다.

2) 언론에 투영된 지역의 경제 상황

해방 직후 군산지역경제는 급격한 단절의 과정을 밟게 된다. 즉 해방과 함께 국내의 경제기반을 장악하고 있던 일본자본들이 대대적으로 철수하게 되고, 또 자동적으로 식민지 정책이 소멸하게 되었기 때문이다. 이에 따라 군산은 이른바 식민지적 성장의 기반이 되었던 쌀 반출항으로서의 기능이 상실됨으로써 정체와 쇠퇴의 길을 걷게 되었던 것이다. 또한 이것은 과거 군산의 성장이 일제의 식민지 통치전략과 맞물려 식량의 공급기지로서의 역할을 담당함으로써 가능했던 것임을 보여주는 것이다.

이처럼 해방 이후 민군정과 정부수립기에 있어 군산지역은 급격한 단절과 쇠퇴의 길로 치닫게 되는데, 이와 관련하여 여러 차례 군산번영을 위한 좌담회가 열리게 된다. 이에 대한 당시의 주요 신문 기사를 소개하면 다음과 같다.

　① 곡창 호남의 문호로 곡항 군산의 이름을 날리는 우리 군산은 해방 후 타 도시에 비하여 무역으로나 상업으로나 또는 공업으로 뚜렷한 발달을 보이지 못한 채 오히려 쇠퇴하여가는 감이 있음은 여러 가지 내용의 객관적 정세하에 놓여 있음을 반영함일 것이며, 또한 지방자체로서의 향토에 대한 관심이 희박함을 지적할 수 있는 것이다. 마땅히 발달의 길을 밝혀야 할 군산의 昏眼이 원인과 모든 모순된 점을 분석하여 애로를 타개하여 새로이 발전할 수 있는 길을 발견하고자 본사 주체로 군산번영을 위한 좌담회는 7일 정오 부청 귀빈실에서 각계유지 20여 명 참석하에 개최되었던 것이다. 먼저 본사의 이철 씨의 개회사에 이어 김 편집국장의 사회로 당면 긴급한 부 행정문제와 장차 번영을 위한 대책을 추진하고 활발한 의견진술이 있은 후 오후 3시 30분 폐회하였다. 금번 좌담회의 요지 기록은 본지 신년호에 게재할 것이다. 참석유지 芳名은 다음과 같다. 군산부윤 박봉섭, 군산경찰서장 옹경원, 군산세관장 조승환, 물가감찰서장 석만손, 상업 신일선, 무역협회 정동근 권한기, 수산개발협회 문수동, 해운조합장 김효진, 적산공장관리협회 김영희, 교육자협회장 정찬홍, 실업가 정두현, 군산우편국장 김영배, 군옥물자운영조합장대리 윤종원, 국민회지부장 최병선, 금융단 대표 홍인선, 문화계 대표 임창주.[11]

　② 군산신문사 주최의 군산번영을 위한 좌담회를 계기로 군산부윤, 군산상공회의소장의 주최로 개최된 군산경제좌담회는 관계 당국과 업체, 금융회사, 노동조합 등 각계인사 다수 참석하에 금융 · 기업 · 노동에 관하여 진지한 토의가 있었던 것이다. 특히 관계 당국 간에 있어 담당 직책관계도 있거니와 업자나 노동 측으로 하여금 그 수속의 번잡성과 복잡성이 있어 이로

11) 『군산신문』, 1947.12.9. 20호, 「각계 대표를 총망라하여 「군산번영좌담회」 개최 / 본사 주최로 7일 부 귀빈실에서」.

인한 물자유동 저지의 위험성이라는 결론에 비추어 당국 간의 긴밀한 연락과 행정절차의 간소화를 도모하여 물자유동을 왕성케 하고 업자의 사업욕을 조성하여 아울러 군산의 번영을 기도코자 지난 23일 하오 2시부터 군산 부윤실에서 부내 관계당국자의 경제좌담회를 개최한 바 있었다 하며 그 귀추가 매우 기대되는 바 있다 한다.[12]

③ 농업국인 우리나라의 유일한 대외무역항으로써 일찍이 알려진 군산항이 해방 이후에는 제반조건으로 인하여 무역선거래가 두절상태에 빠져있어 국내경제면에 미치는 바 크며, 항도 군산발전상 暗影을 줄뿐 더러 기인이 되는 결과가 되어 생산 공장의 휴면상태에 이르름과 더불어 폭등하고 있는 물가에 시민의 생활조차 암묵 속에 빠져가고 있음을 보고 느끼는 나머지의 사실인데, 금년 1년간에는 대외무역으로 무엇이 얼마나 수출되고 또 얼마나 수입이 되었는가? 군산세관을 통하여 그의 통계숫자를 들여 보기로 한다. 즉 수출입의 총액은 12,041,164원인데 이중 수입에 있어 10,080,404원이고 수출에 있어 1,587,800원으로 결국 수입초과가 8,022,644원을 내고 있어 자급자족을 하지 못하고 있는 국내생산면의 부진상태를 말하고 있으며 또 예년에 비하여 보면 아주 쓸쓸한 면모를 보여주고 있다. 게다가 수입품은 고량 정고, 양입두, 만두, 건재집품, 면직물, 판지 등으로 대개 우리가 원치도 않는 제품뿐이고, 수출품은 전부가 해산물로 되어 있다. 그리고 이 수출입선은 중국, 마카오와 상해 등지이라고 하는데, 이것도 1월부터 5월까지의 5개월에 나타난 통계이고, 후에는 그나마 무역선의 거래가 전연 없었기 때문에 항도군산은 극도로 한산해졌으며 魚街에 미치는 바 多大할뿐더러 또한 港街에서 종사하는 노동자들의 생활조차 위협을 받고 있는 현상이라고 한다. 이것은 그때에 우리나라에 정부가 없었기 때문이며 국가 간의 정식적인 통상조약을 맺을 수 없었다는 중대원인도 있겠으나, 물물교환의 무역형식에 대할 물자가 군산에서 생산되지 못한 것과, 또 하나는 황해로부터 항까지의 선로가 험악하며 항만의 시설이 불편하다는 등의 여러 가지 악조건이 횡재해 있다는 원인을 찾아 볼 수 있다고 하는데, 이와는 반대로 우리나라에서도 부족하여 미국으로부터 수입해다가 사용하고 있는 중유 또는 해산가공품 등을 수출하고 수입 금지품으로 되어 있는 면포 등을 수입하여 국내경제면을 어지럽

---

12) 『군산신문』, 1948.1.25. 58호,「번영 군산의 좌담회 / 23일 군산부 누상에서 개최」.

게 할뿐더러 일확천금의 富慾을 충만 시키려는 밀수출입자의 跳梁은 끊이지 않고 있어 이로부터 항도발전에 미치는 영향과 나가서는 국가적으로 오는 손실이 막대한 바라고 하는 바, 이들의 참된 반성과 더불어 대외무역의 근본적인 문제를 수립하는 동시에 이를 구체적으로 추진하여 주기를 요청하고 있다 한다.13)

④ 전 옥구 군수 허홍석 씨가 남원군수로 전임한 뒤 이어 대한민국의 초대 옥구군수로서 재임명 부임한 지련해 씨는 당일로 등청을 하여 부청 누상에서 직원에게 취임인사와 훈시가 있었고, 이어서 군수실에서 내방한 기자에게 다음과 같은 취임소감과 몇 가지 소견을 피력하였다.

"나는 도에 오랫동안 있어 자주 군산과 옥구에 왕래가 있었기 때문에 내고향이나 다름없는 감이 들뿐더러 나에게는 더 한 층의 중책이 負荷된 느낌이 들어 이 중책을 완수하여 나가게 될 것인가 자신조차 욕심 되는 바다. 그러나 이러한 것은 다만 인화결합의 원칙 밑에서 일치 합심하는 데에서 완수될 것으로 믿어 의심치 않는 것으로, 앞으로 본군의 새로운 施政에 있어 첫째, 이론과 기획을 수립하여 적극 추진해 나갈 것이며, 둘째, 관은 민간의 표본이 될 지도의 장려 등으로 계몽에 노력토록하며, 따라서 민은 관을 신뢰토록 하여 관민이 일치되어 군행정의 원활을 기하고 나가서 건국에 이바지 할 것이다. 이러한 기본방침으로써 농업국인 우리나라에 있는 모든 행정의 초점이 되어 있는 농산물 증산과 아울러 수산물 증산에 행정의 초점을 두어 현재 국내외적으로 긴박성을 이루고 있는 식량사정에 이바지할 것이며 나가서는 파정된 경제 부흥을 도모하는데 13만 군민의 선두에서 쇄신 노력하겠다."14)

⑤ 군산부에서는 쇠퇴일로에 처하여 있는 항도군산이 여하한 방책으로서 부흥발전을 기할 수 있을 것인가의 타개책 강구의 일책으로써 부 주최하에 20일 하오 8시부터 부청 제1회의실에서 부내 각층각계의 인사 70여 명을 초

---

13) 『군산신문』, 1948.12.29. 379호, 「해마다 줄어드는 교역고 / 게다가 수출액보다 수입 초과 8,022,644원 / 항도 군산의 면목은 어디에? / 1년간의 대외무역 상황」.

14) 『군산신문』, 1948.12.29. 379호, 「파탄된 경제 부흥 위해 선두에서 쇄신노력 / 옥구 군수」.

청하고 간담회를 개최하였다 하는데, 이날 교환된 의견의 주제는 군산항의 무역항화의 건으로써 노동문제, 시설문제를 위시로 海大문제, 전기문제, 식량문제 등의 건설적인 의견 교환이 있었다 하는데, 앞으로 당항의 발전을 위한 실천에 있어 기대되는 바 크다 한다.[15]

⑥ 28일 하오 3시부터 부청 제2회의실에서 부내 금융기관대표 및 각 중소상공생산업자 40여 명 參集리에 중소상공업자회의가 개최되었는데, 중소상공업자 측으로부터 종래 금융기관의 대부상태는 실로 유감이었으며 동시에 신임할 수 없는 방법을 취해 왔었다는 공격에 이어 금융기관대표자들로 하여금 금융기관에 있어서의 애로의 난관이 개재되어 본의 아니게 대부방법이었으나, 앞으로는 각 중소상공업자에 대하여 적극 후원으로 상공업의 진흥과 나아가서는 군산 발전을 도모함에 협조체가 되겠다는 쾌답 등이 있은 후 하오 6시쯤 폐회하였는데, 이날의 중요 결의사항은 상공의 진흥책강화를 위하여 중소상공업을 특별로 조직 강화하여 가지고 다시 업종별로 부분별로 조직하여 체제 있는 조직체로서 다가오는 3월 말일을 기하여 임기완료를 보게 된 상공회의소를 일시 강화시켜 상공관계는 상공회의소에서 발전시키도록 할 것을 결정하는 한편, 從來 물자수배에 있어 멀리 도에까지 가는 폐단을 일소시키는 동시에 간편책으로서 앞으로는 부 상공당국이 일임하여 직접 道로부터 수배하여 각 상공자에게 배급토록 할 것을 결정하였다. 이리하여 상공관계는 상공회의소, 항만관계는 협회로 각 三民間단체를 중심으로 한 항도군산의 번영책을 꾀하고 있음은 앞으로 기대되는 바 자못 크다.[16]

⑦ 국가건립을 위한 국내산업경제재건은 현재 어느 界보다는 긴급히 요망되는 바 있었는데, 본도 상공회의소에서는 신년의 劃策으로써 파탄일로에 놓여있는 본도 산업경제계의 부흥 책을 확립하여 이를 본 궤도에 올리고자 지난 6일 도내 상업경제방면 권위자 약 30여 명은 도 회의실에 모여 산업경제 부문 5, 6절 사항을 중심으로 토의된 산업경제인대회에 참석차 상도한 군산관계자대표 상공회의소협회를 비롯한 10여 명은 지난 상공회의를 끝마

15) 『군산신문』, 1949.1.22. 381호, 「군산항을 무역항화 / 군산부 주최 유지 간담회에서」.
16) 『군산신문』, 1949.3.30. 429호, 「상공업 발전 도모하고자 업태별로 강화 추진 / 항도 군산 발전에 기대 다대」.

치고 귀군 하였는바, 금번 회의에 있어 당 군산의 가장 폐를 양성하여주는 산업자금문제를 위시로 다음과 같은 9개안을 제시, 통과되었다 한다. 1. 산업자금 적극 알선에 대한 건. 2. 중소공업 자금대출 한도 확대에 관한 건. 3. 산업자금 조달의 건. 4. 구체적인 상공정책 명시에 대한 건의의 건. 5. 외자원조융자의 공평한 배급에 대한 건의의 건. 6. 공평한 과세에 대한 건의의 건. 7. 어업융자금 알선의 건. 8. 수산물 염장가공자금 알선의 건. 9. 항구어로시설의 건.[17]

⑧ 지방적으로 각계각층의 건설적인 의견을 종합하여 중앙 각 관계당국에 반영시킴으로써 항도군산의 발전책을 강구함에 주안을 둔 제2회 부민대회는 군산부와 상공회의소 공동 주최하에 어제 13일 하오 2시부터 군산공회당에서 9개 단체의 대표를 집결로 각 동 대표, 각 관공서대표 및 일반 부민 300여 명의 집결에 부산업과장 김○○씨 사회로 개회하여 순서에 따라 국기배례, 애국가 제창 등 순국열사에 대한 묵상이 끝난 다음 김부윤으로부터 금번 대회를 개최하게 된 동기와 취지 등에 대한 말이 있었다. 그리고 임시의장의 집행 및 부원선거에 들어가 임시의장에 방한회 씨, 부서에 조 규, 오영태 양 씨를 서기 2명에 부직원으로 김창형, 용균 씨를 각 각 선출하고 방의장과 선출한 인사의 말이 있은 후 곧이어 회의가 진행되었는데 먼저 문영익 씨로부터 ▶ 항만진흥관계에 대하여 군산은 천연적 양항이 되지 못하고 인공적인 항인 관계상 금강유심과 조류의 변동으로 항로가 점점 메워져가고 있어 연안으로부터 4哩 내지 13哩 해안에 1,000屯급의 어선이 자유출입이었으나 현재는 만조 시에 비로소 3,500屯선이 출입할 수밖에 없고 하여 관계의 쇠퇴를 말하여 노임관계의 고율과 복잡을 지적하였다. ▶ 무역관계에 대하여 그간 대외무역이 두절된 원인은 항만시설의 불 완비, 지리적, 경제적, 인적 등 제반요소가 구비되지 못하였음에 있다는 말이 있었다. 그리고 노무관계…. 금융관계 언론관계 등에 대하여 각 소관대표로 하여금 건설적인 의견과 타개책에 관한 말이 있은 다음 하오 4시경 성대리에서 폐회하였는데, 앞으로 군산발전에 기여하는 바 클 것으로 믿어지는 바이다.[18]

---

17) 『군산신문』, 1949.4.9. 437호, 「군산 상의에서 제출한 9개 건의안 / 전북산업 경제인 대회에서 통과」.
18) 『군산신문』, 1949.4.14. 441호, 「항도 군산의 부흥 발전을 도모키 위한 / 제2회 부민 대회 성황 / 각 기관 대표자 건설적 의견 열변」.

⑨ 조선은행 총재 최순주 씨는 조사부장 박기영 씨, 업무차장 이화덕 씨, 비서 등을 대동하고 남한 각 지점 업무상황과 금융 경제 사정을 시찰코자 엊그제 8일 來群하였는데, 최총재는 9일 조선은행 군산지점장실에서 기자와 회견하고 금번 시찰 목적에 관하여 금년 현 정부 예산이 219억이라는 막대한 숫자가 계상되고 있는 한편 ECA물자가 우리나라에 활발히 수입됨에 따라 이를 수입 의존에 의하여 처리하는 것과 대일통상 1년간 임시조치사항을 비롯한 남양 각국과의 통상촉진에 따라 모든 것이 금융에 밀접한 관계를 가지고 있는 것임으로 실제로 내 몸으로 듣고 스스로 관찰하여 금융정책 및 경제정책에 참고하고자 한 것이라고 피력하고는 다음과 같은 일문일답을 하였다.

問 : 군산에 와서 느끼는 바는?
答 : 과거에 비하여 피폐상태에 있다고 들었는데 그것은 여러 가지 객관적 이유가 개재하고 있다고 보겠다. 방금 ECA물자가 다량 수입 중에 있으며 전기사정이 완화되고 금융정책이 호전되고 있음으로 남한 전역에 있어 활발한 발전단계에 서있는 것으로 군산은 좋은 입지조건하에서 항만시설 및 공장시설과 아울러 배경이 곡창이 있는 것이 널리 알려져 있는 관계상 지방민의 노력여하에 따라 앞으로 발전할 요소가 구비되어 있다고 본다.

問 : ECA물자가 앞으로 군산에 얼마나 통과될 것으로 예상되는가?
答 : 원양 선해로 외화는 8천 톤 급 이상으로 들어오게 되는데 군산은 4천 톤급 이상은 입항시킬 수 없음으로 일단 부산에 입항되어 3, 4천 톤급의 소형선에 적환시켜 회송될 것임으로 그 수량은 지방의 물동계획에 의하여 작정될 것이다.

問 : 군산의 공장휴업상태 원인은 무엇보다도 자금난에 있다고 보는데?
答 : 과거에는 소극적이었지만 앞으로는 생산, 무역을 증진시키는 데 원료와 기계 등의 요소가 구비될 것임으로 생산중점주의로 적극 대출할 방침이다.

問 : 대일통상이 수출대상 물자에 쌀이 들어 있는데 어느 정도로 수출될 것이며, 그에 군산항이 어느 정도 무역항으로 활용될 가능성이 있다고 보는가?

答 : 대일통상조목에 제일먼저 한국에 쌀이 요구되어 있는데 국내의 식
량사정으로 보아 임시조치로 금년도의 미곡생산 여하에 따라 3천만
석 내지 60만 석을 수출하게 되었다. 항만의 활용에 있어서는 항만
시설보다는 중앙에서 들어오는 보고에 의하면 군산의 노임이 비싸
다는 이유로 선박을 입항시킬 수 없다는 것인데 활용을 증대시키려
면 지방 먼저 자숙하여 타항보다도 유리한 조건을 구비시켜 유도하
여야 할 것이다.

問 : 화폐축수는 어느 정도로 할 것이며 화폐개혁을 단행할 어떠한 징조
는 없는가?

答 : 해방 후의 남한경제는 화폐가 팽창되어 「인플레」 현상을 일으킨 것
이 많았고 물자가 없었다는 데 있었다. 그래서 사실상 화폐개혁정책
은 성공한 것이라 본다. 일본에 반하여 한국은 금년 초에 4백 3십 4
억의 발행고를 냈던 것이었으나 현재는 6십억이 축소되고 있는 현
상이다. 그리고 생산품이 증가됨에 따라 화폐가 증발되더라도 임의
적으로 화폐개혁을 축소 안 시킬 것이며 화폐개혁보다도 화폐에 안
전을 시킴으로써 인민에 신뢰감을 주는 데 있다고 본다. 앞으로 1년
후에는 경제안정을 보게 될 것이다.

問 : 경공업에 대한 육성계획에 대한 貴見은 ?

答 : 5개년 계획의 물동계획과 자본계획을 수립하여 이를 추진함으로써
해결될 것이다.

問 : 군산의 산업경제의 자금고갈에 대한 해결책은 如何?

答 : 모리행위를 조장시키지 않고 생산제조에만 활용된다면 외국 화폐를
획득해서라도 적극 융자할 방침이다. 앞으로 융자는 생산 재건의 요
소가 구비되어 있느니만치 더 나아질 것이다.

問 : 저물가정책의 구체적인 운영면은 如何?

答 : 생산을 증가시킴으로써 자연 해결될 것이다. 통제물자가격과 암시
장가격의 간격을 줄이고 이것을 기준하여 외국과의 환율기준을 두
어 조절하는 데 있을 것이다.[19]

이와 같은 상황에서 군산 지역에도 실업자가 양산되고,[20] 반면 어려운 지역 재정 상태에서 각종 공과금이 가중되고 있었으며,[21] 그 결과 도박판과 범죄자가 늘어가고 급기야 생활난으로 자살사건이 속출

---

[19] 『군산신문』, 1949.5.10. 463호, 「남한경제는 점차로 호전 / 군산항 발전은 노력이 긴요 / 산업부흥에 외국자금 융자가 가능」.

[20] 『군산신문』, 1947.12.10. 21호, 「직업소개소의 문을 두드린 구직자 / 1~11월 말 400명」 ―"경제적으로 多大한 곤란을 받고 있는 실업자 수는 말과 글로 표현할 수 없다. 나날이 추운 거리에 방황하며 신음하다 못해 부청 직업소개소를 찾아가 사정을 말하며 직업을 구하려는 자, 1월부터 11월 말까지 400을 넘어서고 있는데, 그중 사무 방면 30%, 기술자 30%, 일반노동자 40%이라 하며, 부 당국에서는 이러한 촉박한 사정을 해결코자 여러 가지로 활동을 하였으나, 그 구직자수의 30%인 130명에 불과하다는데, 그중 기술자가 30%, 사무원이 15%, 일반노동자가 55%라는 일반노동자가 절대다수를 점하고 있다 한다." 『군산신문』, 1947.12.13. 24호, 「군산부 노무계에 등록된 실업자 5,500명 / 당국에선 대책강구중이나 별로 신통 없음」 ―"군산부 노동계에 등록된 노동자의 수를 살펴보면 공장노동자 약 2,800명, 사무노동자 약 1,500명, 반실업노동자 약 1,500명, 실업자 약 4,000명이라 하는데, 부 당국에서는 아직도 4,000명이나 되는 실업자의 대책을 강구중이나 아직 별다른 결정은 보지 못했으나 앞으로 널리 연락을 취하야 농촌 공사장으로 분산시킬 예정이며, 근소한 임금을 받아 나날이 생활에 허덕이고 있는 공장노동자의 임금인상, 특별배급 등의 문제를 적극적으로 추구하여 생활개선에 노력하여야 한다."

[21] 『군산신문』, 1949.6.3. 484호, 「이러고서야 살 수 있나? / 공과금의 부담이 24종목 / 1호당 1년에 약 5천 원 부담 / 옥구군에서 조사」. ―"해방 후 공과금의 각종 기부금징수가 잔행되어 민간 층에 주는 타격과 피해가 막심하였으며 따라서 과중한 부담을 이기지 못하는 민간 층의 원성이 부등 되고 있어 이 일원화와 부당 기부금 징수의 금지 책이 요청되고 있거니와, 이 공과금 외의 민간 층 부담금은 어느 정도이며 그의 적목은 무엇무엇 얼마나 되는가. 옥군 내의 작년 1년간의 실정을 들어보기로 한다. 즉 옥구군에서 지난 5월 1일부터 26일까지 조사한 바에 의하면 24종에 달하는 공과금 외의 민간 층의 부담금은 조세액 911,337,558원인데 이중에 징수한 것이 511,260,081원이다. 이것은 부내 부과된 도세 액 1천 3백만 원의 약 7배에 해당되고 있으며 1호당 약 5천 원씩의 부담이 되고 있는 현상으로 이로 인하여 수지가 맞지 않은 생활에 쪼들리는 농민들이 얼마나 고초와 피해를 입었는가를 여실히 대변하고 있으며, 이것이 어느 정도의 과중한 부과인가는 미수 액이 총액의 약 4할을 점하고 있는데 능히 짐작할 수 있는 것인데, 그의 종목은 다음과 같다. 지서후원금, 향보단비, 소방대기금, … 洞인쇄물대비, 각종 계몽대 및 위안대비, 체육회비, 우편후원회비, 금융조합비, 학교후원, 농 회비, 수리조합비, 올림픽 후원회비, 비상시국대책비, 모병비, 각 중학교기성회비, 성인교육비, 후생협회비, 호적협회비, 뇌병예방비, 공직자 환영 및 송별비, 대중소학교 증축비, 기타 2종."

하는 등 과도기의 각종 난맥상이 속출되고 있었다.[22]

22) 이와 관련된 당시 『군산신문』의 기사 내용을 소개하면 다음과 같다. ①『군산신문』, 1948.12.29. 379호, 「늘어만 가는 도박판! / 당국의 철저한 단속이 요청」 - "이 땅의 질서의 교란자 도박군은 날로 跳梁하여 오늘도 내일도 수많은 파산자를 내어 그들의 슬픈 눈물을 빚어내는 자 얼마나 많으랴? 매년마다 겨울이 되면 생활고에 시달린 세궁민과는 반비례로 장작을 몰아쳐서 때운 따뜻한 방에 벗을 모아 루작루작 밤을 세워가면서 화투, 심지빼기, 투전 등이 벌어지는데, 심지어 小大資本家들의 화려한 응접실에서 벌어진 일시 오락의 정도를 넘어서 행하여지는 「마장」 등은 한 판에 가난한 월급쟁이 두 달 석 달 월급이며, 만원이라는 高金을 주고받고 하여 오늘날 민생고에 허덕이는 우리 내 생활로써는 가히 웃지못할 기현상이라 하겠다. 더구나 올겨울도 이미 겨울의 첫걸음을 걸어 그들의 허무맹랑한 「시바이」는 또 다시 전개할 모양인데 당국의 이들에 대한 조치는 크게 요망 된다". ②『군산신문』, 1947.12.11. 22호, 「배고픔과 추위 / 양심은 돌보지 않고 / 범죄로 본 군산사회상 / 작년(1946년) 11월보다 금년(1947년) 11월엔 절도가 3배 증가」 - "꿈에도 잊지 않고 갈망하여 오던 독립은 어느 때나 될는지 기다리는 독립대신에 헐벗고 떨고 굶주리는 운명만이 전도에 놓여 있으며 국민의 민생은 문자 그대로 도탄에 빠져 있는 것이다. 이러한 사회면의 반영인지 늘어가는 것은 범죄이다. 작년 이때에 금년의 오늘을 비해 놀라지 않을 수 없고 금일보다 내년에는 필연적으로 증가할 것이라는 금일의 사회현상으로 추측할 것이다. 군산 부 관내 작년 11월과 금년 11월의 범죄 통계를 보고 현저히 그 숫자적 증가를 보이고 있는 것은 절도이다. 수염이 대자라도 먹지 않으면 양반 노릇을 못하게 된다고 엄동설한에 거처 없이 떨고 기아에 신음하게 되면 非凡人이 아닌 이상 班常을 망각하고 범죄의식을 몰각하게 될 것이다. 절도가 작년 11월 27건 22명에 비하여 금년 11월에는 72건 66명이며, 사기는 3건 3명에서 14건 21명으로 늘었다. 이러한 기하급수적인 숫자는 마땅히 금일 사회의 반영이라 할 것이며, 이를 해결하려면 근본적인 문제해결이 있어야 할 것이다. 이는 오로지 조기의 통일, 자유 독립일 것이다(별표 참조, 단위 : 건수).

연도＼범죄종류	강도	절도	사기	폭력행위	상해	포고령	위반	기타	계
1946.11		27	3	1	15	5		18	69
1947.11	1	72	22	2	19	5		51	172

③『군산신문』, 1949.5.14. 467호, 「생활난으로 부부싸움 끝에 주부가 복어알 먹고 자살 / 살기 좋다는 군산은 주검터?」 - "위정자들은 아는지, 모르는지? 생활난은 가정불화를 초래하고 가정불화는 드디어 처참한 자살을 산출했다. 즉 부내 중앙로 3가 115번지에 거주하는 한용집(30)과 서덕순(22)의 두 부부는 호남이 살기 좋다는 바람에 평안북도에서 군산까지 왔으나 호구지책조차 막연한 현실에 드디어 「하꼬방」 장사를 하면서 침체된 경제와 도탄의 민생고가 해결되기를 기다리고 있었으나, 생활난은 더욱 심각해가고 그 후에 자금난으로 「하꼬방」 장사도 파탄의 경에 달하자 남편 韓은 염세주의자로 전락되어 2일간이나 굶은 처지로 음주함으로 부부간에 언쟁이 있었다는 바, 이로써 가정불화는 계속되어 처 서덕순은 실망한 나머지

이상에서 보았듯이 미군정 정부수립기 군산항 및 군산 지역의 사회경제는 일제의 식민지 도시화 전략 및 이후의 지역 편향적 개발정책과 밀접히 관련되어 있다. 즉 군산 옥구 지역은 이러한 역사적 배경 속에서 부침을 거듭한 도시로서의 전형적인 예에 해당된다고 하겠다.[23]

Ⅳ. 요약 및 결론

주지하듯이 지역사회경제사적 관점에서 볼 때, 해방 이후 특히 미군정, 정부수립을 전후로 한 시기, 군산 옥구 지역의 사회경제상에 대한 학문적 검토는 매우 중요한 과제로 남아있다. 하지만 단절과 연속 선상에 있는 이 시기 군옥지역의 사회경제상에 대해서는 아직 많은 부분이 과제로 남아있는 실정이다. 더욱이 이 시기를 본격적으로 다룬 기초적인 논저마저도 아직 쉽게 발견되지 않고 있다.

따라서 여기에서는 현재 마이크로필름 상태로 되어 있는 『군산신문(1947.11.15~1949.6.29)』 자료를 복원, 재구성함으로써 해방 직후 특히 미군정, 정부수립을 전후로 한 시기, 이 지역의 사회경제상을 검토하고자 했다.

즉 해방 직후 군산 지역의 전반적 상황을 살펴보고, 특히 경제 및 사회동향을 중점적으로 검토하였다. 우선 군산 지역의 식민지 말기 공업 역시 당시 한반도 전체의 정황을 그대로 반영하고 있었다. 요컨

모든 것을 잊어 버리고 차라리 죽는 것이 상책이라 결심한 후 남편이 수면시를 이용하여 지난 20일 오후 3시경 「복쟁이알」을 먹고 자살하였다는 바, 동민들을 위시한 일반 부민은 동정의 낙루를 감추지 못하고 있다 한다."

[23] 김영정·김영근·남춘호,『국가의 정책방향과 지역발전의 구조변동』, 한국학술진흥재단(1985).

대 당시 군산 지역에 존재했던 회사들의 대부분은 일본자본의 집중적인 투자와 진출을 통해 이루어졌으나, 업종에 있어서는 역시 본격적인 중공업 부분이 아닌 경공업에 해당하는 비교적 소규모의 전근대적 형태를 벗어나지 못했음을 알 수 있다.

아무튼 1945년 8월 15일 해방 후의 군산항은 달라졌다. 물론 이것은 군산항에만 국한된 것은 아니겠지만, 무엇보다 대일 통상이 차단되면서부터 무역항으로서의 기능을 상실하게 되었다. 즉 식민지 시대 농산물(쌀)의 반출항으로 유명했었고 이에 수반하여 정미업과 양조업이 중심을 이루었던 군옥 지역은, 해방 이후 경제력을 장악하고 있던 일인의 철거와 북한, 만주, 중국, 일본과의 거래 및 왕래 중단으로 항구와 무역 및 상업도시로서의 구실을 근본적으로 뒤바꾸어 놓아 큰 혼란을 겪지 않을 수 없었다. 일본인의 철거와 원료, 구입난, 기술부족, 일본, 북한, 중국 등 판로 상실 등으로 공장들은 대부분 문을 닫을 수밖에 없었다. 그러기에 군산항은 휴면 상태로 들어갈 수밖에 없었다.

이처럼 해방에서 미군정 정부수립 시기에 이르는 시기, 군산 지역의 사회경제는 기본적으로는 식민지 구조의 단절과 함께 성장의 한계를 안고 있기는 했지만, 특히 정부수립 이후 상대적으로 인접 도시들보다 우세한 가운데 진행되고 있었으며, 전국적인 수준에서도 상대적으로 높은 수준을 보여주고 있었다. 그리고 이러한 측면에 바로 이 시기 군산지역사회경제의 '단절과 연속'이라는 이중적 성격이 놓여 있었던 것이다. 하지만 이후 군산지역사회경제는 여타 지역 등과의 격차가 계속적으로 심화되면서 침체 일로를 걷게 되며, 이러한 추세는 한국 사회의 자본주의 발전이 체계화되는 1970년대 이후 지속적으로 강화되어 갔다고 볼 수 있겠다.

◆참고문헌◆

『군산신문(1947.11.15.~1949.6.29)』.

고승제, 『한국경영사연구』, 한국능률협회, 1975.

군산시, 『군산시사』, 1991.

김민영, 『일제하 군산·옥구지역의 민족·사회운동사』, 군산문화원, 1997.

김영정·김영근·남춘호, 「국가의 정책방향과 지역발전의 구조변동」, 한국
　　　　학술진흥재단, 1995.

옥구군, 『옥구군지』, 1990.

장시원 외, 『한국경제사』, 한국방송통신대학 출판부, 1994.

제3장 **근대문화도시조성사업과**
군산근대도시경관 변화의 기록*

송석기**

개항으로부터 일제강점기를 거치는 동안 형성되었던 군산 원도심의 근대도시경관은 해방 이후 부분적인 변형과 멸실, 새로운 경관 형성 등의 과정을 거치면서 변화해 왔다. 최근까지 구체적인 목표와 계획에 따라 원도심의 도시경관 전체를 포괄하여 의도적으로 변화시키려는 시도는 거의 없었다. 그러나 지난 2009년부터 2014년까지 진행된 '군산 근대문화도시 조성사업'은 지자체가 구체적인 실행 계획을 수립하고, 직접적인 개입을 통해 원도심의 도시경관을 변화시킨 최초의 사례였다고 할 수 있다. 그리고 도시경관에 대한 지자체의 적극적인 개입은 앞으로도 지속될 전망이다. 이 글은 군산의 근대도시경관 형성 과정을 몇 가지 특징적 도시경관 영역으로 구분하여 살펴보고, 해당 영역에 대해 최근에 실행된 근대문화도시 조성사업에 대한 추적을 통하여 해당 사업의 목적과 실행 과정, 현재까지의 경과 등을 기록함으로써 향후 지속될 군산 원도심의 도시경관

  * 이 글은 『한국건축역사학회 추계학술대회 자료집』(2011)에 게재된 필자의 발표원고 「근대기 군산의 도시 공간 형성」과 『건축과 도시공간』(2014 겨울호)에 게재된 필자의 원고 「군산시 근대 건축물 활용 정책의 성과와 과제」를 수정·보완한 것임.
** 군산대학교 건축공학과 교수.

에 대한 지자체 개입과 관련된 주요 쟁점을 검토해 보고자 한다.

Ⅰ. 군산 근대도시경관의 형성

군산 원도심의 근대도시경관은 개항기와 일제강점기 초반에 형성된 군산의 도시공간 구성에서 출발하였다. 1920년대 전반까지 군산의 도시공간 구성은 그 기능적인 성격에 따라 외국인 거류지 북쪽의 일본영사관을 중심으로 한 행정 중심 지역, 그 남쪽으로 개항 초기부터 형성된 시가지의 주거 및 상업 지역, 그 남서쪽으로 규모가 큰 일본인 주거 지역, 기존 거류지의 동쪽으로 철도역까지의 다수의 금융시설과 상업시설 등으로 구분할 수 있다. 한국인 주거지는 기존 거류지의 외곽인 남서쪽 지역과 철도에 인접한 남동쪽 지역 그리고 철도의 동쪽에 형성되어 있었다. 가로가 잘 정비된 일본인 주거지역 및 상업, 금융지역과는 대조적으로 한국인 주거 지역은 열악한 공간 환경을 나타내고 있어 지배자와 피지배자의 차별에 근거한 이중적인 식민지 공간구성이 나타나고 있었다.

일제강점기 후반에 이르러 군산의 도시공간 구성에서 변화가 나타나는데 가장 큰 변화는 행정 중심지역의 이전이었다. 군산 부청의 이전으로 세관을 중심으로 형성되었던 행정 중심지역이 현재의 구 시청 사거리로 이동하게된 것이었다. 이외에 주거 및 상업지역, 상업 및 금융지역, 산업시설 등의 구성은 일제전반기와 대체로 유사한 구성을 나타내고 있었다. 또한 서쪽 해안으로 군산항이 확장되면서 부분적으로 산업시설이 형성되고 있다는 점이 일제전반기의 도시 공간 구성과 다른 점이라고 할 수 있었다. 행정 중심지역의 이전을 제외한다면, 군산 역시 일제전반기에서 후반기로의 변화 과정에서 부분적인 시가지의 확대가 있었고, 일제전반기에 확립된 시가지의 전반적인 기능적

구성이 일제 후반기에도 유지되었던 것을 확인할 수 있다.

　근대기 도시 공간 구성에 따라 군산의 근대도시경관은 몇 가지 특징적인 영역으로 구분할 수 있다. 가장 특징적인 영역은 개항과 함께 조성된 외국인 거류지 영역이다. 이 영역에 인접하여 같은 시기에 군산항이 조성되기 시작하였으나 군산항 영역과 거류지 영역의 경관적인 특징은 명확히 구별되며 그 특징이 완성된 시기도 다르다고 할 수 있다. 또한 현재의 중앙로 영역은 일제강점기 후기에 경관적 특징이 완성된 영역으로 앞의 두 영역과도 구별된다. 중앙로 남쪽 영역의 경우 격자형 가로망을 기본으로 한 도시경관으로 외국인 거류지 영역과 유사한 경관 특징을 나타낸다고 할 수 있으나 그 조성시기가 다르다. 시기적으로는 중앙로 영역과 밀접한 관련성을 가진다고 볼 수 있다. 원도심의 근대도시경관에서 또 다른 구별되는 영역은 군산역과 군산선 철도를 중심으로 한 영역이다.

〈그림 3-1〉 1950년대 군산시가지(躍進港都群沃大觀, 1959)

Ⅱ. 근대도시유산에 대한 인식의 전환

군산에서 근대도시경관을 포함하여 포괄적인 의미로서의 도시유산

에 대한 보존과 활용 측면에서의 관심이 구체적인 정책과 개발 계획
의 형태로 정립되기 시작한 것은 2000년대 이후의 일이다. 그 이전까
지 군산 원도심에서 도시경관의 대부분을 차지하고 있었던 산재한 근
대건축물은 화재에 대비하여 집중적인 관리가 필요한 노후한 목조 주
택으로 '방재의 관점'에서 인식되었다. 또한, 1990년대 구 군산시청의
철거에서 볼 수 있는 것처럼 더 이상 존재 이유가 사라진 '적산(敵産)'
의 일부로 비춰질 뿐이었다. 근대도시유산을 문화적 자산으로 활용하
자는 '인식의 전환'을 요구하는 소수의 주장이 있었으나 원도심 근대
도시유산의 보존 및 활용에 대한 구체적인 계획은 2002년 '군산 차이
나타운 개발계획'에서 처음으로 나타났다. 국가 차원에서도 근대문화
유산에 대한 체계적인 관리가 시작된 것은 2001년 등록문화재[1]제도
가 도입되면서 부터였다. 군산 역시 비슷한 시기에 근대도시유산에
대한 보존 및 활용 계획이 처음으로 검토되었다고 볼 수 있다.

'군산 차이나타운 개발 계획'[2]에서는 원도심의 문화, 관광, 역사 자
원의 현황을 파악하고, 노후 건축물의 유지 관리와 새로운 공간 창출
을 통해 원도심에 적합한 문화 관광 환경을 조성하고자 하였다. 도심
과 수변공간과의 연계 방안을 모색하고, 격자형 가로패턴의 특성을
살린 보행자 중심 공간을 계획하였다. 역사적 건축물을 관광자원으로
활용하고 특화사업을 추진하려는 과정에서 처음으로 원도심에 대한
개발 및 보존계획이 수립되었다. 처음 시작은 차이나타운 개발 계획
이었으나 화교뿐만 아니라 일제강점기, 미군 부대 등의 다양한 문화
가 누적되어 있는 점을 고려하여 계획은 점차 확대되고 수정되었다.

---

[1] 등록문화재란 문화재청장이 문화재위원회의 심의를 거쳐 지정문화재가 아닌 문화
재 중 건설 · 제작 · 형성된 후 50년 이상이 지난 것으로서 보존과 활용을 위한 조치
가 필요하여 등록한 문화재이다.

[2] 2000년대 초, 중반에 수립된 군산 원도심 관련 개발 계획 및 관련 조례의 내용은 양
은정, 「군산시 원도심 보존계획의 변천에 관한 연구」, 서울대학교 대학원 석사학위
논문, 2012. 78쪽~82쪽 참조.

〈그림 3-2〉 군산 차이나타운 개발구상도(2002)

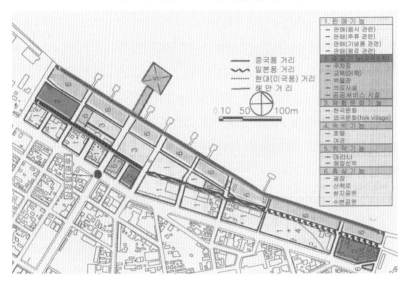

〈그림 3-3〉 군산 근대역사문화경관 가꾸기 기본 계획(2005)

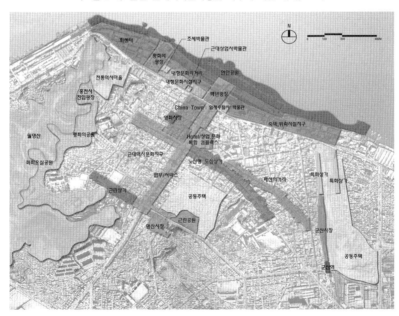

앞서 계획되었던 군산 차이나타운 개발 계획을 포함하면서 2005년 '군산 근대역사문화경관 가꾸기 기본 계획'[3]이 수립되었다. 이 계획은 군산 원도심에 근대역사문화경관지구를 지정하고 이를 보존 및 활용하는 방안을 모색한 보존지향적인 도시경관 계획이었다. 지구 내 근대건축물의 보존 정비 방법과 관리지침을 마련하여 지구의 활성화를 도모하고자 하는 것이 목표였으며, 블록에 면한 근대건축물을 선적 요소로 보고 가로경관의 관리 방안을 모색하였다. 이 시기에 원도심에 분포하는 근대건축물 현황을 파악하는 조사사업이 이루어졌다.

'군산 근대역사문화경관 가꾸기 기본 계획'을 토대로 시 자체적으로 관련법을 마련하였는데, 2007년에는 '군산 원도심 활성화 조례'를 제정하였다. 원도심 활성화와 공동화 방지 및 근대역사문화의 보존 및 활용 방안 모색에 목적을 두었다. 한편으로는 일부를 특화, 특정거리로 지정하여 개발 행위를 지원하는 근거를 마련하기도 하였다. 그리고 근대 건축물의 건축 또는 보존방침을 훼손하지 않는 범위에서 개축 및 외부수선과 공익시설 및 공공시설 조성에 일정 부분 보조금을 지원할 수 있도록 하였다.

이와 더불어 2008년에는 경관법을 바탕으로 '군산시 도시경관기본계획'이 수립되었다. 역사문화 분야의 경관계획에서 원도심은 근대역사경관으로 지구형과 선형 역사문화 경관유형으로 분류하였다. 특히 영화동, 월명동은 지구 집중형으로, 내항부근은 지구 산재형과 선 집중형으로 세부유형을 구분하여 전략과 계획을 수립하였다. 내항과 원도심의 경관 성격을 구분하여 계획에 포함하는 전략을 통해 이전까지 해망로로 인해 공간적으로 분리된 내항과 원도심을 유기

---

3) 군산시, "군산 도심권 근대역사문화경관 가꾸기 기본계획", 2005. 참조.

적으로 연계하는 계획을 수립하지 못했던 한계를 극복하고자 하였다. 또한 2008년에는 경관계획과 더불어 '군산시 경관조례'를 제정하였다.

〈그림 3-4〉 군산 근대역사문화 벨트화사업 마스터플랜(2009)

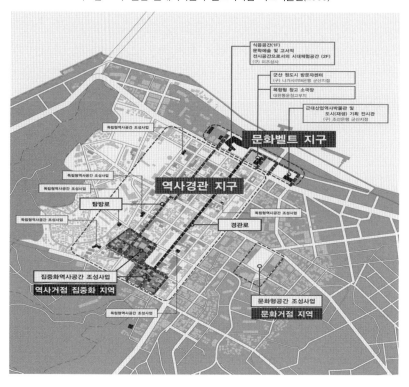

2009년 내항 일대와 원도심 그리고 구 군산역 및 주변 재래시장과 관련된 계획이 각각 수립되었다. 내항 일대의 산업유산을 주제로 문화체육관광부에서 주최하였던 문화예술창작벨트화사업에 선정되면서 내항을 중심으로 한 '군산 근대역사문화 벨트화사업 마스터플랜'이 작성되었다. 그리고 이어서 원도심의 근대 건축물을 활용하여 근

대역사문화의 거리를 조성하는 '원도심 근대역사경관을 활용한 활성
화 계획'과 '구 역세권 종합개발방안'이 이어졌다. 이들 사업 중 내항
을 중심으로 한 근대역사문화벨트화사업(이하 벨트화 사업) 계획과
원도심을 중심으로 한 근대역사경관조성사업(이하 역사경관 사업)
계획을 종합하여 2010년 '군산 근대역사경관 조성사업 기본 및 실시
설계'가 추진되었다. 이 계획은 그동안 군산의 근대역사문화 기본요
소들에서 도출한 내용을 바탕으로 도시경관 조성을 위한 디자인 원
칙과 기본 방향, 벨트화 사업과 역사경관 사업의 연계방안과 단계별
전략구상 등의 내용을 담아 '군산 근대문화도시 조성사업'이라는 이
름으로 추진되었다.

Ⅲ. 군산 내항 영역의 도시경관과 벨트화 사업

1. 축항공사와 내항 영역 도시경관의 형성

군산 내항 영역의 도시경관은 개항기로부터 일제강점기 내내 계
속된 축항공사를 통해 이루어졌다. 군산항의 축항 공사는 1905년
대한제국 정부에 의해 시작되었는데 당시의 공사는 세관 용지 확보
를 위한 강안 매축(江岸埋築)과 잔교(棧橋) 1기의 축조 등4)이었다.
따라서 1909년 제1차 축항공사가 시작되기 이전까지 군산항은 세관
주변 영역에 한정되었던 것으로 추정된다. 구 군산세관 본관5)은 개

---

4) 群山府, "群山府史", 橋本印刷所, 1935(昭和十年), 133쪽.
5) "建築所事業槪要第一次", 1909(隆熙三年), 150쪽. 이 공사는 296일 동안 진행되었으
   며 기타 시설을 포함하여 총 79,880원이 투입되었고, 일본인 청부업자 山崎園藏이
   시공하였다.

항기 이 지역이 군산의 행정적 중심이었음을 보여준다. 구 군산세
관 본관 신축과 함께 주변을 정비하고 군산항을 조성하는 공사6)들
이 진행되었다. 현재 구 군산세관 본관 뒤편의 창고 역시 같은 시
기에 지어진 건축물이다. 〈그림 3-5〉는 1909년에 작성된 도면7)으로
당시 군산세관 주변의 상황을 알 수 있다. 개항기 군산항의 도시경
관은 〈그림 3-6〉과 같이 구 군산세관 본관과 그 주변에 인접해 있
었던 '목포 일본영사관 군산분관', '군산우편국', '군산경찰서' 등이
형성하는 행정 중심 영역과 인접 해안의 군산항으로 이루어진 것이
었다.

〈그림 3-5〉 군산세관설비평면도(1909)

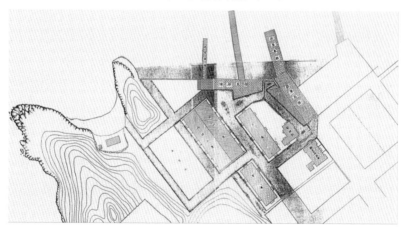

---

6) 잔교가설공사(1906.10.13~1906.12.10), 세관 지서장 관사 신축공사(1908.3.1~1908.
   7.30), 세관 구내 도로관련 공사(1908.4.23~1908.9.20), 매축공사(1908.10.3.~1909.
   4.30) 등.
7) 앞의 책 참조.

〈그림 3-6〉 군산 거류지 지도(1900)

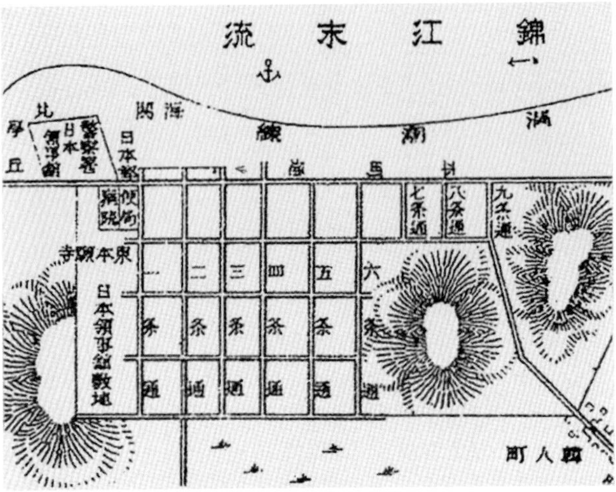

군산 내항의 출발은 세관 인근이었지만 군산 내항의 본격적인 축조는 철도의 연결과 밀접하게 연관되어 진행되었다. 개항 도시에서 철도는 해상 교통과 육상 교통을 이어주는 연결고리로서 기능하였기 때문에 서로 뗄 수 없는 관계였다. 호남선 철도의 익산역에서 군산역을 연결하는 군산선 철도가 개통된 것은 1912년이었고 제1차 축항 공사가 끝나는 1915년경에 거류지의 동쪽 끝 부분인 현재의 장미동과 금암동 북쪽까지 철도가 연장되었다. 따라서 이곳이 제1차 축항 공사의 주된 대상지였던 것으로 추정된다. 이후 1918년에서 1921년까지 진행된 제2차 축항 공사를 통해 철도는 현재의 내항 중심 영역까지 연장되었다. 그리고 제3차 축항공사를 통해 현재와 같은 내항의 해안선이 완성되었고 철도는 해안을 따라 서쪽으로 연장[8]되었다.

일제강점기 동안 쌀 수탈 항으로 기능했던 군산항의 도시경관을 형

---

8) 앞의 책, 133쪽~140쪽.

성하였던 가장 중요한 유산이 군산 내항의 뜬 다리(浮棧橋)와 군산선 철도이다. 일제강점기 동안 진행된 총 4차례의 축항 공사를 통해 잔교와 뜬 다리의 신축 또는 확장이 계속되었다. 총 3기의 뜬 다리가 나타나 있는 〈그림 3-7〉의 1934년 '群山府市街地圖'는 제3차 축항공사의 결과를 보여준다. 간만의 차에 따라 높낮이의 조절이 가능한 육상과의 연결 다리에 콘크리트 함체가 서로 연결되어 뜬 다리를 구성하고 있는 모습이다. 군산 원도심과 내항 사이에는 과거 군산선 철도가 남아있다. 군산선 철도와 관련된 또 다른 철도 역사로서 군산항역이 1931년 설치되었다. 군산항역의 위치는 〈그림 3-7〉을 보면 현재 군산세관의 서북쪽에 위치하고 있었던 것을 확인할 수 있다. 제3차 축항공사 과정에서 세관 뒤쪽의 산을 깎아 매립에 사용하면서 조성된 부지에 군산항역을 설치하였다. 그러나 군산항역은 설치된 지 12년 만인 1943년 폐역되어 현재는 그 흔적을 찾아보기 어렵다.[9]

〈그림 3-7〉 群山府市街地圖(1934) 부분

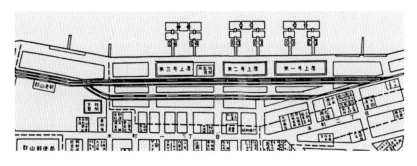

세관 인근에서 출발한 군산 내항은 지속적인 축항 공사를 통해 해

---

[9] 군산선 철도 역사 중 유일하게 남아있는 건축물이 임피역이다. 임피역은 1924년 간이역으로 영업을 개시하였고 현재의 역사는 1936년에 신축된 것이다. 임피역은 2005년 등록문화재 208호로 지정되었다.

안을 따라 수평으로 확장되면서 현재의 모습에 이르렀다. 또한 내항에서 육지 쪽으로 창고와 철도 역시 내항을 따라 수평 방향으로 확장되었다. 그리고 그 안쪽으로는 다시 '농림성', '곡물검사소', '일본제18은행 군산지점', '조선은행 군산지점' 등의 관공서와 금융시설이 들어서면서 현재의 해망로와 만나게 된다. 내항으로부터 항만-창고-철도-관공서 및 금융시설-해망로로 이어지는 수평으로 긴 선(線)의 요소들이 여러 겹의 켜를 형성하면서 군산 내항의 도시경관이 형성되었다.

2. 근대역사문화벨트화 사업

2011년 9월 30일 '군산근대역사박물관'이 문을 열었다. 군산근대역사박물관은 군산시의 근대문화도시 조성사업에서 가장 선도적인 사업 중 하나라고 할 수 있다. 근대문화도시 조성사업에 비해 박물관 건립에 대한 논의가 먼저 시작되었기 때문에 정확한 표현이라고 할 수는 없지만, 원도심과 관련된 모든 사업을 포괄적으로 지칭하는 용어로 사용되기 시작한 근대문화도시 조성사업에서 박물관의 개관은 그 규모나 상징성의 측면에서 중요한 가시적 성과를 보여주는 계기임에는 틀림없었다. 박물관이 개관하면서 근대문화도시 조성사업은 더욱 가속도를 받게 되었다. 군산근대역사박물관에 인접하여 진행된 벨트화사업의 주된 대상은 군산 내항 영역이었다. 벨트화 사업은 구 군산세관 본관에서 시작하여 군산근대역사박물관과 '구 일본제18은행 군산지점', '구 조선은행 군산지점'에 이르는 내항 일원을 대상으로 한 사업으로 영역 내의 근대 문화유산을 수리, 복원하여 문화시설로 재활용하는 것이 주된 내용이었다.

〈그림 3-8〉 근대역사문화 벨트화사업 조감도

〈그림 3-9〉 구 조선은행 군산지점 벨트화 사업 전후 외관 변화

　구 조선은행 군산지점 건물은 일제의 식민지 지배를 위한 대표적인 금융시설로서 1923년에 건립되었다. 일제강점기 동안 조선은행 군산지점으로 사용되던 이 건물은 해방 이후 조선은행이 한국은행으로 바뀌고, 한국은행이 전주로 이전된 이후 한일은행 군산지점으로 사용되다가 유흥시설로 바뀌었다. 이때 건물의 전면부와 내부가 많은 부분 개조되었고, 1990년대에 화재로 내부가 소실된 이후 방치되어 왔

다. 벨트화 사업을 통해 구 조선은행 군산지점에 대한 수리 및 원형 복원 공사가 시작되었다. 화재로 내부가 소실되었고, 과거의 무리한 증개축 공사로 인해 구조적으로 위험한 상태를 무릅쓰고 공사는 어렵게 마무리되었다. 수리 및 복원을 통해 전시시설로 활용하는 것으로 계획되었으나 구체적인 전시의 성격은 개관 직전까지 변경을 거듭하였다. 2009년의 마스터플랜에서 구 조선은행 군산지점은 '근대(산업 / 과학 / 기술) 기초과학 및 체험 공간'으로 계획되었으나 2010년 수탈사 박물관으로 변경되었고, 이후 2011년 근대 쌀 수탈 박물관으로 변경되었다가 2012년 조선은행 군산지점 및 재생 관련 전시시설로 변경되었다. 최종적으로 구 조선은행 군산지점은 '군산 근대건축관'으로 문을 열게 되었다.

〈그림 3-10〉 구 조선은행 군산지점 벨트화 사업 전후 평면 변화

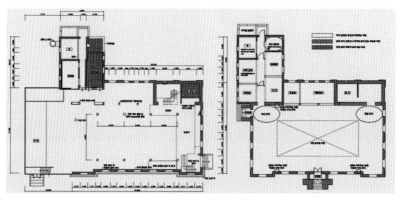

　　구 조선은행 군산지점은 일제강점기에는 수출항으로서 발전했던 군산이 해방 이후 수출항으로서의 기능을 상실하면서 쇠락해온 과정과 탁류에서 묘사되었던 일제강점기의 어두웠던 사회현실, 한때 군산에서 번성했던 유흥문화의 한 단면을 보여주는 건축물임과 동시에 근

대문화도시조성사업을 통한 관광 활성화와 도시재생을 통해 새롭게 변화하는 군산의 미래를 보여주는 군산의 근현대사를 함께해 온 건축물이라고 할 수 있다.

〈그림 3-11〉 구 일본 제18은행 군산지점 벨트화 사업 전후 외관 변화

구 일본18은행 군산지점은 1909년에 지어진 건축물로 근대 초기 은행 건축의 독특한 형식을 보여주는 건축물이라고 할 수 있다. 영업장과 금고, 사무실을 하나의 건축물이 아닌 별도의 건축물로 구성하고 있다. 3동의 건축물을 최소한의 간격만을 두고 바짝 붙여 짓고, 영업장 뒤쪽에 금고로 통하는 문을 만드는 등, 3동의 건물은 은행 기능을 효율적이며 유기적으로 수행하기 위해 서로 밀접하게 연관된 배치 형식을 보여주고 있다. 이 건물은 1936년 주식회사 조선식산은행에 매각되었고, 2년 후인 1938년 4월 4일자로 조선미곡창고주식회사에 매각된다. 조선미곡창고주식회사는 현재의 씨제이대한통운주식회사의 옛 이름으로 1950년 11월 한국미곡창고주식회사로 회사 이름을 바꾸었고, 1963년 2월에는 대한통운주식회사로 회사 이름을 바꾸었다. 벨트화 사업을 통해 구 일본제18은행 군산지점에 대한 수리 및 원형 복원 공사가 시작되었다. 구 조선은행 군산지점과 마찬가지로 구체적인 전시의 성격은 개관 직전까지 변경을 거듭하였다. 2009년의 마

스터플랜에서는 '방문자 센터 및 갤러리 형 휴게 공간'으로 계획되었
으나 2010년 근대 금융사 박물관으로 변경되었고, 이후 2011년 근대
건축 및 금융 박물관으로 변경되었다가 2012년 근대 건축 모형 및 도
시사 관련 전시시설로 변경되었다. 최종적으로 '군산근대미술관'으로
문을 열게 되었다.

3. 내항 영역 근대도시경관의 변화

군산근대문화도시 조성사업에서 내항 영역을 대상으로 시행된 벨
트화 사업 이전까지 내항 영역에서는 크고 작은 도시경관의 변화가
계속되어왔다. 여러 변화 속에서도 전체적인 도시경관에 가장 주목할
만한 변화를 일으켰던 것은 상옥(上屋)이라고 불렸던 대형 쌀 창고의
철거라고 할 수 있다. 다음 〈그림 3-12〉에서 확인할 수 있는 것처럼
쌀의 움직임을 보여주는 철도-쌀 창고-뜬 다리의 연속적인 경관은
일제강점기 군산 내항의 본질을 보여주는 가장 지배적인 경관이었다
고 볼 수 있기 때문이다.

〈그림 3-12〉 일제강점기 군산 내항   〈그림 3-13〉 진포해양테마공원

〈그림 3-14〉 군산근대역사박물관

〈그림 3-15〉 구 미즈상사

벨트화 사업을 전후하여 내항 영역에서 나타난 가장 큰 도시경관
상의 변화는 군산근대역사박물관의 신축이라고 할 수 있다. 2000년대
이전까지 누적되어온 변화 역시 내항 영역에 많은 변화를 주었고 볼
수 있지만 근대역사박물관 만큼 도시경관에 절대적인 영향을 준 경우
는 없다고 볼 수 있다. 군산근대역사박물관은 현재로서는 내항 영역
의 가장 지배적인 도시경관이 되었다. 근대역사박물관의 신축 이외에
도 내항 영역에서는 벨트화 사업을 전후하여 진포해양테마공원의 조
성, 구 조선은행 군산지점과 구 일본제18은행 군산지점의 복원 및 리
모델링, 미즈카페 건물의 신축 등의 변화가 진행되었다.

〈그림 3-16〉 내항 영역(군산세관-구 조선은행 군산지점) 항공사진(2008)

〈그림 3-17〉 내항 영역(군산세관－구 조선은행 군산지점) 항공사진(2013)

〈그림 3-16〉은 2008년에 촬영된 항공사진으로 군산세관에서 구 조선은행 군산지점에 이르는 내항 영역을 보여주고 있다. 군산세관에서 구 조선은행 군산지점 사이에 유사한 규모의 도시블록이 연속되어 있고 각각의 도시블록은 다시 소규모의 필지로 분할되어 있는 모습을 볼 수 있다. 〈그림 3-17〉은 2013년에 촬영된 내항 영역의 항공사진으로 〈그림 3-16〉과 비교하면 벨트화 사업이 진행된 약 5년 사이의 변화가 명확하게 드러난다. 군산 세관에 인접한 2개의 도시블록이 완전히 제거되고 군산근대역사박물관과 광장이 자리 잡았다. 그 오른쪽으로 구 일본제18은행 군산지점에 인접한 필지에는 미즈카페가 구 미즈상사의 형태를 따라 지어졌다.

군산근대역사박물관의 신축에 대해서는 긍정과 부정의 평가가 공존하고 있다. 긍정적인 평가는 그 이전까지의 노후화된 도시경관을 정비했다는 점이다. 그러한 정비를 통하여 해당 영역을 보다 많은 사람이 이용할 수 있도록 하였고, 그 영역에 활력을 불어넣을 수 있었다는 점이다. 특히, 근대문화도시 조성사업의 중요한 성과로 평가됨으로써 이 사업이 군산 원도심 전체로 확산될 수 있는 계기가 되었다는 점이다. 긍정적인 측면뿐만 아니라 부정적인 평가 역시 적지 않다. 먼저 근대역사박물관이 도 지정 문화재인 구 군산세관 본관의 경관을 심각하게 침해하고 있다는 점이다. 근대역사박물관 이전에도 구 군산세관 본관 인근에 고층 건축물이 생기는 등 구 군산세관 본관이 갖고 있는 개항기 군산의 원형적 도시경관이 많은 부분 변형된 것은 사실이다. 그러나 그 규모에 있어서 근대역사박물관은 결정적인 영향을 주었다고 볼 수 있다. 또한 근대역사박물관 조성 과정에서 2개 이상의 도시블록이 철거되면서 과거 도시조직과 맥락의 흔적이 지워지게 되었다는 점이다.

군산근대역사박물관의 신축에 대한 객관적인 평가는 좀 더 시간이 흐른 뒤에 가능할 것이다. 다만, 이후에도 계속될 근대도시경관에 대한 지자체의 개입 과정에서 군산근대역사박물관의 신축과 같이 기존 경관에 결정적인 영향을 주는 사업에 대해서는 보다 광범위한 의견 수렴과 논의가 필요하다고 하겠다.

IV. 군산 원도심 영역의 도시경관과 역사경관 사업

1. 원도심 도시경관의 원형

군산 원도심의 도시경관을 형성하는 데 있어서 가장 기본적인 골격을 형성한 것은 개항 당시 계획된 가로망과 단위 가구의 크기라고 할 수 있다. 원도심의 격자형 가로망(〈그림 3-18〉 참조)은 개항과 함께 외국인 거류지 조성을 위해 현재의 영화동과 중앙로 1가에 해당하는 거류지 중앙의 낮은 평지를 중심으로 계획되었다. 당시의 격자형 가로망 패턴은 개항기 동안 거류지 내에 포함되었던 현재의 금동, 신창동 일부, 장미동을 포함하는 영역에 확대 적용되었다. 지형에 따라

가로망의 축이 변화되었고 단위 가구의 크기도 좀 더 세장해진 형태[10]로 적용되었다. 그리고 일제강점기 동안 군산 시가지가 거류지 외곽으로 확장되는 과정에서 현재의 신창동, 명산동, 개복동 일부에 적용되었다.

〈그림 3-18〉은 현재 군산 원도심의 항공사진과 1912년에 제작된 최초의 군산지적원도를 중첩시켜 본 것이다. 주로 영화동과 중앙로 1가를 중심으로 개항기의 격자형 가로망과 도시 블록이 현존하고 있음을 확인할 수 있다. 이와는 달리 개항기의 가로 조직에서 변형이 확인되는 곳은 다음과 같다.

첫째, 구 거류지의 서쪽 가장자리와 북쪽 내항 일부로서 일제강점기의 해망로 확장과 최근의 군산해양경찰서 및 근대역사박물관 신축으로 인한 가로 조직의 변형.

둘째, 일제강점기에 진행된 원도심을 동서로 양분하는 대학로의 확장과 구 시청 및 군산초등학교에 의한 가로 조직의 변형.

셋째, 군산 원도심 동쪽의 군산역과 한국인 주거 영역으로 일제강점기 동안 철도와 구 시장로의 신설, 해방 이후 중앙로의 확장으로 인한 가로 조직의 변형.

넷째, 군산 원도심 남서쪽으로 일제강점기 동안 대학로 및 군산 도심의 확장, 최근에 개발된 창성 주공 아파트 단지 등 구릉지의 한국인 주거지 개발에 따른 가로 조직의 변형.

---

[10] 영화동과 중앙로 1가에 적용된 가구는 짧은 변이 40m~52m, 긴 변이 64m~65m 정도의 크기로 북동-남서 방향이 긴 직사각형 형태의 가구였다. 금동에 적용된 단위 가구는 짧은 변이 50m, 긴 변이 98m~102m 정도의 크기로 중심 가로에 적용된 가구의 크기에 비해 긴 변이 약 1.5배 정도 더 길어진 형태였다.

〈그림 3-18〉 항공사진과 1912년 지적 원도(백색)의 중첩 비교

일제강점기 동안 현재의 개복동, 창성동, 둔율동 지역의 구릉지를 중심으로 형성되었던 한국인 주거 지역[11]과 한국전쟁 이후 형성된 해망동 등 구릉지의 피난민 주거 지역이 대부분 2000년대 이후에 아파트 단지로 개발되면서 식민지 지배 계층을 위한 격자형 가로망과 식민지 피지배 계층인 한국인 주거 지역의 가로망 사이의 극적인 대비

---

[11] 채만식의 '탁류'를 비롯하여 일제강점기 군산을 배경으로 했던 문학작품에서 묘사된 것처럼 경사가 급한 언덕에 초가집과 오막살이들이 다닥다닥 주어 박혀 있었다. 채만식, 「탁류」, 두산동아, 1995, 26~27쪽.

에서 확인되었던 식민지 근대도시 군산의 이중적인 공간 구조[12]의 모습은 지워져 버렸다.

2. 군산부청의 이전과 일제 후반기 도시경관의 형성

군산 원도심에서 상업시설이 가장 밀집하여 있었던 가로는 중앙로 1가였다. 현재 해망굴에서 구 시청 앞을 지나 영동 교차로까지 이어지는 중앙로 1가는 일제강점기뿐만 아니라 해방 이후에도 오랜 기간 동안 군산 시가지의 중심 가로이며 소비문화의 중심지였다. 일제강점기 초기부터 중앙로 1가는 일본인들의 생활 중심지로서 상공회의소를 비롯한 민간의 업무 및 상업건축물과 병원 등이 지어졌고 1930년대에는 백화점이 지어졌다. 중앙로 1가가 끝나는 영동 교차로에는 1910년대 이후 군산경찰서와 군산소방서가 자리 잡았다.

중앙로 1가와 대학로가 교차하는 교차로가 구시청사거리이다. 이곳은 1920년대 중반 이후 군산부청이 자리 잡았던 곳이다. 세관 인근에 있었던 군산부청이 이곳으로 옮겨오게 된 것은 1928년이었다. 군산부청의 이전은 근대도시 군산의 행정 중심과 군산 시가지의 중심이 일치하게 되었다는 것을 의미한다. 군산부청을 옮기기 전에는 세관 인근에 있었던 행정 중심과 중앙로의 시가지 중심이 일치하지 않았다. 개항 당시 거류지 중심의 낮은 평지에서 시작된 군산 시가지는 철도 개설 이후 남동 방향으로 확장되었고 중앙로를 넘어 남쪽으로도 확장되어 갔다. 따라서 군산 시가지의 중심은 점차 남동쪽으로 옮겨가는 과정 중에 있었다.

---

[12] 이러한 이중적인 공간 구조는 개항 당시 외국인 거류지를 설정하는 과정에 이미 내재되었던 차별성에서 유래한 것으로 볼 수 있다. 개항도시에서 한국인 거주 지역은 애초에 고려 대상이 아니었다.

〈그림 3-19〉 중앙로 1가(1934년 지도)

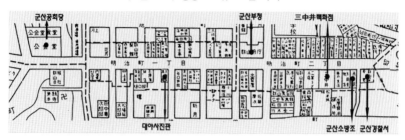

군산 시가지의 영역이 넓어지면서 행정 중심인 군산부청의 이전
필요성이 제기되었을 것으로 추정된다. 그리고 군산부청의 이전은
내항의 확장 및 철도의 연장과도 밀접한 관련을 가졌던 것으로 보
인다. 군산 내항의 확장과 함께 군산 내항을 따라 서쪽으로 철도를
연장하기 위해서는 군산부청을 이전하고 부청이 자리 잡았던 수덕
산을 깎아낼 필요가 있었다. 앞서 군산 내항의 축항공사와 관련하
여 언급하였지만 수덕산을 깎아내어 내항을 조성하기 위한 매립토
로 사용하였고 수덕산 자리에는 철도를 연장하고 군산항역을 신설
하였다. 군산부청이 새 건물로 옮겨가면서 과거 군산부청으로 사용
했던 건물 역시 새로운 군산부청 옆으로 이전하여 도서관으로 사용
하였다.

1928년에 이전된 군산부청의 정면이 중앙로를 향해 있다는 점에서
당시 군산의 중심가로가 중앙로였음을 재확인할 수 있다. 군산부청의
이전은 중앙로의 중심성을 더욱 강화시켰다. 또한 군산부청의 이전과
함께 중앙로의 중심성을 강화하는 또 다른 요인이 해망굴의 개통과
군산공회당의 신축이었다. 제3차 축항공사가 시작되던 1926년 개통된
해망굴은 월명산 너머 군산의 서쪽 해안과 군산 시가지를 직접적으로
연결시켜 군산 시가지가 서쪽으로 확장되는 것을 용이하게 하였다.

또한 1934년 4월에 준공된 군산공회당은 해망굴로 이어지는 중앙로 변에 위치하였다. 이로써 중앙로 1가는 해망굴에서 시작하여 군산공회당−군산부청−군산경찰서로 이어지는 군산 시가지의 중심적인 가로경관13)을 형성하게 되었다.

　군산부청의 이전으로 군산시가지의 남쪽으로의 확장은 더욱 가속화되었을 것으로 추정된다. 동시에 현재의 대학로도 남쪽으로 점차 확장되어 갔다. 군산 시가지의 확장과 군산부청의 이전, 대학로의 확장이 모두 긴밀하게 연관되어 있는 것이다. 이러한 군산시가지의 남쪽으로의 확장 과정에서 당시 시가지의 가장 남쪽에 해당했던 월명동 일부와 신흥동 등의 지역이 중규모 이상의 일본인 주택지로 개발되었을 것이다. 군산시가지가 이 지역까지 확장되기 이전에 이 지역은 개복동, 둔율동 등과 마찬가지로 한국인 주거지였다. 그러나 1920년대 전주지방법원 군산지청의 신창동 이전과 군산부청의 이전으로 일본인 거주지역이 남쪽으로 확장되면서 과거 한국인 주거지역에 일본인 주택지가 새로 조성되고, 한국인 주거지는 월명산 기슭으로 이동하면서 일제강점기 후반 월명동 일원의 도시경관이 형성되었다.

　3. 근대역사경관조성사업

　군산에서 현존하는 가장 많은 근대건축유산은 원도심에 산재한 일본식 주거 및 상업건축물이다. 또한 군산의 근대도시경관의 원형을 보여주는 부분도 원도심의 격자형 가로망이라고 할 수 있다. 근대문화도시조성사업의 일환으로 추진된 역사경관 사업은 원도심의 격자

---

13) 군산공회당과 군산부청, 군산경찰서는 모두 철거되었고 현재는 해망굴 만이 남아있다. 해망굴은 2005년 등록문화재 제184호로 지정되었다.

경 가로망과 그곳에 지어진 일본식 주거 및 상업건축물을 대상으로
한 사업이다. 해방 이후 한국인이 생활하면서 많은 부분이 변형되었
고, 개별 건축물 하나, 하나의 건축적 수준이 높다고 보기는 어렵지만
군산 근대유산의 대부분을 차지한다는 점에서 역사경관 사업은 군산
근대문화도시 조성사업의 근간을 형성하는 사업이었다.

〈그림 3-20〉 근대역사경관 조성사업 조감도

역사경관 사업은 원도심 전체의 변화를 선도하기 위한 시범적인
사업으로 '집중화 권역'으로 지정한 원도심의 2개 블록에 소공원과 근
린생활시설, 숙박시설을 조성하는 사업으로 계획되었다. 월명성당 권
역(서측 블록)과 일해옥 권역(동측 블록)으로 나누고 서측 블록을 먼저
조성하여 '고우당'이라는 이름으로 지역을 방문하는 관광객을 위한 숙

박시설과 편의시설로 활용하고 있다. 동측 블록에 대한 공사 역시 2014년 11월 현재 마무리 단계에 있다. 2개의 권역 내에는 1930년대~2000년대까지 지어진 다양한 건축물이 산재해 있었다.

〈그림 3-21〉 월명성당 권역(집중화 권역 중 서측 블록) 계획도

〈그림 3-22〉 일해옥 권역(집중화 권역 중 동측 블록) 계획도

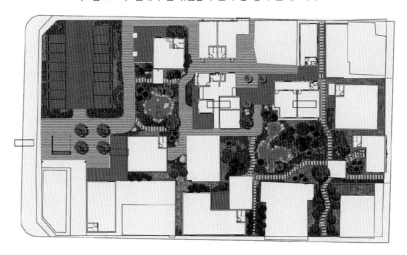

〈그림 3-23〉 집중화 권역 중 서측 월명성당 권역의 사업 이후 모습

일식 목조 건축물의 경우 원형 여부와 안전성 조사 등을 통해 완전
철거, 철거 후 재건축, 증축부 철거 후 수리 및 재활용 등으로 판정하
여 사업을 진행하였다. 증축부에 대한 철거와 구조적 안전성이 낮은
건축물에 대한 철거, 블록 안쪽으로 공원 조성을 위한 건축물 철거가
진행되면서 실제로 권역 내의 근대 건축물은 많은 수가 철거되고 다
시 지어졌다. 원래의 건축물이 수리되어 재활용된 것은 소수에 한정
되었다.

4. 가로경관 정비 사업

근대문화도시 조성사업에서는 군산 내항의 벨트화 사업 영역과 원
도심 월명동 지역의 역사경관 사업 영역 사이의 연계성을 강화하기
위하여 '경관로'와 '탐방로'라는 이름의 2개의 주요 가로를 지정하여
가로 정비 사업을 계획하여 시행하고 있다. 경관로는 미즈카페와 군
산근대역사박물관 사이에서 집중화 권역 동서블록 사이로 이어지는
직선 가로이고 탐방로는 군산근대역사박물관과 구 군산세관 사이에
서 출발하여 신흥동 일본식 가옥 영역으로 이어지는 가로이다. 2개의
가로는 '1930년대로의 시간 여행'이라는 주제에 따라 일제강점기의 가

로 경관에 가깝도록 건축물의 입면을 정비하는 사업을 진행 중에 있
다. 약 140여 동의 건축물의 간판과 입면을 일정한 패턴으로 정비하
고 도로 포장 정비 등이 진행 중에 있다.

〈그림 3-24〉 탐방로 및 경관로 기본 설계

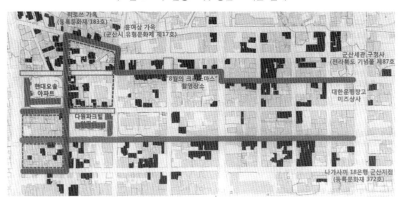

〈그림 3-25〉 탐방로 및 경관로 정비 계획 투시도

5. 원도심 영역 근대도시경관의 변화

　군산 원도심 영역은 주로 주거와 상업건축물로 구성되어 있었기
때문에 지속적인 증축과 개축 등의 변화가 누적되어 왔다. 또한 일제

강점기에 지어졌던 건축물을 대체하여 1950년대부터 현재까지 지속적인 신축이 있어왔다. 다른 대도시에 비하여 개발 압력이 높지 않았기 때문에 대부분의 건축물들이 1970년대~1980년대 이전에 신축된 건축물이라고 할 수 있다. 상대적으로 상업건축물이 연속된 지역에서 도시경관의 변화가 많고 주거건축물이 밀집된 지역에서의 도시경관 변화는 다소 적었다고 볼 수 있다. 그러나 주거건축물의 경우에도 내부 공간의 변화는 외부에 비하여 적지 않았다. 온돌과 다다미로 대별되는 한국과 일본의 주거문화에서 많은 차이가 나타나기 때문에 더욱 그러했다고 할 수 있다. 대학로 변을 제외하고는 신축되는 건축물의 규모가 그 이전에 비하여 급격하게 증가하지 않았기 때문에 전반적인 도시경관의 분위기는 장기간 유지되어 왔다.

원도심 도시경관에 대한 지자체의 직접적인 개입은 집중화 권역을 중심으로 진행되었다. 〈그림 3-26〉은 2008년에 촬영된 항공사진으로 월명동의 집중화 권역을 보여주고 있다. 서측의 월명성당 권역의 경우 1970년대에 신축된 월명성당을 제외하고 소규모 필지에 주거 및 상업건축물이 밀집해 있는 일반적인 블록의 모습을 보여준다. 동측의 일해옥 권역의 경우에도 원도심의 일반적인 도시블록의 모습을 간직하고 있다. 개별 필지의 건축물은 오랜 시기에 걸쳐 증축 또는 개축되거나 신축되기도 하였지만 필지 자체의 형상은 대체로 연속되어 왔다. 〈그림 3-27〉은 집중화 권역에 대한 정비 사업이 한창이던 2013년에 촬영된 항공사진으로 서측의 월명성당 권역은 공사가 진행 중이고 동측의 일해옥 권역은 공사가 시작되지 않은 상태이다. 월명성당 권역에서 많은 기존 건축물이 철거된 모습을 확인할 수 있다. 내항 영역과 마찬가지로 집중화 권역을 중심으로 한 원도심 영역의 도시경관에 대한 지자체의 개입에 대해서도 긍정과 부정의 평가가 공존하고 있다.

〈그림 3-26〉 집중화 권역 항공사진(2008)　　〈그림 3-27〉 집중화 권역 항공사진(2013)

　2개 블록에서 최근에 지어지거나 규모가 큰 현대 건축물을 제외한 나머지 주거 및 상업건축물은 모두 군산시에서 매입하여 사업을 진행하였다. 사업 운영의 효율성, 가시적인 성과의 측면에서 본다면 지자체 주도에 의한 매입과 사업 시행이 불가피한 부분이 있으나 다른 한 편으로 주민 참여와 자율성, 자생성, 지속가능성 등의 측면에서 본다면 지자체 주도의 사업에 대한 반대 의견도 만만치 않았다. 또한 소공원 등을 조성하면서 본래 해당 블록이 갖고 있던 필지 분할과 같은 도시 조직이 지워진 점, 해방 이후 한국인의 생활 과정에서 증축되거나 변형된 부분이 제거되고 1930년대의 가로 경관을 모사한 건축물로 조성된 점 등에 대한 비판도 있었다. 집중화 권역을 포함한 근대문화도시 조성사업 이후 군산을 찾는 관광객 숫자가 증가하고, 성공적이라는 평가를 받으면서 집중화 권역 조성사업에 대한 비판이 현재까지 계속되고는 있지 않으나 지속적인 논의의 필요성은 여전히 남아있다. 또한 현재 진행 중인 가로경관 정비 사업의 경우 더욱 많은 비판에 직면해 있다. 가장 중요한 비판은 정비 사업을 통해 조성된 건축물의 입면과 간판의 획일성이다. 또한 주민의 직접적

인 참여를 유도하지 못하고 보조금만을 지급하는 형식으로 진행된 사업 방식에 대한 비판이다.

V. 원도심 외곽의 근대도시경관과 각종 정비 사업

1. 철도에 의한 도심외곽의 도시경관 형성

군산선 철도는 군산 내항의 형성 및 확장 과정과 긴밀하게 연결되었을 뿐만 아니라 1910년대 거류지 외곽의 한국인 거주지가 군산 시가지에 포함되는 데에도 깊은 영향을 주었다. 군산역이 설치된 곳은 거류지 경계에서 남쪽 외곽에 위치한 곳으로 군산역이 들어서면서 현재의 죽성동과 영동, 신영동, 평화동 지역이 시가지에 포함되었다. 구 군산역 앞쪽의 신영동과 평화동에는 '구 시장'이라고 부르는 '군산시장'을 포함한 재래 상가가 밀집되어 있다. 이 지역은 일제강점기 당시 둔율동 등의 한국인 거주지와 째보 선창이라 불렸던 죽성리 포구에 가까운 지역으로 1918년 3월 한국인 시장이 현재의 장재동 쪽에 개설되었다. 또한 신영동 지역에는 철도 개통 이후로 5일장이 열렸다. 이후 1931년 일제에 의해 장재동의 시장이 신영동으로 이전되면서 군산시장이 형성되었다. 11,000원이 투자되어 건축면적 526평, 연면적 2,954평의 목조, 함석지붕 건물이 완공[14]되어 군산시장 주변의 초기 도시경관을 형성하였다.

---

14) 앞의 책, 104쪽,

〈그림 3-28〉 군산부영시장 〈그림 3-29〉 대야합동주조장

재래시장과 함께 철도 개통 이후 군산역 앞에서 장미동으로 이어 지는 현재의 구시장로 좌우와 군산역 뒤쪽으로 철로를 따라 정미소와 철공소 같은 산업 시설들이 들어서면서 다른 영역과 구별되는 도시경 관을 형성하게 되었다. 그러나 당시의 산업 시설 흔적이 전혀 남아있 지 않아 당시의 도시경관을 확인하기 어렵다. 다만, 군산선 철도의 또 다른 역이었던 대야역 인근에 주조장 건물이 남아있다. 주조장은 정미소와 마찬가지로 쌀 가공을 중심으로 발달했던 일제강점기 군산 산업[15]의 일부로서 당시 도시경관의 한 단면을 보여준다.

2. 농장에 의한 도심외곽의 경관

군산 시가지의 외곽에 남아있는 근대 유산들은 대부분 일제강점기 까지 군산과 전라북도에 있었던 일본인 대규모 농장과 관련된 흔적들 이다. 일본인들은 군산 개항 직후부터 군산과 주변 지역에 들어와 대 규모로 토지를 매입하고 농장을 경영하기 시작하였다. 군산 개항 후

---

[15] 1935년 발간된 "群山府史"에서 군산의 주요 제조공업기관으로 18개 업체를 소개하 고 있는데 이 중 정미소가 4개, 주조장이 5개로 절반을 차지하고 있다. "群山府史", 211쪽~212쪽.

10년째인 1909년 12월 말 현재 군산이사청 관할 지역에서 농장을 경영하는 일본인은 66명이었고 그들이 소유한 농지는 19,696정보에 이르렀다. 당시 국내에서 일본인이 소유한 농지 전체 면적의 약 32%가 군산이사청 관할 내에 있었고, 일본인 농장주 1인당 소유 농지가 가장 넓은 곳[16]이 이 지역이었다.

개정동에 위치한 이영춘 가옥은 일제강점기 군산과 김제, 태인 등지에서 대규모 농장을 경영하였던 구마모토(熊本利平)[17]가 건립한 주택이다. 이 건물은 해방 이후 이영춘 박사가 거주하면서 현재의 이름을 얻게 되었고, 2003년 전라북도 유형문화재 200호로 지정되었다. 일본식 주택 건축의 요소와 함께 서양식 주택과 한국식 주택의 요소 등이 모두 나타나는 독특한 특성을 나타내는 건축물이다.

개정면 발산리에 위치한 구 일본인 농장 창고는 일본인 농장주 시마타니(島谷八十八)가 건립한 창고 건물이다. 시마타니 역시 1903년 한국에 온 후 군산의 옥구와 임피 지역에서 농장[18]을 경영하였다. 농장 창고 건물은 일본의 전통적인 고급 주택에 부가된 형식의 창고로 일반적인 창고의 용도 보다는 다양한 귀중품을 보관하였기 때문에 '금고'라는 명칭으로도 부르고 있다. 전통적으로는 흙벽으로 구성되었던 창고가 근대기에 이르러 벽돌과 시멘트 등의 재료로 바뀌었던 것으로 보이는데 이 건물은 철근콘크리트로 지어져 지하 1층과 지상 2층의 규모이다. 보안을 위해 창호에는 쇠창살을 치고 그 바깥쪽으로

---

[16] 1909년 당시 국내의 일본인 농장 경영자는 750명이었고 그들이 소유한 농지는 62,268정보였다. 군산 지역의 일본인 농장 경영자는 1인당 298정보를 소유하고 있었고 마산 지역의 농장 경영자는 1인당 132정보, 목포 지역의 농장 경영자는 1인당 124정도 수준이었다. 古川昭, "群山開港史", ふるかわ海事事務所, 1999, 114쪽.

[17] 구마모토는 1903년 한국에 온 후 군산에 머물면서 토지를 매입하기 시작하였다. 1908년에 이미 1,581정보의 토지를 소유하였고 일제강점기에는 구마모토가 소유한 논만 3,000정보 이상이었던 대지주였다. 앞의 책, 110쪽~111쪽.

[18] 1909년경 시마타니 농장이 소유한 토지는 464정보였다. 앞의 책, 113쪽.

철문을 설치하였다. 출입구는 육중한 금고문으로 처리하였다.

옥산면 당북리에 위치한 일본식 주택 역시 이 지역에 있었던 일본인 농장에 속한 건물이었던 것으로 전해진다. 일반적인 주택과는 달리 사무소 용도의 공간이 주택과 결합되어 있는 형식의 건물로 넓은 앞마당을 포함하여 주변에는 농장에 소속된 여러 채의 부속 가옥이 있었던 것으로 전해진다. 목조 2층 건물로 벽체는 심벽에 목재 비늘판벽과 회벽으로 마감하였다. 주택의 전면으로 사무실이 돌출되어 있고 사무실 뒤쪽으로 온돌방과 부엌, 사무실 우측으로 방이 있는 형태이다. 건물의 뒤쪽으로 목욕탕과 화장실이 있고 2층에는 부엌 위쪽으로 소규모의 방 1칸이 만들어져 있다.

〈그림 3-30〉 불이농촌 마을 항공사진

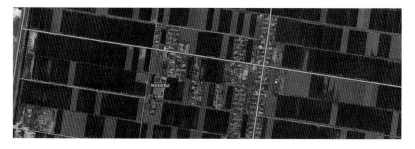

산북동에 위치한 불이농촌은 옥구와 익산에 농장을 설립하였던 불이흥업주식회사의 집단 농장으로 형성된 마을이다. 불이흥업주식회사는 1920년에서 1923년 사이 군산시 옥서면과 미성동의 갯벌 지역에 간척사업을 벌여 총 1,850정보의 농지를 조성하였다. 간척사업을 통해 조성된 농지 중 남쪽의 850정보는 한국인이 소작하도록 하였고 북쪽의 1,000정보는 일본인을 이주시켜 경작하도록 하였다. 당시 일본인 1,700여 명이 이곳으로 이주했던 것으로 알려져 있다. 현재는 남아

있지 않으나 1층 규모의 목조 주택이 가로를 따라 배치되고 그 바깥
쪽으로 대규모의 농지가 펼쳐진 경관을 형성하였다.

3. 도심외곽의 정비사업

철도를 따라 형성되었던 정미소 등의 산업시설이 형성하였던 군산
의 근대도시경관은 이른 시기에 멸실되었던 것으로 판단된다. 당시
산업시설의 흔적이 거의 남아있지 않기 때문에 당시의 도시경관을 유
추하는 것도 쉽지 않다. 철도 개설의 간접적인 영향으로 형성되었던
재래시장 역시 많은 변화를 겪어 왔다. 일부에서 과거 시장의 흔적이
남아있기도 하지만 대규모의 신축 시장 건물이 들어서면서 급격한 도
시경관의 변화가 나타났다.

〈그림 3-31〉 군산3 · 1운동전시관의 리모델링 전후 모습 비교

군산시 외곽의 근대 문화유산에 대해서도 보존 및 활용을 위한 정
비 사업이 진행 중에 있다. 이영춘 가옥은 '쌍천 이영춘 박사 전시관'
으로, 구암동의 구 구암교회는 '군산3 · 1운동전시관'으로 문을 열었다.
임피역에는 테마공원이 조성되었다.

VI. 군산 원도심의 도시재생

군산시 원도심은 지난 4월 국내의 다른 12개 지역과 함께 도시재생 선도 지역에 선정되었다. 군산시가 도시재생 선도 지역에 선정될 수 있었던 것은 지난 2009년 이후 계속되어온 근대문화도시 조성사업의 성과가 인정되었기 때문이라고 볼 수 있다. 또한 군산 원도심에 산재한 근대건축물이 형성하는 근대도시경관이 여전히 활용 가능한 지역 자산으로서의 가치를 갖고 있었기 때문이다.

5년 동안 계속될 군산 도시재생 선도 지역 활성화 사업에서는 근대문화도시 조성사업의 성과를 보완하는 것이 중요한 주제 중 하나가 될 전망이다. 특히 지자체 중심의 효율성이 강조되었던 사업 방식에서 주민의 참여가 확대될 것이다. 근대도시경관의 보존 및 활용에서도 주민의 동의와 참여를 통한 사업의 진행이 필수적이다. 집중화 권역에 대한 평가에서 언급하였던 주민 참여와 자율성, 자생성, 지속가능성 등을 확보하기 위한 주민 역량의 강화 등이 요구된다. 근대문화도시 조성사업 이후 군산을 찾는 관광객의 숫자가 증가하고 있으나 여전히 한계로 지적되는 부분이 벨트화 사업 지역과 역사경관 사업 지역의 연계성 부족[19]이다. 도시재생 사업을 통해 원도심에 현존하는 주요 근대 건축물을 보존 및 리모델링하여 숙박 및 체험, 관람 시설 등으로 조성함으로써 벨트화 사업 지역과 역사경관 사업 지역의 연계성을 강화할 수 있을 것으로 기대된다.

최근 몇 년 동안 군산에서 진행된 근대도시경관에 대한 지자체의 정비 사업을 돌이켜 보면서 향후 지속적으로 지역의 도시경관을 포함한 도시유산을 보존하고 활용하는 과정에서 보완할 점 몇 가지를 정

---

[19] 유애림, 박성신, 「공간 디자인마케팅 관점에서 본 지방 중소도시 도시재생 프로젝트의 효과 및 개선 방향」, 대한건축학회 연합논문집, 2014. 08. 참조.

리할 수 있었다. 우선, 지역의 역사적 자산을 정비하는 과정에서 자칫 과거의 중요한 흔적을 지나쳐 버리거나, 지역의 자산이 갖고 있는 본래의 진정성을 훼손하고 어울리지도 않는 새것을 덧씌워 놓는 우를 범하지 않았으면 하는 것이다. 또한, 지나친 정비로 옛 것과 새것의 구별이 어렵도록 만드는 것도 주의할 점이다. 그리고 특정 시대나 형식을 중심으로 정비가 진행되면서 그 이외의 시대나 형식으로 만들어졌던 또 다른 우리 삶의 유산이 홀대받지는 않았는지, 지역의 자산에 대한 잘못된 정보나 오해가 진실인 것처럼 널리 알려진 부분은 없었는지 되돌아볼 필요가 있다. 마지막으로 보존 및 활용 대상이 되는 지역의 자산 범위를 확대할 필요가 있다. 보다 넓은 개념으로의 확장을 통하여 20세기 중, 후반에 만들어진 광범위한 물리적 환경에 대한 보존과 활용으로의 확대가 필요하다.

이러한 몇 가지 점의 보완을 통해 우선 눈에 보이는 경제적 가치보다는 지역의 자산이 갖는 구체적인 가치를 세부적으로 파악하고 이를 섬세하게 보존하는 것이 지역 자산의 역사적 진정성을 훼손하지 않으면서 보다 오랜 기간 동안 지속될 수 있는 활용 가치를 만들어 낼 수 있는 방법일 것이라고 할 수 있다.

◆참고문헌◆

度支部建築所,「建築所事業槪要第一次」, 度支部建築所, 1909.

群山府,「群山府史」, 橋本印刷所, 1935.

躍進港都群沃大觀編纂委員會,「躍進港都群沃大觀」, 批判新聞群山支社, 1959.

채만식,「탁류」, 두산동아, 1995.

古川昭,「群山開港史」, ふるかわ海事事務所, 1999.

군산시,「군산 도심권 근대역사문화경관 가꾸기 기본계획」, 군산시, 2005.

군산시,「군산근대역사문화벨트화사업 마스터플랜수립 연구보고서」, 군산
　　　시, 2009.

송석기,「근대기 군산의 도시 공간 형성」, 한국건축역사학회 추계학술대회
　　　자료집, 2011.

양은정,「군산시 원도심 보존계획의 변천에 관한 연구」, 서울대학교 대학
　　　원 석사학위 논문, 2012.

유애림 · 박성신,「공간 디자인마케팅 관점에서 본 지방 중소도시 도시재생
　　　프로젝트의 효과 및 개선 방향」, 대한건축학회 연합논문집, 2014.

제4장

군산 지역 세거 가문 연구 현황과 과제
　　: 가문 연구를 통해서 본 군산 지역의 사회적 위상

김두헌*

Ⅰ. 머리말

　필자는 지난 20여 년 동안 전통기 시대(본고에서의 '전통기 시대'는 근대 이전의 시기를 말한다.) 군산 지역(본고에서의 '군산 지역'은 조선시대 옥구현 및 임피현 지역을 말한다.) 세거(世居) 가문[1]에 대한 연구를 하기 위해 틈틈이 관련 자료들을 수집하여 왔다. 그리고 그 관련 자료들을 분석한 이후 지난 2010년부터 논문을 발표하기 시작하였다. 현재까지 필자가 전통기 시대 군산 지역 세거 가문을 직접 탐구한 논문은 총 3편이다.[2] 또한 전통기 시대 군산 지역의 과거(科擧)

---

* 군산중앙고등학교 교사.

[1] 흔히 '성씨'라고 하지만 정확하게 표현하면 '가문'이다. 왜냐하면 조선시대에 성씨가 같으면서도 가문이 다른 자들이 얼마든지 있었기 때문이다. 군산 지역에서도 성씨는 같지만 가문의 가계적 배경(거주지, 소몽조 등)이 다른 가문들이 여러 개 있었다. 따라서 '성씨'라고 표현하면 부적절하다. 그래서 '가문'이라고 표현하였다. 본고에서 언급하는 '가문'은 군현 단위의 동일한 고을에 구성원들이 함께 거주하면서, 입향조를 제일 위의 꼭짓점에 모시고, 족보를 편찬하고, 사우를 건립하고, 종산을 운영하는 그러한 가문을 일컫는다.

시험에 대한 탐구를 하면서, 군산 지역 세거 가문을 다룬 논문도 발표하였다. 곧, 가문별 과거 합격자 배출 현황을 파악하고, 그것을 분석한 것이다.[3] 현재까지 전통기 시대 군산 지역 세거 가문을 탐구한 논문은 이 외에는 없다.

필자는 앞의 선행 연구들에서 먼저, 전통기 시대 군산 지역에 세거한 대표적인 가문인 제주 고씨 가문과 평강 채씨 가문을 사례로 하여 탐구를 시작하였다. 곧, 이들 두 가문이 각각 옥구 지역과 임피 지역으로 이주해 온 시기와 그 사유에 대해서, 그리고 이주 이후 이들 두 가문 출신들이 타관(他官)으로 거주지를 이동한 양상에 대해서 살펴보았다. 이어서 연구 대상을 앞의 두 가문을 포함하여 고려 시대부터 18세기까지 군산 지역에 세거한 88 가문으로 확대하여 탐구를 진행하였다. 곧, 이들 88 가문들이 군산 지역으로 이주해 온 시기 및 사유, 최초로 이주해 온 입거조(入居祖)들의 사회적 지위, 입거해 오기 이전의 거주지 등을 밝혔다. 그리고 이상의 현상들이 시간이 흐름에 따라서 어떻게 변화되어 갔는가를 탐구하였다. 또한 군

---

2) 김두헌, 「제주 고씨의 옥구 입거와 이후의 거주지 이동」, 『전북사학』 36, 전북사학회, 2010a; 「平康 蔡氏의 臨陂 入居와 入居 이후의 거주지 이동」, 『東洋學』 53, 2013a, 단국대학교 동양학연구원; 「군산 지역(조선시대 옥구현, 임피현) 세거 가문의 입거와 입거조」, 『29회 전국향토문화공모전수상집』, 한국문화원연협회, 2014a. 한편 조선시대 지역사회의 가문과 동성 마을에 대한 기존의 연구 중 주요 연구는 다음과 같다(김경옥, 「조선후기 동성마을의 형성 배경과 사족들의 향촌 활동」, 『지방사와 지방문화』 6권 2호, 역사문화학회, 2003; 김미영, 「동성마을 정착과정에 나타난 친족이념의 변천 양상」, 『실천민속학연구』 11, 2008; 김의한, 「모계 조강의 향촌사회 활동과 청주사족의 동향」, 『조선시대사학보』 32, 조선시대사학회, 2005; 김현영, 『조선시대의 남원과 향촌사회』, 1999, 집문당; 이은정, 「18세기 후반 무안 병산사의 건립과 무안박씨」, 『지방사와 지방문화』 11권 1호, 2008; 이해준, 『조선시기 촌락 사회사』, 1996, 민족문화사; 김경옥, 「조선후기 영암 사족과 서원」, 『호남문화연구』 20, 1991; 지두환, 「조선전기 경기북부지역의 집성촌과 사족의 동향」, 『북악사론』 8, 북악사학회, 2001).

3) 김두헌, 「과거(科擧) 시험과 군산의 유교 문화」, 『군산의 역사와 문화』, 군산대학교 박물관, 2013b.

산 지역에서의 과거 시험이 양반 미만의 신분(천인은 제외)에게 어느 정도 개방되었는가를 파악하면서, 과거와 가문과의 관계에 대해서도 언급하였다. 한편 이상의 연구를 진행하는 과정에서 군산 지역의 가문에 대한 연구 결과들을 바탕으로, 군산 지역의 사회적 위상이 시간의 흐름에 따라서 어떻게 변화되었는가에 대한 필자 나름대로의 의견도 제시하였다.

그러나 군산 지역 세거 가문에 대한 선행 연구에는 보완해야 할 부부분과 새로 탐구해야 할 분야가 적지 않게 남아 있다. 따라서 군산 지역 세거 가문에 대한 본격적인 연구는 이제부터 시작이라고 해도 과언이 아니다. 앞으로 이에 대한 연구를 보다 심도 있고 체계적으로 진행하기 위해서는, 그리고 관련 분야 연구자들로부터 심심한 조언을 듣기 위해서는, 이 시점에서 필자의 선행 연구 결과들을 종합적으로 소개하고 점검하며, 앞으로의 연구 과제에 대해서 생각해 보는 시간이 필요하다고 판단하였다. 그래야 향후 연구 과정에서의 시행착오를 최소한으로 줄일 수 있고, 연구 효과를 극대화시킬 수 있다고 판단되었기 때문이었다.

이러한 필요성에 의해서 본고는 마련되었다. 본고의 Ⅰ장에서는 가문 연구의 필요성에 대해서 언급하고, 이어서 군산 지역 세거 가문에 대한 선행 연구의 현황을 소개하겠다. Ⅱ장에서는 군산 지역 세거 가문에 대한 향후 과제를, 고려시대, 조선시대, 근대기로 각각 나누어서, 각 시기별로 이에 대한 필자의 의견을 제시하겠다. 또한 맺는말에서는 전통기 시대 군산 지역 세거 가문에 대한 현재까지의 선행 연구 결과들을 바탕으로 고려시대부터 조선시대까지 군산 지역의 사회적 위상을 개략적으로 언급해보려고 한다.

Ⅱ. 연구 현황

1. 가문 연구의 필요성

전통기 시대에 어느 지역사회에서나 세거 가문들이 존재하고 있었다. 지역사회에 거주한 사람들은 항상 그들이 속한 가문 내에서 존재하였다. 자신이 속한 가문에서 행하는 족보 편찬, 종산(宗山) 운영, 사우(祠宇) 및 서원 건립, 효열비 건립, 제사 봉행 등에 참여하면서, 가문 구성원들과 같은 가문 출신이라는 동질성을 유지하면서 존재하였다. 사회 지배층에 속하는 사람들일 경우, 가문의 울타리를 벗어나서는 결코 사회적인 존재로서 살아갈 수가 없었다. 따라서 전통기 시대 어느 한 개인을 이해하기 위해서는 그가 속한 가문에 대한 이해가 선행되어야 한다.

전통기 시대 사회 지배층에 속하는 사람일 경우, 어떤 사람이든지 두 개의 이름을 가지고 있었다. 하나는 본인의 이름이었고, 다른 하나는 자신이 소몽조[所蒙祖, 현조(顯祖)라고도 하였다.]의 몇 대손이라는 이름이었다. 곧, 나는 나의 소몽조이신 어떤 할아버지의 몇 대손이라는 것이었다. 소몽조는 자신이 은혜를 입은 조상이라는 뜻이다. 대부분 고위 관직에 진출하였거나, 뚜렷한 학문적인 업적을 이루었거나, 충효열에서 탁월한 행적을 남긴 인물들이었다. 소몽조의 수는 각 가문에 따라서 달랐다. 한 명이 될 수도 있었고, 두 명 이상이 될 수도 있었다. 어느 가문에서나 소몽조에는 거의 예외 없이 입거조가 포함되어 있었다.[4] 예컨대 조선시대에 어떤 사람이 옥구 지역에 세거한 제주 고씨 가문 출신일 경우, 자신을 소개할 때 먼저 자신의 이름을

---

4) 송준호, 『조선사회사연구』, 1987, 일조각, 90~96쪽.

대고, 이어서 옥구에 최초로 입거한 제주 고씨 옥구 입거조 고돈겸 (高惇謙)의 몇 대손이고, 고돈겸의 고손이면서 고위 관직을 지냈으며 학문과 문장으로 이름을 떨쳤던 문충공 고경(高慶)의 몇 대손이며, 제주 고씨 옥구파의 파시조이며 참의를 지낸 참의공 고의충(高義忠)의 몇 대손이라고 자신에 대한 서술을 하곤 하였다. 이로써 자신이 속한 가문 곧, 혈통을 소개한 것이었다.

전통기 시대의 가문은 그 가문에 속한 각 구성원들에게 매우 중요한 역할을 하였다. 그 이유는 가문의 사회적 지위가 그 가문에 속한 구성원들의 신분을 뜻하였기 때문이었다. 각 개인의 신분은 자신이 지니고 있는 능력에 의해서가 아니라, 자신이 속한 가문의 사회적 지위에 의해서 결정되었다. 신분의 조건 중에서 가장 기본적이면서도 선결적인 조건이 가문의 사회적 지위였다. 개인의 능력에 따라 신분이 결정되는 것이 아니었다. 개인의 능력은 신분을 유지하기 위한 후속적인 조건에 불과하였다. 그러기에 자신을 소개하면서 자신이 소몽조의 몇 대손이라는 혈연적 근거를 반드시 제시했던 것이다. 그래서 양반 미만의 신분이 아무리 출중한 능력을 갖고 있었다 하더라도 양반으로 신분 상승하기란 결코 쉽지 않았다.[5] 왜냐하면 양반으로 신

---

[5] 조선후기 신분제 사회의 변화에 대해서 기존의 연구에서는, 이른바 신분 변동론이 대세를 이루었다. 신분 변동론이란 양반 미만의 하위 신분 출신이 납속, 군공, 유생 사칭, 족보 위조 등을 통하여 양반으로 신분 상승한 사례들이 많았다는 것이다. 그러나 양반 미만의 신분이 납속을 하고, 군공을 세우고, 유생을 사칭하고, 족보를 위조하였다고 하더라도 양반으로 신분 상승하기가 결코 쉽지 않았다는 설도 있었다. 필자는 지난 20여 년 동안 기술직 중인을 연구해 왔다. 그 결과, 기술직 중인의 기원, 형성 시기 및 요인, 잡과와 주학 입격 양상의 시기별 추이, 사자관 및 화원 진출 양상, 19세기 역학 생도방 및 운학 생도방 피천 양상 등을 밝혔다. 이 과정에서 기술직 중인이 양반으로 신분 상승하거나, 양인이 기술직 중인으로 신분 상승한 사례를 단 한 건도 찾지 못하였다. 연구 대상이 1만 15명이나 되는데도 그랬다. 기술직 중인은 양반 바로 아래에 위치한 신분이었다. 따라서 기술직 중인만큼 양반으로의 신분 상승 욕구가 강한 신분도 없었을 것이라고 판단한다. 또한 기술직 중인만큼 양반으로 신분 상승할 수 있는 여건이 충족되고 기회가 많은 신분도

분 상승하기 위해서는, 자신이 속한 가문을 떠나서 신분 상승을 하고
자 하는 새로운 양반 가문 출신으로 자신을 변조시켜야 했기 때문이
었다. 서로 익숙히 알고 지냈던 전통기 한국 사회에서 자신의 가문을
변조한다는 것은 결코 쉬운 일이 아니었다. 이같이 가문의 사회적 지
위가 신분을 의미하였기 때문에, 전통기 시대 신분제의 구조, 변화,
그리고 특징을 이해하기 위해서도 가문에 대한 탐구는 필수적이다.

전통기 시대 한국 사회의 각 지역에는 여러 개의 세거 가문들이 존
재하고 있었다. 특히 조선 중기에 각 지역에 동성촌이 형성되면서부
터 가문의 범위는 확대되었고, 가문의 역할과 기능은 강화되었다. 동
성촌들이 각 지역사회에 장기판의 장기알보다 더 촘촘하게 형성되어
갔다. 동성 마을 하나가 어느 한 가문을 이룬 경우도 있었고, 두 개
이상의 동성 마을이 어느 한 가문을 이룬 경우도 있었다. 조선 시대
사회 지배층이었던 양반이나 이들이 속한 각 가문들은 해당 지역사회
에서 중앙 정부에서 파견된 고을 수령(守令)들을 도와 행정적인 일들
을 처리하기도 하였다. 또한 유교 도덕규범을 확산시키기 위해 향안
(鄕案)을 만들고 이를 실행하는 주체로 활동하기도 하였고, 향교의 운

없었을 것이라고 판단한다. 그럼에도 불구하고 기술직 중인은 양반으로 신분 상승
하지 못하였던 것이다. 그렇다면 수많은 양인이 양반으로 신분 상승하였다는 이른
바 신분 변동론은 수정되어야 한다고 필자는 선행 연구에서 언급하였다(김두헌,
『조선시대 기술직 중인 신분 연구』, 2013, 경인문화사). 이후 기술직 중인 사회에서
의 신분제의 변화가 본격적으로 이루어진 시기는 언제였고, 어떠한 양상으로 변화
되어 갔는가에 대한 탐구가 필요하다고 인식하게 되었다. 그리고 그 일환으로 갑오
개혁~국권 피탈 시기에 기술직 중인 사회에서의 서자 차별 양상이 어떠한 양상으
로 완화되어 갔는가를, 기술직 중인 가계 서자 출신 이희원(李熙元, 1857~1924)의
사례를 통하여 살펴보았다. 그 결과, 앞의 시기에 기술직 중인 사회에서 사회 진출
에서만큼은 서자에 대한 차별이 거의 없어진 것이나 다름없었으며, 가문 내에서도
서자가 가문의 대표로 활약할 만큼 서자에 대한 차별이 완화되었다는 연구 결과를
제시하였다. 적어도 이희원의 사례에 있어서만큼은 그랬다(김두헌, 「갑오개혁~국권
피탈 시기 기술직 중인 사회의 서자 차별 양상의 완화-이희원의 사례」, 『서울학정
례발표회(논문집)』, 2014b, 서울학연구소).

영과 서원의 건립 및 운영을 통해서 유교 도덕규범을 확산시키고, 유교 이념을 가르치는 데 주도적인 역할을 하기도 하였다. 지역사회에서 각 가문이 적지 않은 기능과 역할을 하였기 때문에, 조선 시대 지역사회의 구조, 성격, 특징, 그리고 유교 도덕규범의 확산 과정 등을 탐구하는 데에도 가문에 대한 연구는 필수적이다.

2. 선행 연구 현황

필자는 군산 지역 세거 가문들에 대한 탐구를 진행한 결과, 다음과 같은 연구 내용들을 논문으로 발표하였다. 먼저, 전통기 시대에 옥구 지역에서 세거하였던 제주 고씨 가문이 옥구 지역으로 입거(入居)한 시기 및 사유, 그리고 입거 이후 타관(他官)으로 거주지를 이동한 양상이 시기별로 어떻게 변화되어 갔는가를 살펴보았다.[6] 제주 고씨 가문은 군산 지역 세거 가문 중 대성이면서 가장 유력한 가문 중에 하나였다. 군산 지역 세거 가문 중에, 가장 이른 시기에 군산 지역으로 이주해 온 가문이었다. 다른 가문들은 모두 고려 말 조선 초나 그 이후에 군산 지역으로 이주해 왔는데, 오직 제주 고씨 가문만 12세기 중엽에 이주해 왔다. 그러한 가문이었기에, 이 가문에 대한 탐구를 가장 먼저 시도한 것이다.

제주 고씨 족보를 분석하는 과정에서 가장 먼저 눈에 띈 것은 고려 시대에 이 가문 출신들이 타관으로의 거주지 이동을 활발하게 전개하였다는 것이었다. 옥구 지역에 세거한 제주 고씨는 12세기 중엽에 고돈겸이 중앙의 고위 관리로 있다가 다른 관리들로부터 시기와 모함을 받고 오식도로 유배된 것이 계기가 되어 오식도에서 거주한 이후, 현

---

[6] 김두헌, 앞의 논문, 2010a.

재의 군산시 옥산면 한림 마을로 이주하였다. 이후 그의 후손들이 려말 선초까지 한림 마을에서 세거하였는데, 그 언젠가부터 이 마을을 한림동(翰林洞)이라고 불렀다. 그 이유는 고려시대에 이 마을에서 9명의 상서(尙書)와 12명의 한림원(翰林院) 학사(學士)가 배출되었다고 믿었기 때문이었다. 한림동에 거주한 고돈겸의 후손들은 그의 9세손 고인충(高仁忠)과 고의충(高義忠)까지로 추정된다. 고인충이 형이고 고의충이 동생인데, 고인충은 옥구에서 거주하다가 처가가 있는 고산(高山)으로 이주하였다.[7] 그런데 참으로 놀라웠던 것은 고돈겸부터 그의 9세손까지 옥구에 세거한 가계는 오직 고의충과 그의 직계 선대 가계 만이었다는 것이었다. 고돈겸의 9세손은 고의충을 포함하여 적어도 40명 이상인데, 이들 중 고의충과 그의 직계 가계를 제외하고 나머지 방계 가계에 속한 인물들은 모두 옥구가 아닌 타관으로 거주지를 이동하였다는 것이었다. 그런데 이들이 거주지를 이동한 지역은 거의 대부분 옥구에서 거리가 먼 지역이었고, 거주지를 이동한 사람들은 거의 대부분 고위 관료들이었으며, 거기에는 차자뿐만 아니라 장자도 포함되어 있었다. 곧, 고려시대 옥구 지역에 세거한 제주 고씨 가문 출신들은 거의 대부분 중앙의 고위 관직에 진출하였으며, 장자와 차자를 가리지 않고 옥구 지역과는 거리가 먼 지역으로 거주지 이동을 활발하게 전개하였던 것이다.

이토록 거주지 이동을 활발하게 전개한 이유로 고려시대부터 조선 전기까지 유행한 제사 봉행과 재산 상속 관행을 들었다. 기존의 연구에서, 고려시대부터 조선 전기까지 제사를 자녀가 돌아가면서 지내는

---

7) 고산(高山)에 살고 있었던 고인충의 증손 며느리인 광산 김씨[고서(高恕)의 처]는 외아들 고덕령(高德齡)을 대동하고 자신의 사위 황세우(黃世佑, 본관 우주)가 살고 있는 임피현으로 이주하였는데, 이들의 후손들은 고인충이 사직(司直)을 지냈다는 이유로 자신들을 사직공파 임피파라고 불러왔다. 한편 옥구에 세거한 고의충의 후손들은 고의충이 참의(參議)를 지냈다는 이유로 자신들을 참의공파라고 불러왔다.

윤제(輪祭)가 행하여졌으며, 재산 상속 역시 자녀가 고르게 나누어 갖는 자녀 균분 상속이 행하여졌다고 밝혀졌다. 윤제가 행하여졌기에, 재산도 동등하게 나누어 갖게 된 것이다. 그 결과 처가나 외가로부터 재산을 상속받는 것이 일반화되었고, 처가나 외가가 있는 지역으로 거주지를 이동하는 일이 유행하게 된 것이다. 그런데 고위 관료일수록 자식들의 혼담이 중앙에서 이루어지는 경우가 많았고, 그 결과 고향과 거리가 먼 지역의 가문 출신과 혼인하는 경우가 많았으며, 처가나 외가로부터 재산을 상속받으면서, 재산이 있는 처가나 외가가 있는 먼 지역으로 거주지를 이동하였다고 판단하였다.

옥구 지역에서 세거한 제주 고씨 가문 출신들은 조선 전기에도 타관으로의 거주지 이동을 고려시대 보다는 그 수가 줄어들었지만, 조선후기보다는 활발하게 전개하였다. 그러나 이들이 거주지를 이동한 지역은 거의 대부분 옥구에서 거리가 먼 지역이 아니라, 비교적 가까운 지역으로 변화되었다. 곧, 부안, 용안, 임피, 고산 등으로 변화된 것이다. 그 이유는 조선 전기에도 고려시대에 이어 윤제와 자녀 균분 상속 관행이 행하여졌지만, 옥구 지역에 세거한 제주 고씨 가문 출신들의 관직 진출 양상에 변화가 있었기 때문이었다. 조선 전기에 들어서 옥구 지역에 세거한 제주 고씨 출신들 중에 관직에 진출한 자의 수는 고려시대에 비하여 상대적으로 줄어들었으며, 진출한 관직의 위계도 상대적으로 낮아졌던 것이다. 바로 이러한 관직 진출 양상의 변화 때문에 거주지 이동 양상도 변화하게 된 것이다. 그러나 조선 후기에 들어서는 타관으로 거주지를 이동한 양상이 현저하게 줄어들었다. 이동한 거주지도 옥구 지역에서 더 가까운 지역으로 변화되었다. 그것은 조선 후기에 제사를 장자가 지내게 되었고, 이에 따라 장자 위주의 재산 상속 관행이 보편화된 가부장적 남성 중심 사회로 사회가 변화되었기 때문이었다. 아울러 옥구에 세거한 제주 고씨 가문 출신들 중에 관직에 진출한 자도 조선 전기보다 현저하게 줄어들었으며, 진출한 관직의 위계 역시 현저하게 낮아졌기 때문이었다.

한편 제주 고씨 가문을 연구하면서 족보의 기록이 의외로 사실일 경우가 많다는 것을 알게 되었다. 옥구 지역에 세거한 제주 고씨 가문의 상대 가계를 살펴보니, 옥구에 처음으로 이주한 고돈겸 이상의 가계에서는 의문점이 있었지만, 고돈겸 이하의 가계에서는 의문점이 크게 발견되지 않았다. 물론 문과 급제나 관직 진출에 대한 기록에서 약간의 과장이 있을 수도 있다는 것은 충분히 고려할 수 있다. 그러나 환부역조(還父易祖)와 같은 위조는 발견되지 않았다. 그 근거로 고돈겸의 이름이 고형중(高瑩中)의 묘비명에 아버지로 기록되어 있다는 것을 통해서 고돈겸과 고형중이 서로 부자 사이라는 족보의 기록이 사실로 증명되었다는 것, 고형중의 묘비명에 고형중이 '전주옥구현인(全州沃溝縣人)'이라고 기록되어 있다는 것을 통해서 고돈겸이 옥구에 거주하였다는 족보의 기록이 사실로 판명되었다는 것, 고정의 딸이 광산 김씨 김수(金須)와 혼인하였다는 족보의 기록이 광산 김씨 족보를 통해서 사실로 확인되었다는 것 등을 들었다.

그러나 탐라국 마지막 왕인 고말로부터 고돈겸까지 족보에 수록된 가계 기록에는 의문점이 있었다. 해당 가계기록에 후손이 선대 인물보다 먼저 살았던 것으로 확인된 경우가 여러 개 있었다. 제주 고씨들이 족보를 처음으로 편찬한 것은 1725년(영조 1)이었는데, 이 족보와 이 이후의 족보에 고말로부터 고돈겸까지의 가계는 모두 동일하게 기록되어 있다.[8] 그러나 이렇게 의문이 있는 기록을 남긴 이유는 환

---

8) 『고씨족보(高氏族譜)』, 4권, 4책, 1725, 서울대학교 규장각도서관 소장;『제주고씨참의공파족보(濟州高氏參議公派族譜)』, 3권 3책, 1947, 개인 소장;『제주고씨문충공후참의공파보(濟州高氏文忠公后參議公派譜)』, 3권 3책, 2004, 개인 소장;『제주고씨문충공파사직공계보(濟州高氏文忠公派司直公系譜)』, 2권 2책, 2004, 개인 소장.

부역조를 하여 자신의 가문을 과시하기 위해서, 또는 벌열 가문임을 증명하기 위해서 위조한 것은 아닐 것이라고 판단하였다. 왜냐하면 고돈겸 이하의 가계만하더라도 충분히 자신들의 가계가 벌열 가문이 었다는 사실을 입증하고도 남음이 있었기 때문이었다. 아마도 그 이유는 족보를 편찬하는 과정에서 자신들이 고말로의 후손이라는 사실을 구전(口傳)으로는 알고 있었지만, 고돈겸 이상의 선대 가계를 모르고 있었기 때문에, 단순히 고말로부터 고돈겸까지의 상대 가계를 족보에 기록하기 위한 목적으로, 『고려사(高麗史)』 등의 사료에 나오는 인물들로 앞의 상대 가계를 적절하게 구성하였기 때문이었을 것이라고 추정하였다. 이상의 탐구 결과로 족보의 기록은 의외로 믿을 만하다는 필자의 선행 연구의 주장9)을 재확인할 수 있었다.

　제주 고씨 가문에 이어서 임피 지역에 세거한 평강 채씨 가문을 대상으로 이 가문 출신들의 임피 입거와 타관으로의 거주지 이동 양상을 살펴보았다.10) 제주 고씨 가문이 옥구 지역에서 대성이면서 가장 유력한 가문이었다고 한다면, 평강 채씨 가문은 임피 지역에서 대성이면서 가장 유력한 가문이었다. 따라서 군산 지역 세거 가문을 탐구하기 위해서는 평강 채씨 가문에 대한 연구가 필수적이라고 판단하였다. 평강 채씨 가문의 임피 입거 시기와 사유 및 입거 이후의 타관으로의 거주지 이동 양상을 살펴봄으로써, 평강 채씨 가문의 임피 입거 시기와 사유가 무엇이었는가를 알아내고, 입거 이후 이 가문 출신들이 타관으로 거주지를 이동한 양상이 옥구 지역의 제주 고씨 가문의 그것과 같았는가의 여부를 확인한다는 것이 연구의 목적이었다.

　평강 채씨 가문은 고려가 멸망하자 채양생(蔡陽生)이 자신의 손자

---

9) 김두헌, 「고등학교 국사 교수–학습에서의 가계기록 사료 학습」, 『역사문화연구』 38, 2011, 한국외국어대학교 역사문화연구소.
10) 김두헌, 앞의 논문, 2013a.

채효손(蔡孝孫)과 재종질 채지생(蔡智生)을 대동하고 개경에서 배를 타고 임피로 낙남(落南)하였다고 족보에 기록되어 있다. 채양생의 아들 채왕택(蔡王澤)은 두문동으로 들어갔기 때문에 같이 임피로 내려오지 못하였다고 한다. 평강 채씨 가문이 임피에 입거한 주된 요인은 불사이군(不事二君) 곧, 두 임금을 섬길 수 없다는 정치적인 이유 때문이었다는 것이다. 그런데 채양생이 고려 말 조선 초에 옥구로 내려왔다는 족보의 기록이 사실과 다르지 않다는 것을, 다른 여러 가지 자료들의 관련 기록들을 통해 입증할 수 있었다. 이로 보아 평강 채씨 가문이 '고려가 멸망하자' 임피로 낙남(落南)하였다는 족보의 기록은 믿을 만 하다고 판단하였다.

그런데 고려의 멸망을 안타깝게 여기고 조선 건국을 간접적으로 거부하였음에도 불구하고, 임피 지역 평강 채씨 가문의 후손들은 이후 중앙 관직에 진출하였다. 조선 정부는 자신들의 건국을 직접적으로 드러내놓고 거부하지만 않았다면, 이들과 이들의 자손들에게 어떠한 불이익을 주지 않았으며, 심지어 그들에게도 관직 진출을 허용하였던 것이었다. 이것은 조선이, 유교이념이 지배 이념으로 자리 잡고 있었던 나라였기 때문이었다고 판단하였다. 유교에서는 충효열 삼강(三綱)을 도덕규범 중에서도 최고의 가치 있는 규범으로 규정하였다. 충효열이라는 유교 이념은 왕실의 권위보다 우위에 있었다. 조선 왕조의 건국을 거부했다는 것은 멸망한 고려 왕조 편에서 보면 충(忠)에 해당하는 것이었기 때문에, 조선 건국을 간접적으로 거부한 평강 채씨 가문의 후손들이 중앙 관직에 진출하는 것을 조선 정부가 허용하였던 것이다.

그러나 평강 채씨 가문이 임피에 입거한 직접적인 원인은 고려의 멸망 때문이었지만, 이주 지역으로 임피 지역을 선택한 이유는 옥구 지역에 거주한 제주 고씨 가문과 혼인 관계를 형성한 연유 때문이었다. 평강 채씨 가문은 고려 후기에 이미 여산 송씨 가문을 매개로 하여 옥구에 세거한 제주 고씨 가문과 인척 관계를 형성하고 있었다. 곧, 인척 관계를 형성한 제주 고씨 가문이 살고 있는 바로 옆 고을인 임피 지역으로 입거한 것이다. 전통기 한국 사회에서 인간관계 형성 등 사회생활을 하는 데 가장 크게 영향을 미친 것이 혈연관계였고, 그 다음이 인척관계였다. 인척관계의 범위는 예상외로 그 폭이 넓었다. 그것은 시기, 지역, 신분을 막론하고 적용되었다.[11]

조선 전기에 채양생의 가계에서는 고위 관직에 진출한 자들이 적지 않았다. 이로 인해 이 가계에서 조선 전기에 원거리 지역 거주자들과 혼인하거나 임피 지역에서 멀리 떨어진 지역으로 거주지를 이동한 자들 역시 적지 않았다. 이들 역시 장자와 차자를 가리지 않았다. 그러나 조선후기에는 관직에 진출한 자들이 현저하게 줄어들었고, 아울러 타관으로 거주지를 이동한 양상도 현저하게 줄어들었다. 채지생의 가계는 조선 전기에 채양생의 가계보다 관직에 진출한 자들이 훨씬 적었으며, 이로 인하여 타관으로 거주지를 이동한 자들 역시 훨씬 적었다. 조선 후기에는 더욱 그러하였다. 이상의 평강 채씨 가문에 대한 연구 결과로, 필자가 선행 연구에서 밝힌 고려~조선 전기에 제주 고씨 가문 출신들이 타관으로 거주지를 이동한 양상이 제주 고씨 가문만이 아닌 다른 가문들에게도 보편적으로 있었던 것이라는 개연성을 제시할 수 있게 되었다. 아울러 타관으로 거주지를 이동한 양상에, 관직 진출보다 혼인이 더 우선적인 요소로 작용하였다는 판단을 새로 제시하였다. 왜냐하면 조선시대에 조혼이 유행하였으므로, 혼인

---

11) 조선시대 사람들에게 있어서의 인척관계의 중요성에 대해서 필자는 다음 선행 연구들에서도 언급하였다(김두헌, 「金範禹와 그의 가계」, 『교회와 역사』 34, 2010b, 한국교회사연구소; 「조선후기 대일 사행 참여 역관의 가계와 혼인」, 『동북아논총』, 2013c, 동북아역사재단).

을 하고나서 관직에 진출하였다고 판단되었기 때문이었다. 그리고 앞의 제주 고씨 가문과 평강 채씨 가문에 대한 연구 결과를 근거로, 조선 후기가 되면 중앙에 근거지를 둔 벌족 가문들이 문과 급제나 고위 관직을 이전의 시기보다 훨씬 더 많이 점유해 나갔고, 지방에 거주한 가문들은 대부분 지방에서만 세력을 유지한 향반으로 사회적 지위가 굳어져 갔다고 곧, 중앙 사족과 지방 사족들의 사회적 지위가 양극화 되어 갔다고 언급하였다.

제주 고씨 가문과 평강 채씨 가문에 대한 연구에 이어, 군산 지역에 세거한 88 가문을 대상으로 하여, 이들 각 가문이 군산 지역으로 입거한 시기와 사유, 이들 가문의 입거조들의 사회적 지위 및 입거 이전의 거주 지역 등이 시간이 흐름에 따라 어떻게 변화되어 갔는가를 탐구한 연구 결과를 논문으로 발표하였다.[12] 기존의 연구에서도 어느 한 지역사회 세거 가문의 입거 양상과 입거조에 대한 탐구가 이루어졌다. 그러나 이들 연구에서는 주로 유력한 가문들만, 그리고 입거 시기가 비교적 이른 가문들만 연구 대상으로 삼아 연구가 이루어졌다. 이러한 한계점을 극복하기 위해 군산 지역에 세거한 유력한 가문뿐만 아니라 열세한 가문들도 연구 대상에 포함시켰다. 그리고 입거 시기도 고려시대부터 18세기까지의 시기에 입거한 가문들로 연구 대상을 확장시켜서 연구를 진행하였다. 또한 연구 대상 지역도 조선시대 옥구현 지역과 임피현 지역으로 나누어 서로 비교하면서 연구를 진행하였다. 이렇듯 연구 대상이나 시기를 확장시키고, 두 지역을 서로 비교해 가면서 지역사회에 세거한 가문들의 입거 양상과 입거조들을 탐구한 연구는 필자의 논문이 처음이었다.

연구 대상은 59 성관(姓貫)의 88 가문이었는데, 옥구 지역과 임피

---

12) 김두헌, 앞의 논문, 2014a.

지역이 각각 44 가문이었다. 이들 88 가문에는 군산 지역에 세거한 가문들 중 유력한 가문은 극소수를 제외하고 거의 대부분 포함되어 있었다. 또한 이 88 가문은 적어도 해당 시기 군산 지역 세거 가문의 절반 이상은 될 것이라고 추정하였다. 이들 가문들은 족보를 구할 수만 있다면 조건 없이 연구 대상에 포함시켰다. 따라서 연구 대상을 무작위로 추출한 것이나 다름없으므로, 이들 가문들만을 연구 대상으로 삼아 연구를 진행하여도, 군산 지역 세거 가문들의 존재 양상에 대한 대체적인 윤곽은 충분히 그려낼 수 있을 것이라고 판단하였다.

연구 대상 88 가문이 군산 지역에 입거한 시기는 다양하였다. 어느 특정한 시기에 일시적으로 한꺼번에 이주해 오지도 않았고, 일정한 간격을 두고 이주해 오지도 않았다. 이는 이들 가문들이 거의 대부분 개별적인 사안에 따라 군산 지역으로 이주해 왔다는 것을 곧, 지역적인 특성이나 사회 전체적인 영향에 의해 이주해 온 경우는 극히 적었다는 것을 시사하여 준다고 판단하였다. 군산 지역에서 비교적 활발한 활동을 전개한 가문들은 극소수를 제외하고 거의 대부분 입거 시기가 조선 전기였다. 이들 가문들은 일반적으로 동성촌이 형성된 시기 이전에 군산 지역으로 이주해 와 세거하면서 동성촌을 형성하며 대성을 이루었다고 판단하였다.

군산 지역에 세거한 가문 중에 입거 사유를 확인, 추정할 수 있는 가문는 전체의 약 3분의 1 가량이 되었다. 입거 사유로 가장 많이 확인, 추정된 것이 혼인이었고, 그 다음이 정치적 이유, 그리고 복거(卜居)였다. 혼인에 의해서 곧, 처가나 외가가 있는 군산 지역으로 입거한 가문들의 입거 시기는 극소수를 제외하고 거의 대부분 조선 전기였다. 자녀 균분 상속이 유행하였던 조선 전기에 재산을 상속받은 처가나 외가가 있는 군산 지역으로 이주해 온 것이다. 그런데 이들 가문 중에 옥구의 토성이면서 대성이었던 제주 고씨 가문과 직접적으로 혼인하였거나 인척관계를 형성한 연유로 군산 지역으로 이주해 온 가문이 다수를 차지하였다. 이는 군산 지역에서 핵심적인 위치에 있었던 가문과 혼인 및 인척 관계를 형성한 인연으로 거주지를 선택하여 이주한 사례가 적지 않았다는 것을 시사하여 준다고 판단하였다. 입거 사유로 혼인 다음으로 가장 많이 차지하는 것이 정치적 이유였는데, 이 경우도 세밀하게 분석해 보면 정치적인 이유에다 더하기 혼인이나 인척 관계를 형성한 연유로 거주지를 선택하여 이동하였을 가능성이 많았을 것이라고 추정하였다.

군산 지역에 세거한 가문들의 입거조들 중에 관직자에 대해 비관직자가 차지하는 비율은 시기가 흐를수록 증가하였다. 이는 군산 지역 세거 가문의 입거조들의 사회적 지위가 시기가 흐를수록 점차 낮아져 갔다는 것을 의미한다고 판단하였다. 이들 입거조들이 군산 지역으로 이주해 오기 이전에 살았던 지역을 살펴본 결과, '서울에서 지방으로의 이주 패턴'은 고려시대나 여말 선초에는 보였다가, 그 이후에는 거의 보이지 않았다는 것을 알게 되었다. 군산 지역으로 이주해 온 각 가문들의 입거 이전의 거주지는 황해, 평안, 함경도를 제외한 전국 각 지역에 분포되어 있었지만, 현재의 전북 지역인 경우가 압도적으로 많았다. 그러나 군산 지역과 거리가 먼 무주, 진안, 장수 지역은 없었다. 그리고 시기가 흐를수록 먼 거리 지역에서 이주한 경우가 급격하게 줄어들었다.

이상의 연구 결과, 군산 지역 세거 가문 중에 유력한 가문는 조선 전기에 이주해 온 가문들이 대부분이었다는 것을 알게 되었다. 또한 군산 지역으로 이주해 온 각 가문들의 사회적 지위가 시기가 흐를수록 점차 낮아져 갔다는 것도 알게 되었다. 그런데 비교적 이른 시기에 군산 지역으로 입거한 가문들도 시기가 흐르면서 이들의 사회적 지위가 중앙의 문벌 가문에 비해 점차 낮아지고 있었다. 제주 고씨 가문과 평강 채씨 가문이 그 대표적인 예이다. 그렇다면 군산 지역에 세거하였던 가문들의 사회적 지위는 시기가 흐를수록 중앙의 문벌 가문에 비해 그 격차가 점차 벌어져 갔다고 말할 수 있겠다. 중앙과 지방에 세거한 가문들의 사회적 지위가 시기가 흐를수록 양극화되어 갔다는 것을, 군산 지역에 세거 가문들을 통해서 확인한 것이다.

한편 필자는 전통기 시대 군산 지역 출신 과거 합격자와 군산 지역 세거 가문들과의 관계를 탐구한 결과를 논문으로 발표하였다. 곧, 과거 합격자를 많이 배출한 가문이 유력한 가문이었는가의 여부를, 다시 말하여 각 가문의 과거 합격자 배출 양상과 해당 가문의 사회적 지위가 어떠한 연관성이 있었는가를 알아보았다.13) 그 결과, 군산 지역 출신 문과 급제자와 사마시 합격자 중에는 군산 지역에 세거하면서 대성을 이룬 가문 출신들도 있었고, 그렇지 않은 가문 출신들도 상당수 있었다는 사실을 알게 되었다. 또한 군산 지역에 대대로 3~5백여 년 동안 세거하면서 문과 급제자 또는 사마시 합격자를 단지 1~2명만 배출하였거나, 사마시 합격자마저도 배출하지 않은 가문들도 있었다는 사실을 알게 되었다. 이상의 사실들을 통해서 조선시대에 양반이 문과에 급제하거나 사마시에 합격하기가 다른 신분에 비해 유리하였지만, 그래서 비록 양반이 다른 신분에 비해 과거 시험에 압도적으로 많이 합격하였지만, 양반 사회 자체 내에서도 과거 시험 응시와 합격이 가문 위주가 아닌 능력 본위로 행하여졌다는 것을 곧, 과거 시험의 응시와 합격이 양반 사회 내에서도 개방되었다는 것을 판단할 수 있게 되었다. 또한 조선시대에 과거 합격자를 배출한다는 것

---

13) 김두헌, 앞의 논문, 2013b. 이 논문에서는 또한 군산 지역 출신 과거 합격자인가를 판명하는 기준을 제시하였으며, 군산 지역에서도 과거 시험의 응시의 문호가 양반 미만의 신분에게 개방되었다는 사실도 밝혔다. 그리고 양반 이하의 신분이 과거 시험에 합격하여 신분 상승을 하였다는 주장은 실제에 부합하지 않는 설명이라고 비판하기도 하였다.

이 양반 가문으로서의 사회적 지위 혹은 신분을 유지하기 위한 필요 충분한 조건이 아니었음을 나타내 준다는 것도 알게 되었다.

Ⅲ. 연구 과제

1. 고려시대

고려시대의 군산 지역 세거 가문에 대한 연구 분야 중에서 미진하여 보완해야 하거나 전혀 연구가 이루어지지 않아서 새로 탐구해야 할 분야로 여러 가지가 있겠지만, 필자는 다음 세 가지를 들고자 한다. 첫째는 고려시대에 두 명의 재상을 배출한 옥구 임씨(沃溝林氏)에 대한 연구가 진행되어야 한다는 것, 둘째는 『세종실록지리지(世宗實錄地理志)』옥구현 조와 임피현 조에 나오는 성씨(가문) 중에 선행연구에서 거론되지 않은 성씨에 대해 탐구가 이루어져야 한다는 것, 셋째는 고려시대 군산에 세거한 제주 고씨의 거주지 이동과 혼인 양상을 탐구하고, 선행 연구에 대한 보완이 이루어져야 한다는 것이다. 그 구체적인 내용은 다음과 같다.

고려시대부터 현재까지 군산 지역에서 세거한 가문은 제주 고씨 가문이 유일하다. 그러나 고려시대에 제주 고씨 가문 외에도 다른 가문들이 군산 지역에 거주하고 있었다. 그 대표적인 가문이 옥구 임씨 가문이다. 『동국여지승람(東國輿地勝覽)』옥구현 인물 조에는 옥구 임씨 임개(林漑, ?~1107)와 임유문(林有文, ?~1125)이 수록되어 있다. 이들은 서로 부자 사이였다. 임개는 옥구 임씨 시조이면서, 고려시대 순(順), 선(宣), 헌(獻), 숙(肅), 예종(睿宗) 등 다섯 임금 때 관직을 지냈는데, 관직이 재상에 이르렀다. 임유문 역시 재상을 지낸 인물이었다.[14] 두 명의 재상이 부자간에 연이어서 배출될 정도로 고려 전기에 옥구 임씨는 벌열 가문의 위치에 있었고, 이들의 거주지는 옥구 곧, 현재의 군산 지역이었다.

그러나 군산 지역에 세거한 옥구 임씨는 그 어느 시기엔가 군산 지역에서 자취를 감추었다. 옥구 임씨의 후손들을 현재 군산 지역에서 찾아 볼 수 없을 뿐만 아니라, 임씨 종친회에서도 옥구 임씨에 대해서 아는 사람이 없다고 한다. 다만 6·25 전쟁 때 남한으로 내려와 살고 있는, 자신을 옥구 임씨라고 칭하는 사람이 서울에서 살고 있다는 사실만 확인하였을 뿐이다. 그런데 옥구 임씨가 군산 지역에서 적어도 16세기 초까지는 살았다는 근거가 있다. 그것은 옥구 임씨인 임번(林蕃)이 옥구에 거주하면서 연산 7년(1510) 식년시 생원시에 입격하였다는 『사마방목(司馬榜目)』의 기록이다.

고려시대 군산 지역에 제주 고씨 가문과 옥구 임씨 가문만 있었던 것이 아니었다. 이들 두 가문 외에도 여러 가문들이 존재하고 있었다. 『세종실록지리지(世宗實錄地理志)』옥구현 조에는, '토성(土姓)이 다섯이니, 임(林), 고(高), 송(宋), 임(任), 문(文)이고[어떤 본(本)에는 또 이(李), 은(殷), 배(裵), 백(白)이 포함되어 있다.], 속성(續姓)이 하나이니 김(金)이었다(향리였다.). 회미(澮尾)의 성은 다섯이니, 장(張)·김(金)·종(宗)·섭(葉)·신(申)이다.'라고 기록되어 있다. 이상 옥구현과 회미현에 있었다고 기록되어 있는 성씨 곧, 가문은 15개이다. 이들 가문 중에 필자가 선행 연구에서 연구 대상에 포함시킨 가문은 제주 고씨, 남평 문씨, 회미 장씨 세 가문뿐이다. 나머지 12 가문의 존재 양상은 아직 의문이다(고려시대에는 군산 지역에 임피현, 옥구현, 회미현 등 세 현이 있었는데, 임피현의 현감이 옥구현과 회미현을 함께

---

14) 임개와 임유문은 『고려사(高麗史)』열전에도 나온다(『고려사(高麗史)』, 권 97, 열전 10, 제신(諸臣) 조).

관할하였다. 곧, 옥구현과 회미현은 임피현의 속현이었다.). 그리고 『세종실록지리지』임피현 조에는, '토성(土姓)이 다섯이니, 이(李)·박(朴)·진(陳)·송(宋)·강(康)이다.'라고 기록되어 있다. 이들 다섯 가문 중에 필자가 선행 연구에서 연구 대상에 포함시킨 가문은 여양 진씨, 신천 강씨 두 가문이고, 나머지 세 가문은 제외되었는데, 이 세 가문의 존재 양상 역시 아직 의문이다.

이상과 같이, 고려 시대에 부자간에 연이어서 재상을 지낸 옥구 임씨와, 『세종실록지리지』에 수록되어 있으나 그 존재를 현재 파악하지 못하고 있는 15 가문에 대한 연구가 필요하다. 곧, 이상의 16 가문이 어느 시기부터 군산 지역에서 거주하기 시작하였고, 어느 시기에 군산 지역을 떠났는가, 그 각각의 이유는 무엇이었는가, 그리고 군산 지역에 거주하였을 당시 이들 가문에 속한 구성원들의 활동 양상은 어떠하였는가에 대한 연구가 필요하다고 생각한다.

마지막으로 고려시대 제주 고씨 가문의 거주지 이동 양상과 혼인 양상에 대한 선행 연구의 내용에, 다음과 같은 점들이 보완되어야 한다고 생각한다. 선행 연구에서는 고려시대 옥구 지역에서 세거한 제주 고씨 가문의 입거 시기와 사유, 그리고 입거 이후의 타관으로의 거주지 이동 양상에 초점을 맞추어 연구가 이루어졌다. 그런데 그 과정에서 연구가 미진한 부분이 없지 않아 있었다. 먼저 거주지 이동 양상에 대해서는 선행 연구에서 고돈겸부터 그의 9세손 고의충으로 이어지는 가계만 옥구 지역에서 거주하였고, 나머지 방계 가계들은 다른 곳으로 이주하였다고만 언급하였다. 곧, 나머지 방계 가계들에서는 구체적으로 어느 인물부터 어느 곳으로 각각 이주하였는가에 대해서 밝히지 않은 것이다. 또한 고려시대 옥구 지역에서 세거한 제주 고씨 가문 출신들의 혼인 양상에 대해서 고정의 딸이 광산 김씨 김수와 혼인한 사실만 밝혔을 뿐이고, 나머지 사람들의 혼인에 대해서는

밝힌 것이 없었다. 따라서 이상의 것들에 대한 연구가 보완되어야 한
다는 것이다. 그리고 고려시대 옥구에 세거한 제주 고씨들 중에 일부
몇 명만 그들의 활동 양상이 소개되었다. 앞으로 보다 많은 인물의
활동 양상을, 가계기록만이 아닌 금석문이나 고문헌에 수록된 관련
자료들을 근거로 보다 구체적으로 밝힌다면, 고려시대에 옥구 지역에
거주한 제주 고씨 가문의 존재 양상이 보다 명료하게 밝혀질 것이라
고 기대한다.

2. 조선시대

조선시대 군산 지역 세거 가문들을 대상으로 탐구한 선행 연구의
내용을 보완하거나 새로 연구를 전개해야 할 분야로 다음 네 가지 것
을 들고자 한다. 첫째, 연구 대상 가문을 확장시키자는 것이다. 기존
의 연구에서 연구 대상으로 삼은 군산 지역 세거 가문은 88 가문이었
다. 이 가문들은 모두 고려시대부터 18세기까지 군산 지역에서 세거
한 가문들이었고, 족보를 구할 수 있는 가문들이었다. 그러나 선행
연구에서 밝힌 것처럼, 선행 연구의 연구 대상에서 빠졌으나 다른 자
료를 통해서 군산 지역에서 세거한 가문으로 확인된 가문들이 있다.
곧, 1935년에 간행된 『호남지(湖南誌)』에 옥구 지역이나 임피 지역에
서 세거한 가문으로 수록된 36 가문 중에서 한 가문이, 1963년에 간행
된 『옥구군지(沃溝郡誌)』에 역시 옥구 지역이나 임피 지역에서 세거
한 가문으로 수록된 74 가문 중에서 22 가문이 각각 연구 대상에서
빠트려졌다. 또한 이들 가문 외에도 연구 대상에 포함시켜야 할 가문
들이 소수지만 있다. 이러한 가문들도 모두 연구 대상에 포함시켜 연
구를 진행한다면, 군산 지역 세거 가문들의 존재 양상이 보다 구체적
이면서도 명료하게 드러날 것이라고 기대한다.

둘째, 가문과 향안의 관계이다. 1994년에 간행된『옥구향교지(沃溝鄕校誌)』에는 여러 개의『청금안(靑襟案)』들이 수록되어 있다. 이들『청금안』에 수록되어 있는 사람들은 1765년(영조 41)부터 1994년까지 옥구 향교의 임원을 지낸 사람들이었다. 그런데 앞의『옥구향교지』에는『청금안』외에『향안(鄕案)』도 수록되어 있다. 이『향안』은 조선시대 옥구 지역에서 향약(鄕約)을 만들어 실시한 사람들의 명단인데, 『청금안』보다 수록 기간이 이르며, 인원 또한 적지 않은 편이다. 이들『청금안』과『향안』에 수록되어 있는 사람들이 속한 가문을 일일이 파악하여, 군산 지역 세거 가문 중에 어느 가문 출신들이 향교 임원이나 향약 임원을 지냈는가, 조선 후기에 새로 군산 지역에 이주하여 세거한 가문 출신들도 앞의 임원에 등재되었는가, 만일 등재되었다고 한다면 앞서 언급한 모든 가문 출신이 등재되었는가 아니면 일부 가문 출신들 만이었는가, 그리고 이들 향안에 등재된 임원들 사이에서 혼인은 어느 정도 이루어졌는가 등에 대한 탐구가 필요하다고 생각한다. 이는 조선시대 전 기간에 걸쳐 옥구 지역 향촌 사회를 주도했던 가문은 어떠한 가문이었는가, 이 가문들은 시기별로 어떠한 변화가 있었는가, 그리고 이 가문들 사이에서 인척관계는 어느 정도 형성되었는가 등을 파악하기 위한 것이다.

셋째, 가문과 과거 합격자와의 관계이다. 선행 연구에서 군산 지역 출신 조선시대 과거 합격자로 문과 급제자 12명, 사마시 합격자 46명, 무과 급제자 76명을 확인하였다. 그리고 이들의 가문별 배출 현황도 제시하였다. 그러나 연구를 진행하는 과정에서 연구 대상자들을 더 확보하게 되었고, 연구 대상자 중에 가문을 확인한 자들 역시 증가하게 되었다. 따라서 이러한 점을 보완한다면, 조선시대 군산 지역에서의 과거 합격자들의 가문별 배출 양상의 모습이 보다 구체적으로 명료하게 드러날 것이라고 예상한다.

넷째, 가문과 효자와 열녀와의 관계이다. 군산 지역 효자와 열녀에 대해서 발표된 논문은 아직 없다. 이에 대해서는 먼저 군산 지역에서 정부로부터 정려를 세우라고 명령을 받거나 복호(復戶)의 포상을 받은 효자와 열녀들은 얼마나 되며, 이들이 속한 가문은 어느 가문이었는가, 그리고 이들의 가문별 배출 양상은 시간이 흐름에 따라 어떻게 변화하였는가, 특히 과거 합격자를 배출한 것과는 어떠한 상관관계가 있었는가에 대한 연구가 필요하다고 생각한다. 그리고 일제강점기의 경우에는 각 가문에서 그리고 마을에서 효자비를 건립한 효자들이 탐구 대상이 될 것인데, 이들에 대해서도 앞서 언급한 내용의 탐구가 이루어져야 한다고 생각한다. 또한 조선시대와 일제강점기의 효자와 열녀 포창 양상에 대한 연구 결과를 서로 비교해 볼 필요가 있다고 생각한다. 이는 일제강점기에 군산 지역에서 유교 문화가 어떻게 전개되었는가를 알아보는 하나의 척도가 된다고 판단한다.

3. 근대기

근대기 군산 지역 세거 가문들에 대해 탐구한 연구 논문은 지금까지 없었다. 따라서 이 시기 군산 지역 세거 가문들에 대한 연구는 모두 새로 전개할 분야들인데, 이에 대해 본고에서는 다음 두 가지 것을 거론하고자 한다. 첫째는, 이 시기 군산 지역에서의 애국계몽 활동, 의병 활동, 독립 운동, 소작 쟁의 등이 적지 않게 이루어졌다는 사실이 선행 연구들에 의해서 밝혀졌는데, 바로 이와 관련하여 객주 회사 설립, 국채보상운동 전개, 야학 건립과 실시, 옥구 출신 임병찬이 주도한 독립의군부의 활동, 일제강점기의 소작 쟁의, 그리고 삼일 운동 등에 군산 지역 세거 가문 출신들이 어느 정도 참여하였는가, 그리고 주도자로 참여한 사람은 얼마나 되었는가 등에 대한 연구를 전개해야 할 필요가 있다고 생각한다. 군산 지역 세거 가문 출신들과 새로 군산으로 이주해 온 사람들을 서로 비교하면서 연구를 진행한다면, 근대기 군산 지역에서의 애국계몽 활동, 의병 활동, 독립 운동, 소작 쟁의 등의 성격과 특징을 규명하고, 군산 지역에서의 새로운 성씨 유입 양상을 탐구하는 데 적지 않은 도움이 될 것이라고 판단한다.

둘째는, 근대기 군산 신시가지에 군산 지역 세거 가문 출신들이 얼마나 거주하였는가에 대한 것이다. 특히 군산 부둣가 노동자들 중에, 그리고 새로 형성된 영동 상가의 상인 중에 각각 군산 지역 세거 가문 출신들이 얼마나 포함되어 있는가가 궁금하다. 이 역시 군산 지역 세거 가문 출신들과 새로 군산 지역에 이주해 온 사람들을 서로 비교하면서 연구를 진행한다면, 근대기 군산 신시가지의 구성과 변화 모습을 파악하는 데 많은 도움이 될 것이라고 기대한다. 한편 군산 신시가지 중 현재의 영동 상가 일대에 진출한 상인들에 대해서는 이들 중에 외지에서 이주해 온 상인들은 얼마나 되며, 이들은 군산 지역 세거 가문 출신들과 혼인하였는가 아니면 군산 지역으로 이주해 오기 이전에 거주한 지역 출신들과 혼인하였는가, 이들의 영업 방식에는 영화동의 일본 상인들의 그것과 어떠한 차이가 있었는가, 이들은 상업 활동 외에 어떠한 사회 활동을 전개하였는가 등이 궁금하다. 이에 대한 연구는 개항 이후부터 일제강점기까지 군산 영동 상가 모습을 조명하는 데 필요한 연구 중에 하나가 될 것이라고 생각한다.

Ⅳ. 맺는말 : 가문 연구를 통해서 본 군산 지역의 사회적 위상

이상으로 전통기 시대 군산 지역에 세거한 가문에 대한 필자의 선행 연구 현황과 그에 따른 과제에 대해서 언급하였다. 이제는 지금까지 필자가 행한 가문 연구를 통해서 본 군산 지역의 사회적 위상에 대해서 간략하게 언급함으로써 결론을 대신하고자 한다.

필자는 선행 연구 결과, 군산 지역에 조선시대 이래로 현재까지 세거한 가문들이 적지 않게 있었다는 것을 알게 되었다. 그러나 고려시대부터 현재까지 세거한 가문은 제주 고씨 가문 오직 하나였다. 고려시대 군산 지역에 세거한 제주 고씨 가문의 위상은 9명의 상서와 12명의 한림원 학사를 배출할 정도로 혁혁하였다. 제주 고씨 가문 보다 군산 지역에 먼저 거주하였던 옥구 임씨 가문도 부자가 연이어서 재상을 지낼 정도였으니, 제주 고씨 가문에 비해 그 위상이 만만치 않았다고 말할 수 있겠다.

그러나 조선시대에 들어서면서 군산 지역에 세거한 가문들의 사회적 지위는 조금씩 낮아져 갔다. 옥구에 세거한 제주 고씨 가문 출신들이 진출한 관직의 위계도 고려시대보다 낮아져갔다. 조선 초기에 임피에 거주한 평강 채씨 가문의 경우 해당 가문 구성원들이 황희 정승의 손녀와, 그리고 양녕대군의 손녀와 혼인하였을 정도로 벌열 가문의 사회적 지위에 있었다. 그러나 이 가문 역시 시기가 흐를수록 사회적 지위가 점차 낮아져 갔다. 조선시대에 군산 지역에 입거해 온 각 가문의 입거조들의 사회적 지위도 점차 낮아져 갔다. 기존에 있었던 가문 출신이나 새로 이주해 온 가문 출신들의 사회적 지위가 고려시대보다 낮아져 간 것이다.

군산 지역에 세거한 각 가문들의 사회적 지위는 바로 이들 가문 출신들의 사회적 지위와, 그리고 이들이 살고 있는 군산 지역의 사회적 위상과 직접적으로 연관되어 있었다. 전통기 시대 어느 한 개인은 항상 가문 안에서 존재하고 있었기에, 어느 한 개인의 사회적 지위는 그가 속한 가문의 사회적 지위와 직결되어 있었다. 또한 각 지역사회에서는 여러 가문들이 장기판의 장기 알보다 더 촘촘하게 배열되어 있었고(다만 규모의 차이는 있었다.), 인척관계로 서로 유기적으로 연결되어 있었기에, 이들 각 가문의 사회적 지위는 해당 지역의 사회적 위상과 직접적으로 연결되어 있었다. 바로 이러한 이유 때문에 군산 지역 세거 가문들의 사회적 지위가 고려시대에는 높았지만 조선시대에 들어서 점차 낮아져 갔다는 것이, 군산 지역의 사회적 위상도 이와 같이 변화되어 갔다는 것을 의미한다고 판단하는 것이다.

그런데 이러한 양상은 군산 지역이 해안 지역이라는 점에서 볼 때, 고려시대와 조선시대의 대외 정책 및 해상 활동과 어느 정도 상관성이 있었을 것이라고 생각한다. 곧, 고려시대에는 해상 활동이 비교적 활발하게 전개되었기 때문에, 군산 지역의 사회적 위상과 그 곳에 거주하는 사람들과 이들이 이룬 가문의 사회적 지위 역시 높았을 것이라고 판단한다. 그러나 조선시대에는 사대 외교 및 공도 정책을 실시하는 등 소극적인 대외 정책을 실시하였기 때문에, 군산 지역의 사회적 위상과 그 곳에 거주하는 사람들과 이들이 속한 각 가문의 사회적 지위 역시 점차 낮아져 갔을 것이라고 판단한다. 이것이 실제에 부합하는 역사적 해석이라고 한다면, 현재의 군산 지역의 사회적 위상은 새만금 시대를 맞이하여 다시 높아져 갈 수 있는 기회를 맞이하였다고 해도 과언이 아닐 것이다. 그러나 새만금 시대에 군산 지역의 사회적 위상이 높아지려면, 군산 지역에 거주하고 있는 사람들의 사회적 지위도 이전보다 향상되어야 한다. 그러기 위해서는 군산 지역이 이전보다 산업이 발달하여 경제적으로 성장하는 것은 물론이거니와, 교육과 의료의 여건도 향상되어야 하고, 문화의 범위도 확대되어야 하며 내용도 다양화되어야 하고, 문화에 대한 탐구와 보급도 활발하게 진행되어야 한다고 생각한다.

◆참고문헌◆

『고려사(高麗史)』

『고씨족보(高氏族譜)』, 4권, 4책, 1725, 서울대학교 규장각도서관 소장.

『제주고씨참의공파족보(濟州高氏參議公派族譜)』, 3권 3책, 1947, 개인 소장.

『제주고씨문충공후참의공파보(濟州高氏文忠公后參議公派譜)』, 3권 3책, 2004, 개인 소장.

『제주고씨문충공파사직공계보(濟州高氏文忠公派司直公系譜)』, 2권 2책, 2004, 개인 소장.

『옥구군지(沃溝郡誌)』, 상하 2책, 1963, 개인 소장.

『옥구향교지(沃溝鄕校誌)』, 1책, 1994, 개인 소장.

『호남지(湖南誌)』, 7권 7책, 1935, 개인 소장.

김두헌, 『조선시대 기술직 중인 신분 연구』, 경인문화사, 2013.

김현영, 『조선시대의 남원과 향촌사회』, 집문당, 1999.

송준호, 『조선사회사연구』, 일조각, 1987.

이해준, 『조선시기 촌락 사회사』, 민족문화사, 1996.

김경수, 「결성 장씨 종족 마을의 형성과 문중 운영」, 『고문서연구』 28, 2006, 한국고문서학회.

김경옥, 「조선후기 영암 사족과 서원」, 『호남문화연구』 20, 1991, 전남대 호남문화연구소.

김경옥, 「조선후기 동성마을의 형성 배경과 사족들의 향촌 활동」, 『지방사와 지방문화』 6권 2호, 2003, 역사문화학회.

김두헌, 「제주 고씨의 옥구 입거와 이후의 거주지 이동」, 『전북사학』 36, 2010a, 전북사학회.

김두헌, 「金範禹와 그의 가계」, 『교회와 역사』 34, 2010b, 한국교회사연구소.

김두헌, 「고등학교 국사 교수-학습에서의 가문기록 사료 학습」, 『역사문화연구』 38, 2011, 한국외국어대학교 역사문화연구소.

김두헌, 「平康 蔡氏의 臨陂 入居와 入居 이후의 거주지 이동」, 『東洋學』 53, 2013a, 단국대학교 동양학연구원.

김두헌, 「과거(科擧) 시험과 군산의 유교 문화」, 『군산의 역사와 문화』, 2013b, 군산대학교박물관.

김두헌, 「조선후기 대일 사행 참여 역관의 가계와 혼인」, 『동북아논총』 41, 2013c, 동북아역사재단.

김두헌, 「군산 지역(조선시대 옥구현, 임피현) 세거 가문의 입거와 입거조」, 『29회 전국향토문화공모전수상집』, 2014a, 한국문화원연협회.

김두헌, 「갑오개혁~국권피탈 시기 기술직 중인 사회의 서자 차별 양상의 완화-이희원의 사례」, 『서울학정례발표회(논문집)』, 2014b, 서울학연구소.

김미영, 「동성마을 정착과정에 나타난 친족이념의 변천 양상」, 『실천민속학연구』 11, 2008, 실천민속학회.

김의한, 「모계 조강의 향촌사회 활동과 청주사족의 동향」, 『조선시대사학보』 32, 2005, 조선시대사학회.

이은정, 「18세기 후반 무안 병산사의 건립과 무안박씨」, 『지방사와 지방문화』 11권 1호, 2008, 역사문화학회.

지두환, 「조선전기 경기 북부지역의 집성촌과 사족의 동향」, 『북악사론』 8, 2001, 북악사학회.

제2부 **문화**

제5장

문학으로 본 군산*

류보선**

정조(正租) 백만석이 부두(埠頭)에 쌓였더니
여름도 나기 전에 다 어디로 가았느뇨
산(山)머리 움막집에선 배고프다 울어라

앞엔 큰 강이요 뒤에는 바다라도
조개를 캐느냐 자사리를 뜯을느냐
한종일 돌이나 쪼겨 벌이한다 하더라

이병기, 「군산항」, 『동아일보』, 1931.9.24.

---

* 이 글은 전혀 새롭게 씌어진 글은 아니다. 그간 필자는 여러 필요에 의해 각각 작가 채만식에 관한 글과 '군산문학과 전북문학', 그리고 고은의『나, 고은』에 관한 글을 따로 발표한 적이 있다. 이 글은 이번에 간행되는 책의 취지에 맞게 그 글들을 한 자리에 모으면서 새로운 내용들을 덧붙인 글이며, 그런 까닭에 앞에 발표했던 글들과 겹치는 부분이 있음을 미리 밝혀둔다.
** 군산대학교 국어국문학과 교수.

I. 전북문학의 힘과 군산문학이라는 '나눌 수 없는 잔여'

최근 세계 전역에서 한국문학에 대한 기대와 관심이 높다. 처음 있는 일은 아니다. 저 멀게는 1892년 홍종우에 의해「춘향전」이 프랑스에 번역되어 그곳 사람들의 주목을 받은 적이 있고, 가깝게는 1970년대 소설가 윤흥길이 일본에서 세계문학의 새로운 가능성으로 각광받은 적이 있다. 하지만 이것은 현재 한국문학이 세계인들에게 받는 관심에 비하면 미미한 정도다. 그만큼 지금 세계전역에 불고 있는 한국문학의 바람은 거세고 폭발적이다. 연일 상한가다. 최근 판소리가 유네스코 지정 세계무형문화재로 공인되었고, 한국 최고의 시인인 고은의 시가 세계 30여 개국에 번역되어 널리 읽히더니 현재는 매년 노벨문학상의 가장 강력한 후보로 꼽히고 있는 중이다. 그러더니 이번에는 신경숙의『엄마를 부탁해』와『어디선가 나를 찾는 벨이 울리고』가 미국과 유럽 전역에 소개되어 그곳 독자들의 눈길을 한 눈에 사로잡고 있다. 반가운 일이고 환호할 일이다.

여기까지는 잘 알려진 사실이다. 그런데 최근 세계문학 속에 일고 있는 이 한국문학의 거센 바람 속에는 하나의 잘 알려지지 않은 사실이 있다. 아마도 전북 사람들이라면 좀 더 자랑스러워함직한 일이다. 바로 현재 한국을 넘어 세계적인 작가로 발돋움한 한국작가들 중 상당수가 전북지역 출신 작가라는 점이다. 판소리가 그러하고, 윤흥길이 그러하며, 고은이 그러하다. 그런가 하면 또 신경숙이 그러하다. 여기에 하나둘 외국어로 번역되며 세계인의 시선을 사로잡고 있는 채만식, 서정인, 박범신, 은희경 등을 더하면, 세계문학 속에 전북문학의 기세는 그야말로 대단하다. 이토록 좁은 지역에서 이렇게 수많은 작가가 한국을 넘어 세계적인 평가를 받은 적이 있었던가. 믿어지지 않을 정도이다.

이처럼 전북문학은 한국문학의 한 부류를 차지하지만 한국문학을 대표하며, 더 나아가 세계문학의 또 다른 목소리로 각광받고 있다. 이는 전북문학에 전북이라는 지역적 특이성이 깊숙하게 꿈틀거리기 때문일 것이다. 말하자면 전북문학은 한국문학 일반의 특질을 나누어 가지면서도 전북만의 지역적 특성을 하나 더 가지고 있기 때문인 것이다. 그리고 바로 그것, 그러니까 전북 지역의 특성이 살아 꿈틀거리는 소재나 모티프들이 전북문학을 우리나라를 대표하는 문학으로 비약시킨 원동력으로 작동한 것이다.

그렇다면 이제 우리의 관심사는 전북문학의 특이성과 고유성이란 무엇일까 하는 대로 옮겨가야 한다. 도대체가 전북문학의 특이성과 고유성은 무엇일까. 그리고 전북문학의 특이성이란 것은 대체 존재할 수나 있는 것일까. 물론 간단하게 답할 수 있는 문제는 아니다. 그렇다고 전혀 답할 수 없는 문제도 아니다. 전북문학이 빛을 발하는 그 장면 혹은 그 순간들을 되짚어 보면 우리는 전북문학의 고유성에 대해 에둘러 말할 수는 있다. 전북문학의 특이성과 고유성이 단연코 빛을 발하는 것은 전근대의 질서가 해체되는 그 순간부터이다. 전근대 질서가 해체되는 시기부터 그리고 근대 질서가 작동한 이후 전북문학은 한편으로는 한국현대문학의 요람으로, 다른 한편으로는 한국 현대문학의 시금석이자 반성적 거울로 작용한다. 먼저 전북문학은 판소리 문학을 통해 민중의 고통을 외면하고 그 고통으로부터 벗어나고자 하는 전민중의 염원을 억압하는 전근대 질서 전반에 아주 강력한 비판자 역할을 수행한다. 그리고 민중을 끊임없이 고통에 빠뜨렸던 전근대적 질서를 서구적 근대의 이식으로 대체하려 하자 그것에 대해 역시 비판적 시선을 견지한다. 일본제국을 중심으로 강제적으로 이식된 식민지 근대화라는 것 역시 민중을 더욱 도탄에 빠뜨린다는 것이 너무도 분명하게 다가왔기 때문이었다. 하지만 근대 이후 한국작가들은 서구적 근대화라는 미망에 현혹되어 일본제국 주도의 서구적 근대화에 강력한 동조자가 되는 한편 서양의 문학을 일방적으로 동경하고 그것을 이식하거나 또는 그것에 동화하고자 하는 경향을 보인다. 아마도 일본제국의 근대화보다도 더 앞서 나간 서구적 근대화를 지향함으로써 일본제국도 견제하고 일본보다 더 앞선 근대사회를 건설하고자 했던 것일 것이다. 그러나 그러한 선의는 결과적으로 일본제국의 근대화 정책에 명분을 제공하는 데 그치고 말았으며 그 결과 근대 이후 한국문학은 민중의 고통과 염원과는 무관한 서구적 근대라는 꿈의 세계 주변만을 배회하는 결과를 낳는다. 이러한 상황에서 그것과는 전혀 다른 길을 걸은 '지방'문학이 있었으니 바로 전북문학이다. 채만식, 이병기, 신석정 등으로 대표되는 전북문학은 전근대 질서를 부정하는 한편 일본제국의 근대화, 그리고 식민지 지식인들의 서구적 근대화 등에도 강력한 비판을 행한다. 그 결과 한국근대문학 일반이 서양문학의 '이식문학사'에 가깝다면, 전북의 문학은 그 '이식문학사'에 거의 유일하게 저항하는 장관을 연출한다. 전북은 문화적 전통을 내면화하면서 동시에 그 전통을 규정적으로 부정하는 의지가 다른 지역에 비해 높은 월등 높은 곳이었고, 이러한 지정학적 특성이 서구적 근대를 일방적으로 모방했던 한국문학의 주류와는 달리 그 근대를 비판적으로 수용하는 전북문학 특유의 성격을 잉태시킨 것이라 할 수 있다.

이처럼 근대 이후 전북문학은 서구문학을 일방적으로 모방하던 한국문학 일반과 달리 근대적이면서 동시에 전통적인 문학, 근대를 지향하면서도 (전통을 현대적으로 계승해) 근대를 넘어서는 문학을 끊임없이 발명해낸다. 우선 전북문학은 일본 제국, 군부독재 등 사회구성원들의 자유를 허용하지 않는 정치체제에 비타협적으로 저항하며, 더 나아가 그들이 일방적으로 이식하고자 하는 타자와의 공존을 거부하는 자본주의 체제에 가장 강력한 반기를 든다. 이병기, 신석정, 정양, 고은, 김용택, 안도현 등의 시가 그러하며, 또한 채만식, 이근영, 최일남, 서정인, 윤흥길, 박범신, 이병천, 양귀자, 최명희, 은희경 등의 소설이 그러하다.

그렇다고 전북문학이 한국인들의 삶을 고통스럽게 만드는 정치체제와 경제 원리에 대해 비판만을 행했는가 하면, 그렇지 않다. 오히려 전북문학의 힘은 인간을 목적이 아닌 수단으로 전락시키는 근대, 그러니까 자본주의 질서를 넘어설 수 있는 탈근대적 가치를 끊임없이 탐색하고 제시했다는 점에 있다. 전북 출신의 작가들은 무슨 운명처럼 내내 전북문학을 통해 계승되어온 '모성의 힘'을 내면화하고 그것을 자본주의적 질서를 넘어설 수 있는 힘으로 제시한다. 전북작가들은 비유하자면 모두 '질마재의 아들 / 딸'들이고 '선제리 아낙네들의 후예'며, 저 멀리는 자신을 사지로 내몬 남성들을 매번 용서하고 감싸 안는 '심청들'의 현대적 계승자이다. 이러한 모성의 언어를 현대적으로 계승했기에 판소리, 채만식의 소설, 서정주의 시, 윤흥길의 소설, 고은의 시와 소설, 신경숙의 소설은 한국의 다른 지역 출신의 작가들과는 물론 세계문학 속의 어떤 작가와도 구별되는 독자의 개성을 지니게 되었다고 할 수 있다. 그렇다면 전북 출신의 작가들이 세계적인 작가의 반열에 오를 수 있었던 데에는 이전부터 고유하면서도 높은 문화적 수준을 유지해왔던 전북문화의 힘이 가장 강력한 힘으로 작동했다고 해도 과언이 아니다. 정말, 그렇다.

그렇다면 이렇듯 중차대한 의미와 위상을 지니는 전북문학 내에서 군산문학이 차지하는 의미는 어느 정도일까. 앞질러 결론을 말하자면, 전북문학 내에서 군산문학이 차지하는 위상은 어떤 면에서 보자면 전위적이다. 전북 지역 내에서 군산 지역은 앞서 있었고 그런 까닭에 앞서 나가야만 했다. 식민지 시기 이후 얼마 동안 군산은 전북 지역의 또 하나의 중심 혹은 최전방 지역에 위치해 있었다고 할 수 있다. 식민지 시대의 군산은 전북 지역 자본주의의 중심으로, 전북 지역 자본주의의 핵심적인 증환을 앞서서 체현한다. 평야지대라는 이유로 전북 지역에 유난히 가혹했던 식민지 시대의 수탈이 군산을 꼭 짓점으로 해서 이루어진 바 있으며, 그런 점에서 군산은 식민지 시대 전북 지역 수난사의 총화이자 상징이며, 그러한 시대적 모순의 핵심적인 증환이 가장 적나라하게 응축된 공간이다. 그런 탓인가. 해방 전에는 식민지 모순이 가장 집중된 형태로 통과하더니 해방 후에는 2차 세계 대전 이후의 냉전체제와 그로 인한 분단체제를 가장 앞장서서 경험했던 지역이기도 하다. 세계 전체가 냉전체제로 양분되고 그 과정에서 강제적으로 분단국가가 된 한국은 해방 전후부터 한국전쟁이 끝나기까지, 아니 오늘날에 이르기까지 좌우익 사이의 격렬한 대립이 있어 온 것이 사실이다. 그런데 이런 좌우익이 대립이 가장 격렬한 형태로 치러진 격전지 중의 하나가 바로 군산이다.

이처럼 군산은 전 지구적 자본주의라는 모더니티가 빚어낸 모든 비극적 사건을 전북의 다른 지역에 맨 앞에서 경험한다. 그런 까닭에 군산은 전북의 다른 어떤 지역보다도 먼저 목가적 풍경을 상실하고 전 지구적 자본주의가 행할 수 있는 모순의 최대치가 현실화되어 나타난다. 그런 까닭에 군산 지역의 수많은 존재들은 속수무책으로 타락한 자본주의의 질서 속으로, 섹슈얼리티의 상품화 물결 속으로 끌려 들어갔을 뿐만 아니라 해방 후에는 참담한 좌우익의 대립 속에서 수많은 민중들이 형벌을 받지 않은 채 살해되었지만 그 죽음이 애도되지도 회생양이 되지도 않았던 호모사케르적 존재로 전락하기도 한다.

군산 지역의 이러한 전위적 성격 때문에 군산의 시민들은 전북의 어느 지역의 민중보다도, 그리고 세계 전역의 어느 지역의 정주민보다도 처절하게 자본주의의 모순은 물론 냉전체제의 광기에 휩쓸리는 삶을 살아야했다. 그런데 다행스럽다 해야 하는지 저주를 받았다고 해야 할지는 모르겠지만, 군산의 역사를 가로지른 이러한 군산 역사의 비극성은 두 사람의 위대한 작가를 통해 높은 예술적 경지에서 계승되고 승화된다. 바로 채만식과 고은의 문학을 통해서다. 채만식과 고은은 전북, 더 나아가 한반도 전체의 어떤 지역보다도 더 첨예하게 육박한 모순 속에서 그 모순 때문에 인간 이하의 삶을 강요당한 민중의 삶을 사실적으로 그려낸다. 그리고 더 나아가 그 실낙원 속에서 꿈틀거리는 어떤 구원의 힘을 읽어내기도 한다. 이는 전북문학 내에서 군산문학만이 지니는 특이성이자 고유성이라 할 만하며, 계속 이어져 가야 할 소중한 문학사적 전통이기도 하다. 그런 점에서 군산의 문학은 전북문학을 한껏 풍요롭게 한 한 구성부분이기도 하지만 동시에 전북문학의 가능성을 최대치로 끌어올린 전위라고 할 만하다.

Ⅱ. 교환의 정치경제학과 증여의 윤리학 : 채만식의 『탁류』 읽기

벤야민의 「역사철학테제」에 따르자면 우리가 추구해야 할 메시아적 표지는 미래에 있는 것이 아니라 과거에 있다. 저기 저 먼 시대에 인류가 도달할 수 있는 인류 역사 최대의 풍경이 있었다는 것. 한데, 이후 공허하고 균질적인 시간을 역사적 발전이라 참칭한 제도들이 생겨나고 인류의 역사를 지배하면서 인류 최대의 풍경은 단절되고 오히려 기억의 저편으로 사라져 버렸다는 것. 이런 관점에 선다면 우리의 진정한 미래는 이 공허하고 균질적인 시간을 폭파시키고 과거에 현현했던 인류의 역사 최고의 풍경으로 도약할 때, 우리는 메시아적 시간을 이어갈 수 있다는 것. 이런 점에서 과거는 우리가 도달해야 할 미래이다. 아니, 우리는 과거 속에서 끊임없이 현재의 상징질서에 의해

은폐된 메시아적 표지를 찾아내고 그곳으로 호랑이처럼 도약해야 한다.

근대 이후 한국문학에도 이미 지나간 미래에 해당하는 작품들이 있다. 이 작품들은 이미 지나간 그 미래 속에서 상징적 질서를 맴돌고 있는 현단계 문학을 끊임없이 자극하고 앞으로 문학이 갈 길을 지시한다. 한국문학이 풍요로운 것은 바로 이러한 작가와 작품들 때문이다. 이렇게 근대 이후 한국문학이 생산해낸 작품에도 어느덧 스스로 우리의 미래가 되어 당시의 문학은 물론 현 단계 문학까지를 풍요롭게 하는 소설들이 있으니, 그중 하나가 『탁류』다.

채만식의 『탁류』는 군산 출신의 작가 채만식이 1934,5년경의 군산을 배경으로 쓴 소설이다. 물론 소설 중반 이후 온양과 서울로 중심이 옮겨가나 『탁류』에서 '군산'이 차지하는 의미는 절대적이다. 아마도 근대 이후 급격하게 변모한 군산항이 없었더라면, 또 이 군산항을 통해 밀려들어온 '지역, 종교, 계급, 민족, 종교, 이데올로기의 모든 경계들을 넘어'서는 근대성의 거대한 소용돌이가 없었더라면, 사물은 물론 인간마저 사고파는 흉악한 교환경제가 없었더라면, 그리고 그 교환경제 속에서 상품 혹은 '인간기념물'로 전락해버린 식민지 민중들의 고통과 절망이 없었더라면 『탁류』는 씌어지기 힘들었을 것이다. 특히나 "조금치라도 관계나 관심을 가진 사람은 시장(市場)이라고 부르고, 속한(俗漢)은 미두장이라고 부르고, 그리고 간판은 '군산미곡취인소(群山米穀取引所)'라고 써 붙인 도박장(ＸＸ賭博場)"이 없었더라면, 그리고 그 맞은편에 짝패처럼 서 있는 '조선은행'이 없었더라면, 씌어졌다 하더라도 지금 『탁류』가 유지하고 있는 열도와 밀도는 불가능했을 것이다. 그러므로 『탁류』는 채만식 홀로 쓴 소설이 아니라 군산의 전역사와 그곳에 살던 민중들의 고통과 염원이 함께 써낸 소설이다.

『탁류』는 저 유명한 금강에 대한 묘사와 서술로부터 시작한다. "금강(錦江)…… 이 강은 지도를 펴놓고 앉아 가만히 들여다보노라면"으로 시작하여 "여기까지가 백마강(白馬江)이라고, 이를테면 금강의 색동이다. 여자로 치면 세태에 찌들지 않은 처녀 적이라고 하겠다. / 그러나 그것도 부여 전후가 한창이지, 강경에 다다르면 장꾼들의 흥정하는 소리와 생선 비린내에 고요하던 수면의 꿈은 깨어진다. 물은 탁하다. / 예서부터가 옳게 금강이다."라는 구절을 거쳐 "이렇게 에두르고 휘돌아 멀리 흘러온 물이, 마침내 황해(黃海)바다에다가 깨어진 꿈이고 무엇이고 탁류째 얼러 좌르르 쏟아져 버리면서 강은 다하고, 강이 다하는 남쪽 언덕으로 대처(大處, 市街地) 하나가 올라앉았다. / 이것이 군산(群山)이라는 항구요, 이야기는 예서부터 실마리가 풀린다."로 끝나는 금강에 대한 서술이 그것이다. 이 금강에 대한 서술은 매우 상징적이다. 상류의 순수함이 훼손된 탁한 도시 군산에서의 '슬퍼도 달코롬한 이야기'는 못'되는 여인네의 이야기가 펼쳐질 것임을 암시하고 있기 때문이다.

『탁류』의 핵심적인 이야기는 금강에 대한 서술이 끝나고 정주사가 소설의 무대에 나타나는 순간, 좀 더 구체적으로 말하자면 정주사가 미두장 앞에서 한 젊은이에게 멱살을 잡힌 채로 등장하는 순간 시작된다. 저 멀리서부터 금강의 물줄기를 따라내려 오다가 한순간에 멱살 잡힌 정주사가 클로즈업되면서 『탁류』의 이야기가 시작된다고나 할까. 하여간 『탁류』의 이야기는 이렇게 정주사가 '나이 배젊은 애송이한테 멱살을 당시랗게 따잡혀 가지고는 죽을 봉욕'을 당하는 장면으로부터 시작되거니와, 이 정주사의 봉욕 장면은 여러 가지 점에서 주목할 만하다. 정주사가 봉욕을 당하는 곳이 바로 미두장 앞이기 때문. 정주사는 미두장 안으로 더 이상 들어가질 못하고, 미두장 앞에서 오후의 쌀 시세를 놓고 내기를 건다. 한데 지고 만 것. 그것까지야 아무 상관이 없는데 내기에서 진 정주사가 그만 돈이 없다고 나가떨어져 버렸고 끝내 나이가 배나 어린 젊은이에게 멱살을 잡혀 버린 것. 『탁류』는 이렇게 미두장 앞에서 시작된다. 이를 우리는 '미두장 앞의 무대화'라고 할 수 있을 터이며, 이는 작가 채만식이 미두장을 그만큼 식민지 자본주의 중핵으로 파악했다는 것을 의미한다. 홍수와 가뭄 등을 대비 쌀의 안정적 수급을 위해 고안된 장치나 쌀의 시세 차익 때문에 일확천금이 가능했던 곳이 바로 미두장이다. 그러므로 미두장은 저 먼 곳(제국)에서의 정책이 곧 민중의 삶을 결정짓는다는 점에서, 모든 것을 돈을 매개로 교환한다는 점에서, 그리고 식민지 민중에게는 일자리의 절대적인 부족 때문에 일확천금의 도박이 오히려 유력한 선택지였다는 점을 보여준다는 점에서 식민지 조선의 가장 핵심적인 사회적 증상이라고 할 수 있다.

『탁류』가 미두장의 메커니즘과 당시 민중의 삶을 역사철학적으로 연관시키고자 했다는 점은 이미 잘 알려진 사실이다. 『탁류』에는 잘 알려지지는 않았지만 당시 민중의 삶과 밀접하게 맥락화시키고자 한 것(곳)이 또 하나 있다. '온통 색주가집 모를 부은 개복동'이라는 곳이다. 『탁류』는 색주가집에서 이루어지는 섹슈얼리티의 상품화 현상을 '환장한 인간들로 더불어 동물로 역행'하는 행위라고 규정한다. 『탁류』는 이 여성의 상품화 현상을 비록 '동물로 역행'하는 처참한 행위이지만 각 개인들로서는 도대체가 어쩔 수가 없는, 그러니까 식민지적 교환경제가 만들어낸 필연적 현상으로 파악한다. 한 사회가 식민지 권력 밑에서 전근대에서 근대사회로 넘어설 경우, 다시 말해 인간 자신이 시장의 상품이 되어야 하는 근대사회가 어느 날 갑자기 나타날 경우, 대부분의 남성들은 자신을 상품화할 전문성도, 겨를도 없게 된다. 그렇게 가부장이 가부장의 역할을 행하지 못할 겨우 그 집안의 경제는 급격하게 몰락한다. 이 몰락한 집안의 생계를 잇기 위해서는 어떤 것이든 무엇이든 누구든지를 상품화해야 하는데, 이때 가장 손쉬운 것이 바로 여성 섹슈얼리티의 상품화이다. 그러므로 식민지 근대 초기에 가장 커다란 사회적 문제로 발생하는 것이 바로 '딸-팔기'이다. 이렇게 '팔려간(?) 딸'들이 모여서 자신을 극단적으로 성적 상품화하는 곳이 '개복동'이었으며, 『탁류』는 이를 식민지 교환경제가 발생시킨 사회적 증상으로 규정한다.

『탁류』는 이렇듯 갑작스런 자본주의화로 인해 더욱 더 왜곡된 방식으로 진행된 식민지 근대의 변화 과정을 미두장에서의 투기 행위와 '개복동'에서의 섹슈얼리티의 상품화라는 두 개의 증상 속에서 포착하거니와, 이를 두 개의 몰락담을 통해 서사화한다.

잘 알려져 있듯『탁류』에는 크게 두 개의 몰락(타락)담이 있다. 우선 하나는 정주사의 몰락(혹은 타락). 정주사는 나름대로 배웠고 노력했건만 몰락해서 미두장 앞을 어슬렁거리고 나 어린 젊은이에게 멱살을 잡히는 존재로 전락한다. 이 정주사의 몰락은 필연적으로 정주사의 타락을 가져온다. 정주사가 멱살을 잡혔을 때 이 봉욕에서 구해주는 존재가 바로 고태수다. 조선은행에 근무하지만 공금을 횡령하며 방탕을 일삼던 태수는 정주사의 큰 딸, 초봉이에게 연정을 품고, 끝내 '돈'을 조건으로 초봉에게 결혼을 제안한다. 정주사는 그 '돈'을 보고 초봉을 태수에게 보낸다. 초봉 또한 '돈'과 '가족'을 번갈아 보며, 은밀히 연정을 품었던 승재를 등지고, 태수에게 팔려(?)간다. 이렇게 교환경제의 시스템 속에 들어서면서 또 하나의 몰락, 그러니까 초봉의 몰락이 시작된다. 향락을 위해 횡령한 돈이 걷잡을 수 없이 불어나 이제 스스로 죽는 것 외에 길이 없던 태수가 무참히 살해당하는 순간 초봉은 괴물 같은 형보에게 겁간을 당한다. 이미 교환경제에 오염되어 더 이상 순수할 수 없다고 판단한 초봉은 이후 철저한 교환주의자가 되어 자신을 상품화한다. 합의하에 제중당 약국을 운영하던 제호에게 자신을 상품으로 팔아넘기고, 끝내는 자신을 겁간한 자본주의가 만들어낸 괴물 형보에게도 돈을 조건으로 영혼과 몸을 판다. 물론 소설의 마지막 부분에서 딸을 위협하는 형보로부터 딸을 지켜내기 위해 형보를 죽이는 것으로 이 질기고 질긴 교환관계를 청산하기는 하나 초봉은 끝내 교환경제의 늪에서 헤어 나오질 못한다.

하지만 『탁류』에는 비극적인 몰락만 있지 않다. 정주사와 초봉이 비극적으로 몰락하는 그곳, 바로 그 '콩나물 고개' 그리고 '금호병원'에서는 '구원의 힘'도 동시에 자란다. 바로 초봉의 여동생 계봉과 남승재, 그리고 그 둘이 서서히 만들어가는 증여적 삶의 형식과 증여적 관계가 그것이다. 특히 남승재는 그 지독한 교환 경제 속에서 말 그대로 대가 없이 순수증여를 행하는 인물로 그려져 있다. 그는 '버젓한 기술'을 가진, 그러나 처음에는 정식 의사가 아닌 의사보인 인물이다. 그러니 가진 것도 버는 것도 그리 넉넉하지 않다. 그럼에도 그는 자기보다 낮은 곳에 있는 인물이면 자신의 능력이 닿는 한에서는 무조건 돕고 본다. 누군가에게 선물을 주는 것, 증여를 하는 것에서 유일한 희열을 느낀다. 물론 그는 무조건 남에게 무언가를 주는 것이 자기 위안을 위한 것일 뿐 당사자를 비주체적인 존재로 만들 수 있다는 것을 수시로 반성한다. 또 자기의 증여 행위가 이 타락한 세상을 근본적으로 개선시킬 것이라 생각하지도 않는다. 그는 자신의 거의 전 재산을 다 팔아서 색주가로 넘겨진 명님을 구해오려 하나 그가 명님을 구해오더라도 그런 증여가 종국적으로 '인류가 환장을 해서 동물로 역행하는 구렁창이'를 없애기는커녕 달랑 명님 한 명마저도 그곳으로부터 구해내기 힘들다는 것도 잘 안다. 하지만 그는 이 순수증여를 멈추지 않는다. 그러므로 승재는 생래적인 증여론자이면서 오로지 의무로서 실천하고 자기존재감을 느끼는 증여의 윤리를 지닌 자이기도 하다. 승재는 초봉이 떠나가자 활달하고 자기중심적이며 자기만의 도덕을 지닌 채 살아가는 계봉이와 사랑을 하게 되거니와, 이 둘이 맺어가는 증여의 관계는『탁류』라는 혼탁한 물결을 거슬러 올라가는 강인한 생명줄이라 할 만하다.

물론『탁류』는 애매하게 끝난다. 다시 말해 교환경제를 넘어설 증여의 모랄을 분명한 결론으로 제시하지 않은 채 끝난다.『탁류』의 마지막 장면에서 승재는 아포리아 상태에 빠진다. 작품 말미에 승재는 계봉과 더불어 서울의 초봉의 집을 찾는데, 바로 그 전에 초봉은 형보를 살해한다. 누구의 딸인지 알 수 없는 송이를 학대하는 형보의 악행을 참다 참다 못해, 다시 말해 계산만 하다가는 딸 송이를 잃을 수 있다는 모성을 되찾는 순간, 초봉은 딸을 위해 결단을 내려 형보를 살해한다. 바로 그때 승재가 나타나고, 그 승재에게 초봉은 무언가를 바라는 간절한 눈빛을 보낸다. 하지만 승재의 답은 애매하다. 이럴 수도 저럴 수도 없기 때문이다.

이처럼『탁류』는 근대 이후 군산 역사, 더 나아가 한국사 전반을 상징하는 핵심적인 장소를 가로지르며 전개된다. 그 과정에서『탁류』는 교환경제라는 늪이 얼마나 집요하게 당대의 식민지 민중을 고통스럽게 했는지를 치밀하게 밝혀낸다. 그리고 동시에 인간을 단순하게 걸어 다니는 교환가치 혹은 상품으로 전락시키는 교환경제의 늪으로부터 인간을 구원할 수 있는 길로 증여의 윤리를 제시한다.『탁류』가 획득한 이러한 문제성 가운데『탁류』가 제시한 증여의 윤리는 단연 현대적이며 현재적 의미로 충만한 그것이라 할 만하다. 만약 사회구성원 모두를 악착같이 구속하는 상징적 질서 너머로 갈 수 있는 길을 제시하는 것이 실재의 윤리라고 한다면, 또 우리가 우리의 현재를 지켜내기 위해서 폐기처분했던 것을 귀환시켜 보다 의미 있는 삶의 좌표를 모색하는 것이 실재의 윤리라면,『탁류』에서 남승재라는 인물을 통해 제시한 증여의 윤리학은 인류를 '동물로 역행시키는 구렁창이'에서 벗어나게 해 보다 인간적인 실존 형식으로 이끌 대단히 독창적이고도 구체적인 '실재의 윤리' 할 수 있다. 그러므로 『탁류』가 도달한 증여의 윤리는 식민지 시대는 물론 우리 문학사 전체에서 단연 빛나는 성취라고 할 수 있다. 『탁류』의 이러한 성취를 우리는 군산문학의 성취라고도 할 수 있을 것이며, 이렇듯 군산문학은 힘이 세다.

Ⅲ. 전쟁의 트라우마와 대속의식 : 고은의 『나, 고은』 읽기

군산의 역사성을 말할 때 많은 사람들이 주목하는 것은 주로 식민지 시대다. 그럴 만하다. 왜냐하면 군산이야말로 식민지 사회의 사회역사적 관계를 집중적으로 체현하는 바로 그곳에 해당하기 때문이다. '군산세관'으로 상징되는 자생적인 근대화의 노력이 '조선은행'으로 표상되는 식민지 근대에 의해서 짓밟힌 곳이 군산이기도 하고, 오로지 일본인의 삶의 편의를 위해 도시 전체가 재구성되고 재기획된 곳(그렇게 반듯반듯하게 경제구역, 행정구역, 주거구역 순으로 도심을 구획하고 그 바깥을 슬럼화된 조선인 거주지역이 둘러싸는 형태로 철저하게 계획된 도시)이 군산이기 때문이다. 이렇듯 근대 이후 군산이 한국 역사에서 차지하는 상징성은 의미심장하거니와, 채만식의 『탁류』는 그러한 군산의 우여곡절의 역사지리지에서 탄생한 위대한 걸작이다.

하지만 군산의 곡절 많은 역사지리지가 지니는 상징성은 식민지 시대에 그치지 않는다. 오히려 더 큰 우여곡절이 식민지 시대 이후, 그러니까 '도둑처럼 찾아온 해방'(함석헌) 이후 펼쳐진다. 식민지 시대의 모순이 너무 강조되는 터에 비록 잊히고 말았지만, 사실 우리 힘으로 찾지 못한 해방이 당대인들에게 가져다 준 재앙은 식민지 시대의 그것을 훨씬 상회한다. 그 재앙으로 인해 해방 이후 꽤 오랫동안 한국 사회는 고은의 말처럼 '죽음과 삶이 똑같이 비극이었던 시대'가 된다. 해방 이후 한국 사회에서 필요했던 것은 '반성'이었다. 무엇에 대한 반성인가 하면, 스스로 해방을 쟁취하지 못한 것에 대한 반성, 그러니까 '도둑'이 오듯 예기치 못하게 해방을 받아 안은 것에 대한 반성, 그것이 요청되었던 셈이다. 그러나 불행하게도 해방 이후의 정국에서는 해방을 스스로 쟁취하지 못한 것에 대해 아무도 반성하지 않는 몰염치한 상황이 벌어진다. 아니, 이 말은 잘못되었다. 한 사람이 있다. 채만식. 채만식은 해방 기간 동안 끊임없이 "제엔장맞일! 이거 해방 잘못됐어, 잘못돼……어서 해방을 곤쳐 해야지, 큰일났어! 호랑이 한 마리를 내쫓군, 사자허구 곰허구 두 놈이 앞마당 뒷마당에 들앉은 형국이니! 제엔장맞일!"(채만식, 『소년은 자란다』) 하며 또 다른 해방, 진정한 해방의 필요성을 제기한 바 있다. 특히 채만식은 세계 냉전체제에 따라 남에는 '미국식 조선'이 북에는 '소련식 조선'(채만식이 『소년은 자란다』에서 사용한 용어)이 세워지고 그에 따라 좌우익의 갈등이 첨예화되는 것에 큰 경계를 표했다. 채만식은 세계 냉전체제를 그대로 수용, 좌우익의 갈등이 더욱 격화되다가는 한반도에 전쟁이 벌어질 가능성도 있으며 그 전쟁은 같은 민족이 서로를 처참하게 죽이는 말 그대로 '동족상잔의 비극'이 될 것임을 경고하기도 한다. 하지만 해방 이후 한국은 채만식 같은 예외적인 존재를 제외하고는 대부분이 해방의 주역을 자처한다. 그나마 제국의 부조리한 권력에 거리를 유지하고 있던 패들은 물론 식민지 시대 권력에 편승해 막대한 부를 축적했던 이들마저도 해방을 주역을 자처한다. 이렇게 과거의 불철저함에 대한 반성은 접어두고 사회구성원 모두가 해방의 주역, 새로운 건국을 주역을 자처하면서 해방 정국은 기이하고 이상한 심리기제가 작동하기 시작한다. 자기 스스로는 반성하지 않고 타인이 반성하지 않는 것은 냉소하고 증오하는 이상 심리가 일반화된다. 이런 과정을 통해 서로 간에 갈등이 싹트고 이러한 갈등은 점점 커져 내전에 버금가는 상대방에 대한 증오들로 격화된다. 그리고 끝내 이것은 카니발의 공간이어야 할 해방 이후의 한국 사회 전체를 서서히 연옥으로 만들어간다. 이 갈등과 증오는 마음속에 그것으로 끝나지 않는다. 한국전쟁이 발발하면서는 물리적인 폭력과 결합하며 이는 해방 이후 한국의 역사를 피의 역사로 물들이고 '죽음과 삶이 똑같이 비극이었던 시대'로 만든다. 군산 역시 이러한 역사의 비극으로부터 비켜가지 못한다. 비켜가지 않았을 뿐만 아니라 오히려 역사적 비극의 소용돌이에 휩쓸린다. 그 결과 해방 이후부터 한국전쟁에 이르기까지 군산에서는 마음속에 일었던 갈등과 증오들이 전쟁이라는 광기와 결합되면서 이웃과 이웃이 서로를 죽이는 처참한 참극이 일어난다. 그리고 해방 이후 군산에서 펼쳐졌던 이 참극이 한 사람의 위대한 시인이자 작가를 만들어내니 그가 바로 고은이다.

고은의 문학은 워낙 방대하고 커서 들어설 입구가 많은 것이 사실이지만, 고은 문학과 그의 고향 군산이 갖는 관계를 명료하게 밝히려면 무엇보다 고은의 자전소설 『나, 고은』을 읽어보는 것이 필요하다. '고은의 시는 세계에 속한다'라는 미국의 세계적인 시인인 게리 슈나이더의 말이 아니더라도 고은의 문학은 이미 세계문학사에 하나의 중요한 계보로 자리하고 있음은 쉽게 확인할 수 있다. 고은의 작품이 30여 개 나라에 번역 소개되어 읽히고 있는 것은 물론 또한 매년 노벨문학상의 주요 후보로 거론되고 있음이 이를 반증한다. 하지만 고은의 문학이 세계적인 문학일 수 있는 것은 그의 문학이 군산이라는 지역적 정서를 전세계적인 보편적인 정서로 승화시켰기 때문에 가능한 것임도 분명 기억해야 한다. 언젠가 스웨덴의 한 언론매체는 고은에게 '군산의 제왕(Kungen av Kunsan)'이라는 별명을 붙여준 적이 있거니와, 이는 고은의 문학 중 전 세계인들을 감동시킨 작품 중 상당수가 군산의 역사지리지를 형상화한 작품들임을 알려주는 표지이기도 하다. 이렇게 고은은 군산의 혼을 계승하고 현대화하여 한국인뿐만 아니라 세계의 모든 독자를 감동시키고 있다. 군산은 고은 문학을 탄생시켰고 고은 문학은 군산의 고유한 역사지리지를 세계사의 중요한 맥락 속에 위치시키고 있다고 해야 할 것이다. 고은 문학과 그의 고향 군산, 그리고 군산과 고은 문학은 이처럼 운명적인 관계를 형성하고 있거니와, 이러한 군산과 고은 문학과의 운명적인 관계가 밀도 있게 형상화된 작품이 바로『나, 고은』이다. 그러므로 고은 문학을 말할 때『나, 고은』을 살펴보는 일은 매우 중요하다. 그것은 곧 우선 고은 문학과 군산과의 운명론적 관계를 되짚어 보는 일이자 고은 문학의 발생론적 기원 혹은 고은 문학이라는 장르의 형성사를 살펴보는 일에 다름 아니다.

『나, 고은』에서 고은이 자신의 문학의 기원으로 지목하고 있는 지점은 해방 이후 군산에서 펼쳐진 기묘한 역사적 풍경들이다. 고은은 우선 해방 이후 갑작스레 표면화되더니 급기야는 인간의 영혼을 잠식해버린 시작한 이념들과 그 이념들의 대립에 주목한다.『나, 고은』에 따르면 해방 이후 군산은 갑작스레 이념의 광풍이 불고 곧 '이념의 시대'가 된다. 일본 제국의 지배하에서 한국인들은 모두가 오로지 해방을 염원했다. 일본 제국의 속박으로부터 벗어나는 것이 워낙 중요하고 절실했기에 어떤 나라로의 해방인가에 대해서는 큰 고민이 없었다. 그런데 막상 일본 제국이 어느 날 연합군과의 싸움에서 지고 물러나자 이 순간 갑작스레 어떤 나라를 만들 것인가가 중요해지기 시작했다. 해방이 되었지만 우리 스스로 힘으로 일본 제국의 속박으로부터 벗어난 것이 아니기에 무엇보다 먼저 이것에 반성이 있어야 했고 그러한 반성의 자세로 어떤 민족＝국가를 만들어야 할 것인가에 대한 진지하고도 차분한 성찰이 필요했을 터이다. 하지만 2차 세계대전 이후 급박한 세계정세는 우리 민족에게 이러한 진지하고도 차분한 반성과 성찰의 시간을 제공하지 않는다. 제2차 세계대전 이후 전 세계는 미국과 소련을 정점으로 하는 냉전체제가 형성되고 이에 따라 전 세계가 이 두 체제로 분할되기에 이른다. 이러한 냉전체제가 가장 직접적이고 노골적으로 작동한 곳이 불행하게도 한반도였다. 한국은 일본 제국의 지배로 인한 민족≠국가의 상태로부터 벗어나서 우리 민족 스스로의 민족＝국가를 만들려는 열망이 넘쳐흘렀으나 세계의 냉전체제는 냉전체제의 논리에 따라 한반도를 분할 이중의 민족≠국가 상태로 왜곡시켜 버린다. 미국과 소련이 한반도를 분할해 신탁통치를 펼침으로써 하나의 민족에 두 개의 국가가 만들어질 조짐이 보이기 시작했고 또한 그렇게 나누어진 국가들이 자기 스스로의 뜻대로 국가를 만드는 것이 아니라 미국과 소련이 강요하는 체제로 국가를 만들 수밖에 없는 상황이 펼쳐진 것이다. 이 결과는 한반도는 세상의 온갖 이념들이 모두 한순간에 터져 나오는 '이념의 시대' 혹은 '이념들 사이의 격렬한 갈등의 시대'를 맞이하게 되는 바, 『나, 고은』은 군산 더 나아가 한반도 전역에 펼쳐진 이념의 광풍 시대를 다음과 같이 표현하고 있어 인상적이다.

　　아무튼 우리 마을에 민주주의란 말이 들어온 것과 함께 공산주의라는 말도 밀어닥쳤던 것이 사실이다.
　　공산주의는 주로 김행규 아저씨나 그의 맏형 김병천 이사장으로부터 들을 수 있었다. 말하자면 그런 정치 이념들을 받아들일 만한 충분한 바탕 없이도 그것을 받아들이지 않으면 안 되는 현실을 떠나서 그 시대를 살 수 없었다.
　　이를테면 나이 여섯 살에 이념이라는 말을 사용하는 독일도 아니고 중학생이 어려운 철학을 배우는 나라도 아닌, 기껏해야 마을의 한두 노인의 입에서 공자의 논어 한 구절이 나오는 정도의 자연부락의 황토 위에서 이념은 어느 날 회오리치기 시작한 것이다. 전혀 그것에 대한 익숙한 과정이 없는 순박한 사람들에서 그 거센 회오리바람을 견디어내는 헌 종이 조각은 없었다. 마구 공중제비로 회오리쳐 올라가버리는 것이다. ……

어른들의 말이 바로 마을 전체의 법도이고 규범이 되었던 그 시대가 가고 이와 함께 정의 시대도 점차 사라져가고 있었다.

거기에 이념의 시대가 온 것이다. 그러나 그 이념이란 많은 사람들에게 가슴 깊이 담겨져서 거의 나올 줄 몰랐던 격정과 결부되어 너와 나의 관계를 오랜 사원(私怨)까지 더해진 적대 관계로 만들어놓기 십상인 이유가 되고 있었다.

그러나 그때부터 우리는 불가불 이념의 사람으로 살 수밖에 없는 것으로 되고 말았다.(『나, 고은』의 일절)

사실 다른 곳에서 건너온 이념은 이곳 현실의 복잡한 사정을 해결할 수 없다. 그러나 다른 곳에서 건너온 이념을 절대선으로 받아들이고 현실을 그 이념에 맞게 바꾸면 된다는 전도된 이념과 현실의 변증법이 작동될 경우 그 이념은 그 이념의 선한 의도와 다르게 어느 한 지역을 무자비한 폭력의 현장으로 변질시킬 수 있다. 아니, 그럴 가능성이 농후하다. 물론 기존의 전쟁을 끝내기 위해서는 그 전쟁들을 끝내기 위한 전쟁이 필요하고, 폭력적인 사회를 바꾸기 위해서는 신적인 폭력을 필요로 한다, 고들 한다. 그럴 것이다. 이런 것을 거쳐야만 또 다른 차원의 사회는 가능할 것이다. 그런데 그 폭력이 한 사회에 내재한 근원적으로 화해 불가능한 갈등을 해결하기 위한 부득이한 것이 아니라 우리 사회를 저곳 마냥 '폼 나는' 사회로 만들기 위한 전쟁과 폭력성이라면 사정은 다르다. 그럴 경우 그 폭력은 사회를 근본적으로 더 나은 사회로 만들기 위한 필요악적인 그것이 아니라 자칫 '오랜 사원(私怨)'이 들어설 여지가 많은 것이다.

하여간 해방 이후 한국은 일본 제국으로부터 놓여나자, 스스로 나라를 되찾지 못한 것에 대한 반성 없이, 심지어 잘 살기 위해 혹은 살아남기 위해 일본 제국에 적극 협력한 그 행위들마저도 반성하지 않고, 각자가 꿈꾸는 나라를 만들기 위해 세상의 온갖 이념들을 끌어들인다. 그리고 대립하고 갈등한다. 하지만 이 무수했던 갈등들은 서서히 좌우익의 대립으로 수렴되어 간다. 앞서도 말했듯 한반도는 2차 세계대전 이후 형성된 냉전체제로 인해 스스로 민족＝국가를 건설할 수 있는 길이 어느 순간 차단되고 말았기 때문이다. 미국과 소련의 극한 대립은 결국 한반도를 분단시킨다. 그리고 이들은 한반도를 '미국식 조선' 혹은 '소련식 조선'을 만들기 위해 혼신의 힘을 다한다. 그 결과 일본 제국 때문에 불가능했던 민족＝국가를 만들고자 했던 한국인들의 염원과 욕망은 점점 더 실현 불가능한 꿈이 되어 간다. 이 때문에 해방 이후 한국은 크게 세 개의 세력권으로 분할된다. 먼저 미국과 소련의 냉전체제에 순응하는 두 세력이 있다. 이들은 제국으로부터 자민족의 생존과 자존을 지키는 대신에 분단이라는 처참한 상황을 감수하고라도 미국과 소련이 요구하는 국가기구를 만들어 정권을 잡고자 하며, 이들은 실제로 남한과 북한의 집권세력이 된다. 반면 미국과 소련의 냉전체제로부터 우리 민족의 자존과 생존을 지키는 한편 진정한 의미의 민족＝국가를 건설하려는 정치세력도 있었다. 하지만 미국과 소련이 형성해가는 냉전체제는 우리 민족이 어쩌지 못할 정도로 강력한 초자아로 군림하며 결국 해방 후 한국의 역사도 하나의 민족에 두 개의 국가기구가 존재하는 민족≠국가의 상황이 된다. 더 더구나 이 냉전체제는 지나치게 호전적이었고 이 냉전체제를 이용해 정권을 잡으려는 정치집단들은 지나치게 체제 순응적이어서 해방 직후 형성된 분단의 상황은 결국 동족상잔의 비극인 한국전쟁으로 이어진다. 하지만, 소중한 생명이 수없이 희생되었음에도 불구하고 또 그 희생이 헛되지 않게 이 전쟁을 민족＝국가 설립의 계기로 삼으려는 노력에도 불구하고 한국전쟁 이후에도 한국은 분단국가로 남게 된다.

해방이 이상한 해방이었듯이 한국전쟁 또한 이상한 전쟁이었다. 유례가 없을 정도로 많은 민간인이 죽었다. 이상하다고 하는 건 어제까지의 이웃이 이웃을 죽이는 이해하기 힘든 상황이 벌어졌기 때문이다. 그런데 고은, 당시만 해도 젊은 영혼이었던 고은이 이웃이 이웃을 죽이는 이 무자비한 폭력의 현장에 임장해 있었다.

학살자들은 젊은 여자는 당연한 것처럼 남겨두었다가 강간 또는 윤간을 한 뒤 처치했기 때문에 각 굴에서 제일 먼저 발굴될 수 있었던 것이다. ……미제부락의 한 임신부는 복부가 찔려서 태아까지 학상당한 셈이었다.

그 분지에는 시체 1백 몇십 구가 발굴되어 홑가마니 아니면 광목이나 백지에 덮여 가족들을 기다리고 있었다. 진작 달려온 가족들은 소나무 관을 구해 와서 입관시켜 관을 지고 가는 경우도 있었다. 나는 시체 발굴 작업에 열중했다. 이런 학살이 비극인지 무엇인지도 알아차릴 겨를없이 시체를 캐냈고 그것을 끌어다가 나무 그늘에 뉘어 놓았다. 이미 시체의 악취는 내 몸에 흠뻑 배었다. 나는 이런 학살 현장에 대한 어떤 생각도 아직 일어나지 않았다. 무감각 상태였다.

그 동안 내가 이만큼 자라난 내 고향에는 언제나 맑은 공기가 있었지만 그것을 소중한 것인줄도 모르고 살아왔다. 그런데 그런 공기의 상큼한 향기 대신 나에게는 죽은 자의 시체가 뿜어내는 그 결줄 바 없는 악취로부터 내 운명도 전혀 다른 것으로 태어나기 시작했다.

나는 여러 마을 사람들과 함께 이틀 동안 학살 현장에 있었다. 학살은 그 분지에서만 저지른 것이 아니었다. 미제부락뿐 아니라 우리 마을의 오랜 폐정(廢井) 역시 사람을 죽여 그 물 없는 우물 속으로 던져놓고 흙을 넣고 다시 생사람을 던져놓고 또 흙을 넣어 덮어서 시루떡을 앉히듯 시체와 흙이 단층을 이루었다.

나는 집에 들어가지 않았다. 기호들과 함께 마을의 빈 집이나 미제부락의 빈 터에 가마솥을 걸고 거기서 해주는 밥을 먹고 함께 학살 현장을 수습하는 어른과 젊은이들과 함께 잤다. 정작 학살당한 사람들의 가족도 어느 정도의 슬픔을 폭발시킨 뒤로는 그저 시뻘건 눈이 되어 어리벙벙했다. 그리고 거기서 가혹하기 짝이 없는 복수의 비극이 씨 뿌려졌다.(『나, 고은』의 일절)

할미산은 우리 동네의 진산(鎭山) 노릇을 하는 야산이다. 여기에 일제 말기 일본 관동군의 마지막 진지가 구축되어 사갱(斜坑)으로 된 방공호, 무기고 그리고 옥정골쪽 기슭으로는 토치카가 만들어졌다. 토치카 밑에는 우리 고씨네 중조, 고조는 물론이고 8대조까지의 선산이 있다. 그 비석들은 장관이었다.

바로 그 일본군 진지 중의 굴에 이르렀다. 치안대 간부들이 〈어서 들어갓!〉 하면 그 캄캄한 어둠의 굴 속으로 순순히 굴러가기도 하지만 어떤 사람은 마지막 하소연을 하는데 그럴 때마다 흑인 병사가 군화발로 차서 밀어넣었다.

굴은 급경사로 되었다. 굴 밑바닥에서 살아 있는 목숨의 마지막 절규와 울음소리가 마치 굴을 하나의 포신으로 해서 포탄이 연사(連射)되는 것처럼 굴 안을 울려나오고 있었다. 삶은 소리였다. 그 소리가 멈췄다.

거기에 대고 두 병사가 마구 총을 갈려대기 시작했던 것이다. 굴 속은 아무도 없는 곳처럼 괴괴했다. M1과 카빈은 그렇게 약 1분 동안 굴 안에 대고 집중 사격을 해댔다.

한동안이 흘렀다. 벌레 소리들이 없어졌다. 이 보복 학살은 유엔군의 이름으로 자행되었지만 그들 두 병사는 하수인일 뿐이다. 어디까지나 그것은 마을 치안대의 일이었다.

굴 속에 흙을 퍼넣었다. 말하자면 인공협력자들의 학살을 그대로 되풀이한 것이다. 그때 굴 속에서 몇 마디 소리가 들렸다. 그 소리들은 이미 누구의 소리인가를 확인할 수 없는 곳에서 들리고 있었다.(『나, 고은』의 일절)

이 상황에서 어리고 여린 영혼이 선택할 길은 많지 않다. 고은은 한국전쟁이라는 잔혹극 끝에 잔여물처럼 남은 '시체'들을 치우고는, 앓고 울부짖고 포효한다. 그리고 도저히 헤어 나올 수 없을 것 같은 방황이 시작된다. 인간 모두, 인간이 만들어낸 모든 것, 또 인간이 만들어낸 모든 질서에 대한 증오로 인해 고은은 사람 사이에서 살지 못한다. 결국 고은은 가출하고 급기야 출가를 감행한다. 전국을 유랑하고 수시로 자살을 꿈꾼다. 인간이라는 동물, 아니 동물보다도 못한 인간이라는 존재에 대한 환멸은 젊은 고은을 끊임없는 죽음 충동으로 내

몬다. 젊은 고은은 사람들 사이에 같이 있을 수 없어 악무한적으로 떠나고 떠도는 곳곳에서 죽을 자리를 찾는다. 그러나 이 출가와 유랑이 고은의 방황을 멈추게 하지는 못한다. 현실의 어떤 문제를 해결하기 위해 현실 바깥을 나갔으나 결국의 현실의 문제로부터도 멀어져가는 역설적인 상황에 놓어버린 것이다. 고은은 또 다시 현실도피라는 죄의식에 시달린다.

이때 이 역설과 죄의식으로부터 고은을 구원해준 것이 문학이다. 문학이라는 제도가 유일하게 자신의 들끓는 감정들을 말할 수 있게 해주고 광기의 이데올로기 때문에 죽어간 존재들을 기억하고 기록하는 것을 가능하게 했으며 또 그들에 대한 죄의식도 표현할 수 있게 해주었던 것이다. 그렇게 『피안감성』, 『피안행』이라는 고은의 초기 작품들이 쓰인다. 이 『피안감성』과 『피안행』의 세계는, 비록 그 절실함 때문에 또 다른 측면에서 빛나는 성좌를 이룬다 해도, 어디까지나 이곳의 고통으로부터 벗어나려는 낭만적 열정이 너무 뜨겁다. 하여 '차안'(이곳)이 아닌 '피안'(저곳)의 풍경을 스치듯 만났을 때 그것을 묘사하는 감성은 그야말로 찬연하게 빛나나 그러나 끝내 '이곳'에서 어쩔 수 없이 살아야 하는 '이들'의 고통은 감싸 안지 못한다.

이때 고은이 만난 것이 숄로호프의 『고요한 돈강』이다. 『나, 고은』은 상징적이게도 고은이 숄로호프의 『고요한 돈강』을 만나는 것으로 끝난다. 그리고 숄로호프의 『고요한 돈강』을 만난 순간을 다음과 같이 표현한다.

세 번째 청구서림에서였다. 거기에 숄로호프의 『고요한 돈강』 일어판 두 권이 꽂혀 있는 게 아닌가. 그것은 신서판형이라서 두껍되 야전군보의 호주머니에 쑥 들어갈 만한 크기였다.
이 금서가 한국에 건너오다니!
누군가가 이 책을 가지고 있으면 당장 반공법 위반으로 10년형은 당연한 시대에 이것이 한국에 건너와 꽂혀 있다니!

내 심장은 바빠졌다. 심장의 박동이 마구 뛰놀기 때문이었다. ……나는 옷도 바꿔 입지 않고 바로 그 책을 읽어나가기 시작했다. 내가 해독할 수 없는 낱말에 부딪치기도 하지만 내가 이 책과 접촉하고 있다는 사실 자체가 중요한 것이었다. ……나는 이 소설 두 권을 어떤 사람에게도 알리지 않고 겉표지를 싼 채 일주일 이상 밤에만 읽어갔다. 그리하여 8일째의 새벽에 드디어 그 파란중첩의 세계는 막을 내렸다. 책을 덮어놓았다. 마치 바깥의 오동나무 잎사귀 따위에 난데없이 퍼붓는 소나기 빗방울 같은 울음이 내 등줄기를 타고 흐느껴 쏟아지는 것이었다.

이 소설이 나에게 준 감동은 일종의 비판과 고통이었다. 나는 무슨 일이라도 저질러야 할 것 같았다. 그렇지 않으면 숨기 꽉 막힐 것 같았다. …… 『고요한 돈강』, 이것이 준 감동은 내 문학 몇 년과 한국문학 반세기를 깡그리 부정하기에 이르렀다. ……그날 밤, 그 동안 쓴 시와 소설 초고 따위와 이미 출판한 첫 시집 『피안감성』과 첫 장편소설 몇 권을 마당으로 가지고 내려갔다. 한밤중이었다. 그 비좁은 마당에 내가 쓴 것들을 쌓아놓고 거기에 성냥불을 그어댔다. 그것은 바로 불덩어리가 되고 있었다. 문학이 아니었다. 그것은 문학이 아니었다. 한줌의 재가 되기에도 무죄일 수 없는 남루 그것이었다. 궁핍 그것이었다. ……그렇다면 지금의 내 절망과 고뇌야말로 지난날 선승의 법열(法悅)과 다른 것이 아니다. 이런 자기위안의 밤길에도 불구하고 나의 『고요한 돈강』 절망은 더 발전하고 있었다. 그 절망은 내 안일을 앗아갔다. 그것은 고마운 일이었다. 아니 또 하나의 시련이었던 것이다.(「나, 고은」의 일절)

이처럼 고은은 『고요한 돈강』과 운명적으로 혹은 외설적으로 조우하면서 그토록 오랜 동안 그를 놓아주지 않던 죽음충동으로부터 벗어난다. 그러나 고은의 운명을 바꾼 것은 『고요한 돈강』이라는 책 한 권이었다고 할 수는 없을 것이다. 어떤 면에서 보자면 『고요한 돈강』은 전 세계 민중, 조금 더 좁혀 말하자면 학살의 기억 때문에 잊고 있었던 군산 혹은 한국의 건강한 민중들의 환유적 기호에 다름 아니다. 사실 문학을 한다고 이곳저곳을 떠돌던 고은은 세상 밑바닥의 수많은 민중들을 만난다. 그리고 이 민중들에게서 인간을 불행하게 만든 현재의 질서를 넘어설 힘을 발견한다. 인간이 만들어낸 질서, 그리고 그 질서를 위해 인간을 수단으로 이용한 부류들로 인해 혹독한 시련을 겪었음에도 불구하고 아직도 인간성을 잃지 않은 그들에게서 고은은 걷잡을 수 없는 외경심을 느낀다. 결국 고은은 이 민중들의 정신적 경지, 그러니까 민중들의 타자를 감싸 안는 상생의 윤리를 계승해야 한다고 결심하나 저 무의식의 깊은 곳에서 웅크린 채 모든 결심을 무의미하게 만드는 학살의 기억으로부터 놓여나지 못한다. 그 학살의 기억이 그 외의 다른 모든 기억을 원초적으로 억압하고 있었기 때문이다. 이때 읽은 것이 바로 『고요한 돈강』이며, 이 『고요한 돈강』은 한국전쟁의 잔혹극에 원초적으로 억눌려 있던 또 다른 기억들을 불러들이는 중요한 원동력이 된다. 드디어 고은은 자신의 유년기와 청년기에 오로지 학살의 파노라마만이 있었던 것이 아님을 상기해낸다. 『고요한 돈강』을 통해 고은은 『고요한 돈강』에서 그려진 건강한 민중들이 바로 자신의 주변에 있었음을, 그리고 그 이웃들은 그 상처에도 불구하고 아직도 꿋꿋하게 고향을 지키며 과거의 상처를 씻고 또 다른 고향을 만들고 있음을 인정하게 된다. 그러므로 고은을 '피안감성'의 세계에서 벗어나게 한 것은 『고요한 돈강』 그 자체가 아니라 『고요한 돈강』의 귀환시킨 그들, 즉 악다구니 같은 그리고 아수라 같은 고향 속에서 꿋꿋하게 인간적인 삶을 지속해가던 '선제리 아낙네들'과 '머슴 대길이'들이다. 즉 고은은 고향 군산에서의 치명적인 경험 때문에 고향의 모든 세계를 버리고 세계를 떠돌며 세계를 구원할 진리를 찾았으나 그 구원의 힘이 바로 고향의 건강한 이웃들에 이미 있었음을 뒤늦게 발견한 것이다. 이렇게 고은은 『고요한 돈강』을 통해 '선제리 아낙네들'과 '머슴 대길이' 안에 깃든 구원의 힘을 떠올리고는 또 다른 고은, 다시 말해 『만인보』의 고은이 된다.

내 고향 앞바다에는
아주 궁금하게
여기저기 섬들이 잠겨 있습니다
그 가운데 자그마하게
노래섬이 잠겨 있습니다

서해 난바다 큰 바람이 닥쳐오면
으레 그 섬 둘레에서는
어김없이
노랫소리가 들렸습니다

먼 예로부터
큰 바람에 죽은 고기잡이 혼령들이
큰 바람 때마다 어김없이 나와
부르는 노래였습니다
며칠이고 밤낮으로 부르는 노래였습니다

그런 노래섬을 바라보며
자라난 나에게도
황홀한 혼령이 늘어붙어
오늘에 이르도록 노래하는 떠돌이가 되었습니다

그동안 간혹 숙연한 세월임에도
어설프게
어설프게만 노래하는 떠돌이가 되었습니다

고은, 「노래섬」 전문

『고요한 돈강』을 만난 이래 고은은 더 이상 고향 군산이 자신에게
안겨준 저주와도 같은 기억을 거부하지 않는다. 그 위기 속에서 더욱
빛나는 구원의 힘을 보았기 때문일 것이다. 그렇게 고은은 고향 군산
이 넘겨준 '황홀한 혼령'을 이어받아 '오늘에 이르도록 노래하는 떠돌
이'로 살고 있으며, 어느새 세계적인 시인이 되었다. 악몽과도 같은

군산의 역사와 그러나 그 악몽을 간단하게 넘어설 수 있는 황홀경에 가까운 이웃들의 지혜가 만들어낸 일대 장관이 고은 문학이라고 한다면, 이는 시인 고은의 역할을 너무 축소하는 것일까. 하여튼 시인 고은은 파란만장하고 우여곡절이 유난히 많았던 군산의 역사 전체가 만들어낸 하나의 기적이다.

Ⅳ. 군산이 낳은 두 작가와 군산의 힘

앞서 우리가 살펴보았던 『나, 고은』에는 이런 구절이 있다.

> 많은 사람들이 돌아온 것이 해방이기도 하지만 그보다 더 많은 사람들이 돌아오지 못한 것이 해방이었다. 그들은 그렇게도 먼 곳으로 가서 죽었거나 영영 돌아올 수 없는 어떤 운명의 극한 가운데 파묻히지 않을 수 없었다. 고향! 그것은 아무런 힘이 없었다. 고향을 떠난 사람들을 다 돌아오게 할 힘이 없었다. 정치의 힘도 도덕의 힘도 그리고 문화의 힘도…… (『나, 고은』의 일절)

그러나 군산은 힘이 없지 않았다. 물론 모든 일상적인 삶의 질서가 중단되는 예외상태에는 그 어떤 역할을 행할 수 없었는지는 모르겠지만 그러나 그럼에도 불구하고 고향의 힘은 사라지는 것이 아니다. 고향은 그곳에 존재함으로써 그곳에 쌓인 한의 기억들과 그것을 넘어설 민중적 지혜를 누군가에게 새겨 넣는다. 그렇게 그 '황홀한 혼령'을 이어받은 이들은 그런 혼령이 없는 이들보다 먼저 세상의 모순에 절망하고 세상의 어떤 이들보다 먼저 그것을 구원할 힘을 찾아 나선다. 비록 그들은 이어받은 '황홀한 혼령' 탓에 무슨 저주처럼 남들보다 먼저 고통 받고 남들이 인정하지 않는 구원의 힘을 말하는 까닭에 또

사회로부터 소외되는 이중 삼중의 고통을 받아야 하나 결국 그런 존재들만이 행할 수 있는 그것, 그러니까 누구보다도 먼저, 그리고 누구보다도 가치 있는 인류를 구원할 메시아적 힘을 발견할 수 있게 된다. 그렇게 군산의 우여곡절은 채만식과 고은이라는 위대한 작가의 위대한 작품을 낳았다. 이것만으로도 고향의 힘, 곧 군산의 힘은 위대하다고 해야 할 것이다.

◆참고문헌◆

고은,『나, 고은』, 민음사, 1993.

채만식,「탁류」,『채만식 전집』2, 창작과 비평사, 1987.

김윤식 편,『채만식』, 문학과 지성사, 1984.

김현 외,『한국현대문학의 이론』, 민음사, 1973.

문학과사상연구회,『채만식 문학의 재인식』, 소명출판사, 1999.

이재선,『현대소설의 서사주제학』, 문학과 지성사, 2007.

임화,『문학의 논리』, 학예사, 1940.

아민. S., 김대환 옮김,『세계적 규모의 자본축적』, 한길사, 1986.

모스, M., 이상률 옮김,『증여론』, 한길사, 2002.

부르디외, P., 최종철 옮김,『자본주의의 아비투스 — 알제리의 경우』, 동문
            선, 1995.

손탁. S., 이재원 옮김,『은유로서의 질병』, 이후, 2002,

싸르트르. J. P., 박정자 역,『상황 Ⅴ — 식민주의와 신식민주의』, 1983.

월러스틴. I.,『근대세계체제』1-3, 까치, 1999.

주판치치, A, 이성민 옮김,『실재의 윤리』, 도서출판 비, 2004.

나카자와 신이치, 김옥희 옮김,『사랑과 경제의 로고스』, 동아시아, 2004.

제6장 이근영의 삶과 문학

최성윤*

Ⅰ. 서론

이근영은 1935년『신가정』10월호에 단편『금송아지』를 발표하면서
등단했다. 1930년대 중·후반을 거쳐 해방 이후에 이르기까지 지속적
으로 작품을 발표하였으며, 월북 이후의 작품들도 적은 분량이나마 확
인할 수 있는 상황이다. 작품집『고향 사람들』(영창서관, 1943)이 있고,
1938년에 연재했던[1] 장편『제삼노예』(아문각, 1949)는 해방 이후에 출
판되었다. 이근영이 해방 이전까지 발표한 13편의 단편과 1편의 장편[2]
을 결코 많은 편수라고는 할 수 없겠으나 그다지 문단의 주목을 받지
못했던 원인을 단순히 그의 과작(寡作) 탓만으로 돌릴 수는 없다.

---

* 상지대학교 국어국문학과 조교수.

1)『동아일보』, 1938.2.15~6.26.

2) 작품집『고향 사람들』에 수록된 11편의 단편(「堂山祭」, 「理髮師」, 「崔고집 先生」,
「故鄕 사람들」, 「밤이 새거든」, 「금송아지」, 「菓子箱子」, 「適任者」, 「일요일」, 「孤
獨의 辮」, 「少年」)과 「農牛」(『신동아』, 1936.6), 「말하는 벙어리」(『조선문학 속간』,
1936.11) 그리고 장편『第三奴隷』가 그것들이다.

이근영은 해방 이전까지 중앙 문단의 흐름에 비교적 관심을 두지 않고 작품만으로 문단과 소통했다. 『동아일보』 등 신문, 잡지기자 생활을 하였고 교편을 잡은 일도 있었다고 알려졌으나, 자신의 문학에 대한 소신 한 번 제대로 피력한 것이 없고 논쟁이나 운동에 가담한 흔적도 찾아 볼 수 없어서 이근영의 해방 이전 소설들에 대해서는 작품 이외의 직접적인 자료가 많지 않다. 그런데 이러한 독자적인 창작 활동이 오히려 이근영의 소설 경향을 다양하게 만드는 데 기여했다고 생각할 수도 있다. 결과적으로 우리의 문학사가 사조나 동인 중심의 판도에 주목했던 것이 이근영을 포함한 많은 작가들을 단지 변두리에 위치시켰다고 해석할 수 있겠으나, 그 역으로 이러한 문단의 풍토가 이근영과 같은 작가들의 창작 과정에 일정한 영향을 끼쳤다고도 볼 수 있는 것이다. 즉 주제나 기법의 측면에서 어느 한 가지 틀에 얽매이지 않고 스스로의 자유로운 탐색 과정을 거칠 수 있었으리라는 추측이 가능하다.

이근영은 다수의 농촌을 배경으로 한 작품 외에 지식인과 신여성을 풍자한 작품, 도시 빈민의 생활상을 묘사한 작품, 당대를 살아가는 도시 소시민의 자기 각성의 과정을 그린 작품 등 다양한 경향의 소설을 창작 및 발표하였다. 이러한 이근영의 해방 이전 소설은 해방 이후의 그것과 뚜렷한 차이점을 보인다. 해방기의 그가 표 나게 이데올로기를 선택하고 문단에 적극적으로 가담하게 된 사정 등을 고려해야 한다.

이근영이 문학사에서 소외되었던 또 하나의 이유는 그가 월북 작가라는 데 있었다. 1988년의 해금 조치[3] 이후 이근영 소설의 일부가

---

[3] 북한문학을 연구의 차원에서 논의할 수 있다는 당국의 유권해석이 내려진 것은 1987년 10월이었으며 월북 작가의 작품 출판이 선별적으로 가능해진 것은 1988년 7월이었다. (……) 남한의 연구진들이 북한 작품을 부분적으로나마 접하게 된 것은 일부 상업 출판사에 의해 출판된 북한 원전들과 통일원 도서관(1988년 개방)을 통해서였다.(김윤식, 『북한문학사론』, 새미, 1996, 81쪽)

각 출판사의 해금문학 전집에 수록되었고[4] 이근영의 문학 전반에 대한 논문도 발표되었다. 해방 이후 문인들의 납·월북 문제는 그러므로 이근영의 소설을 고찰하는 데 꼭 염두에 두어야 할 두 번째 사항이다. 이근영의 월북은 이데올로기의 선택과 직접적인 연관이 있었으며 개인 소설사적 측면에서도 그가 선택한 이데올로기는 소설 경향의 변모에 크게 영향을 끼친 요인으로 작용하고 있다.

월북 이후 이근영의 작품들을 분석의 대상으로 삼을 때 북한의 문학사가 들에 의해 선별된 작품들만을 주로 접할 수 있다는 사실은 이근영 문학의 전반을 살피려는 입장에 있는 연구자에게 세심한 주의를 요구한다. 그 작품들이 이근영 후기소설이라는 이름으로 항목화될 수 있겠는가 하는 점이 문제되지 않을 수 없다. 초기소설과의 변별점을 따져 보고 그 의미를 묻는 일이 자칫하면 공허해질 위험이 있기 때문이다. 북한 문학사의 평가를 그대로 수용하지는 않는다 할지라도 그들의 사관에서 완전히 자유로울 수는 없는 상황이다.

이근영은 1940년대에 이미 농촌소설을 쓴 작가로 인정되어 있었다. 백철은『新文學思潮史』에서 이근영의 작품을 농촌물과 소시민물로 나누고 작가의 역량이 전자에서 확증되었다고 주장했다. 작가가 역량을 기울인 작품으로「농우」(『신동아』, 1936.6),「당산제」(『비판』, 1939.2~3),「고향사람들」(『문장』, 1941.2) 등을 들었으며, 이 작품들이 "경향적인 데까지 나가지는 않았으나 그 대신 농민의 실생활을 이해하고 농민의 감정을 진실하게 파악해서 견실한 작풍을 보였다"고 했다.[5]

그러나 이근영이 월북한 이후에는 이근영의 소설에 대한 논의도 중지되었고, 해금 이후에도 짤막한 단평이나 작품론적 성격의 글에서

---

4) 이선희·현경준·이근영,『韓國解禁文學全集 10』, 삼성출판사, 1988; 이근영·지하련,『월북작가대표문학 6』, 서음출판사, 1989.

5) 백철,『신문학사조사』, 신구문화사, 1980, 506쪽.

몇 차례 언급되었을 뿐이다. 이 같은 논문들은 이근영의 해방 이전 작품을 이야기하는 경우 대부분 농촌을 배경으로 한 작품들을 위주로 논평하고 있고, 해방기 소설들을 분석하는 경우에는 「고구마」(『신문학』, 1946.6)와 「탁류 속을 가는 박교수」(『신천지』, 1948.6) 두 작품에 시선을 집중시키고 있어서 이근영 문학의 전모를 조망하는 데는 불충분할 수밖에 없다.

작가론적 입장에서 이근영의 소설에 접근한 논문으로는 전흥남과 이연주, 임정지[6]를 참고할 수 있다. 특히 이연주의 논문은 30년대 소설들로부터 월북 이후의 작품들까지 두루 다루고 있어 주목된다.

이근영의 생애와 그의 소설에 대한 전반적인 고찰을 가장 먼저 행한 이는 전흥남이다. 전흥남은 이근영의 생애 자료를 수집하고 해방 이전과 해방 직후에 발표된 단편들을 분석하였는데, 이근영이 "농촌의 황폐화와 소작농의 피해를 집중적으로 다루고 있었으며 또한 농민소설에서 작가 특유의 장기와 리얼리티를 획득"했다고 보았다. 또한 해방 이후 작품인 「탁류 속을 가는 박교수」에 초점을 맞추고 이근영의 현실인식이 "피상적으로 드러나는 외적 상황만을 단순히 인지하는 데 그치지 않고 이를 근거로 보다 나은 미래적 전망을 통해 화해의 가능성도 제시"하고 있다고 진술하여 해방 이후 그의 문학적 특성을 새롭게 조명할 필요가 있다는 문제 제기에까지 이르고 있다.[7]

이연주의 논문은 이근영의 소설을 해방 이전, 해방기, 월북 이후의 세 시기로 나누어 분석하고 작가의 일관된 지향을 찾으려 시도한 것

---

6) 전흥남, 「이근영의 문학적 변모와 삶」, 『문학과 논리』 제2호, 1992; 이연주, 「이근영 소설 연구」, 연세대 석사학위논문, 1994; 임정지, 「이근영 소설 연구」, 숙대 석사학위논문, 1994.

7) 전흥남, 위 논문, 위 책, 279쪽; 전흥남은 그의 다른 논문 「해방기 소설의 정신사적 연구」(전북대 박사학위논문, 1995)에서 이근영의 해방기 작품들을 비중 있게 다루고 있다.

이다. 이근영의 해방 이전의 작품에 대해 다양한 인물들의 형상화와 소박한 농민들의 긍정성을 지속시키려는 노력 등을 평가하였으나, 개별적 문제 해결, 내면에의 침잠과 순응 등의 태도를 한계로 지적하였다. 반면 해방기 소설에 대하여서는 인물의 전형 창조, 의식의 성장 등에 주목하였으나, 다양한 일상의 모습이 약화된 점과 주제의 도식성은 한계로 남는다고 보았다. 월북 이후의 작품으로는 「첫수확」을 논의의 중심으로 삼았는데, 이 시기의 작품들이 해방기 소설에서 갖는 한계를 그대로 지니고 있으나, 미래에 대한 낙관적 전망을 제시했다고 해석하였다.[8]

'소박한 농민과 양심적 민중에 대한 믿음'은 2000년대 이전 선행 연구자들이 반복하여 지적하고 있는 이근영 소설의 지속적 특징이다. 소설의 주인공이 당면한 현실적 과제를 어떻게 바라보고 대처하는가를 시기적으로 살피는 일은 이근영 소설의 변모 과정을 밝히는 한 방법이다.

결국 논자들은 해방 이전의 이근영의 작품들을 풍부한 일상의 묘사라는 측면에서, 해방 이후의 작품들은 전형의 창조와 전망의 제시라는 측면에서 각각을 긍정적으로 평가하고 있다. 반면 해방 이전 작품들의 풍부한 일상 묘사가 해방 이후에는 사라졌거나 축소되었고, 해방기에 이르러서야 작품에 나타나는 낙관적 전망은 해방 이전의 작품에서 찾아볼 수 없었다는 점으로 각 시기 이근영 소설의 한계를 지적하고 있는 것이다.

최근 탄생 100주년을 전후하여 이근영에 대한 관심이 다소나마 증가하고 몇몇 학위논문[9]과 작품선집[10]이 간행된 바 있으나, 그의 생애

---

8) 이연주, 앞의 논문.
9) 이은진, 「이근영 연구―월북 후를 중심으로」, 전북대 석사학위논문, 2007; 정상이, 「이근영 소설 연구」, 경상대 석사학위논문, 2007.

와 소설에 대한 새로운 관점이 제기되거나 학계의 토론이 활성화되는
데까지는 진전되지 못한 아쉬움이 있다.[11]

Ⅱ. 이근영의 생애와 작품

1. 해방 이전의 이근영과 작품

이근영은 1909년 전북 옥구군 임피면 읍내리(현재는 군산시에 편
입)에서 농업에 종사하던 이집찬(李集瓚) 씨의 2남 2녀 중 막내로 태
어났다. 부친이 일찍 작고한 후 어려운 가정형편 속에서 자란 이근영
은 소학교를 함라에서 마치고 어머니 고성녀(高性女) 씨를 따라 서울
로 이사한다. 교육열이 남달랐던 어머니는 이근영의 성장기에 있어
가장 유력한 후원자였다. 또한 고향인 전북 옥구의 농촌 마을의 풍경
은 이후 이근영이 창작한 농촌소설의 모태가 되었다.

이근영의 어머니 고성녀 씨의 막내아들에 대한 무조건적인 사랑은
장남 이홍조 씨가 큰댁으로 입적된 사실과도 무관하지 않다. 후사가
없던 큰댁에 큰아들을 보낸 후 고성녀 씨는 어릴 때부터 총명하던 막
내 근영을 출세시키기 위해 갖은 고생을 마다치 않았다. 별다른 생계
수단이 없었지만 교육을 위해선 서울로 가야 했다. 친척집을 찾아간

---

10) 유임하 편, 『이근영 중단편 선집』, 현대문학, 2009; 김문주 편, 『초판본 이근영 작품
집』, 지만지, 2014.

11) 유임하의 「고뇌하는 양심과 농촌 공동체의 윤리 — 이근영 소설의 현재성」(『돈암어
문학』 22호, 2009)는 이근영의 생애와 전반적 작품 경향을 다시 한 번 정리한 최근
의 논문이다. 기존 연구사의 부분적 오류를 수정하며, "1930년대 농민문학의 계보
를 이으면서도 시대 현실에 대한 안목, 대의와 양심에 고뇌하는 지식인의 내면을
다루었다는 점에서"(위 논문, 162쪽) 새롭게 조명될 자격이 있다고 평가했다.

고성녀 씨는 침모와 다름없는 생활을 하며 자식을 뒷바라지했고, 이근영 또한 그 집의 가정교사 노릇을 하며 살았던 것으로 전해진다.

서울 중동중학을 거쳐 1931년 보성전문 법학부에 입학한 이근영은 1934년 보성전문을 졸업했고, 그해 동아일보에 입사하여 사회부 기자로 근무한다. 또 보성전문 재학 시 기독교 집안에서 자라 숙명여전을 다니던 2세 연하의 부인 김창렬(金昌烈) 씨를 만난다.

보전의 이근영과 숙명여전의 김창렬은 만남과 연애, 결혼에 이르기까지 숱한 일화를 남길 만큼 당시로서는 파격적인 사랑을 했던 것으로 전해진다. 이근영의 결혼은 조혼 문제의 직접적 당사자요 피해자였던 당시의 다수 지식인들과 달리 원만한 가정생활로 이어졌다.

이근영은 열렬한 연애 끝에 결혼한 김창렬과의 사이에서 7남매를 낳았다. 김창렬은 교사로 재직하면서 남편으로 하여금 경제적인 어려움 없이 자신의 일을 할 수 있도록 든든한 후원자가 되어 주었다. 또한 월북할 때까지 남편의 뜻을 거스르는 일 없이 행동을 같이했다.

그러나 아무리 활발한 성격의 이근영이었다 할지라도 어려운 경제적 여건을 피해갈 수는 없었다. 친지에게서 받은 경제적 원조를 집안의 허드렛일과 가정교사일로 갚아야 했던 이근영은 동년배들보다 일찍 생활 혹은 생존의 문제에 대해 고민하기 시작한 것이다. 이때 체득한 이근영의 자율적인 규칙은 전통적 가치관에 기반을 둔 것이었다.

이근영은 법학부를 우수한 성적으로 졸업하였지만 법조계 대신 언론계의 일을 택했다.[12] 보성전문에서 동아일보까지 엘리트 코스를 밟아가던 이근영의 주위에는 보전의 교장 인촌 김성수와 동아일보 사장 고하 송진우가 있어서 직·간접적인 도움을 주었던 것으로 전한다.

---

12) 이규일 씨는 이근영의 기자직 선택이 문학에 대한 열정 때문이었다고 회고한다.

보성전문을 졸업하고 동아일보사에 취직하면서 김창열과 결혼한 이근영은 1935년 『동아일보』의 자매지 『신가정』에 단편소설을 발표하면서 작가로 입문한다. 1930년대 중반기의 이 짧은 기간이 이근영에게는 직업사회에 첫발을 내딛으면서 한 가정의 가장이 되고 세상의 사람들과 글로 소통할 수 있는 이름까지를 얻은, 의욕적인 출발점이었다.

1935년에 발표한 단편 「금송아지」는 이근영의 문단 데뷔작이다. 지식층 신여성인 '장미부인' 선희의 허영에 가득 찬 삶의 단면을 풍자했다. 이는 이근영 문학의 시작이라는 점에서 중요한데, 이근영은 이후 외부 상황의 변화에 따라 자신의 입장이 바뀔 때마다 비판과 풍자의 시선으로 자신의 입지를 점검하는 작품을 썼다. 즉 부정의 정신이 이근영의 작가 생활의 출발점이 되었던 것이다.

등단 이듬해인 1936년 이근영은 「과자상자」(『신가정』, 3월), 「농우」, 「말하는 벙어리」(『조선문학 속간』, 11월)를 차례로 발표한다. 「과자상자」와 「말하는 벙어리」도 「금송아지」와 마찬가지로 이근영의 세태비판적 성격을 보여주는 작품이다. 「농우」는 이근영 최초의 농촌소설로 지주와 소작인의 대립관계를 축으로 하여 농민의 집단적 저항 가능성을 암시한 작품이다.

1938년에 발표한 이근영의 장편 『제삼노예』(『동아일보』, 2.15~6.26)는 금전만능주의에 물든 당대 사회의 인간 군상을 비판하는 작품이다. 이근영의 작가 생활 초기에 발표된 작품들과 신문 기사들을 망라하여 살펴보면 이근영의 대사회적 관심을 어렵잖게 확인할 수 있다.

1939년과 1940년은 이근영이 다수의 소설과 수필을 신문 잡지에 발표한 해이다. 그러나 1930년대 말의 파시즘적 분위기는 이근영의 작품에서 경향성을 위축시키거나 제한하는 역할을 했다. 게다가 이근영은 1940년 늑막염에 걸려 입원을 하게 되고,[13] 그해 8월에는 『동아일보』가 폐간되는 상황까지 맞는다.

이근영은 동아일보사에서 1934년부터 1940년까지 6년 남짓한 기간 동안 근무하였다. 그동안 휴직이나 복직 등의 이력이 한 번도 없는 것으로 보아 이근영의 기자 생활은 원만하고 순조로웠다고 볼 수 있다. 물론 당시의 기성 문인들에게 신문사 기자라는 경력은 흔한 것이었다. 이근영의 고향 선배인 채만식도 기자직을 생업으로 선택한 작가의 예이다. 그러나 채만식이 기자라는 직업을 청산한 후에야 철저한 문학인으로 무장할 것을 선언한 것[14]과는 달리 이근영은 문학에의 열정 때문에 기자직을 선택했고 이를 적극적으로 이용하려 했다.

「적임자」처럼 기자 신분의 인물을 1인칭 관찰자로 활용한 예를 먼저 들 수 있겠으나 기자라는 직업의 이점은 그뿐이 아니었다. 이근영은 각지의 상황을 취재하기 위해 여행을 자주 다녔고, 여행에서 얻은 자료는 작품 속에 직접적인 소재로 채택되기도 했던 것이다. 전국 각지의 일용노동자나 농민들을 가까운 자리에서 대면할 수 있었다는 것, 그때의 관찰이 이근영의 인물에 대한 기본적인 관점을 구성하는 중요한 요소가 되었다는 것을 간과할 수 없다. 이근영의 하층민에 대한 동정적 관찰은 소설 속에서 자본주의 사회의 모순에 대한 비판으로 구체화된다. 다음은 이근영이『동아일보』에 게재한 기사문의 일부이다.

그래도 少時節에는 강을 보기만 하면 海水浴도 하고 싶고 새장터의 酒幕店 春仙이를 태운 다음 一葉舟를 띄워 六字백이도 부르고 싶었건만 인제는 뱃속에서 '개고리 소리'가 나게 되니 江물이라도 들이키고 싶고 생각나니 생선 잡기와 품팔이다. 朴첨지는 어제는 일거리가 없어서 細砂를 핥으며 찰삭

---

13) 이 사실은 이근영이『동아일보』에 게재한 「病床記」를 통해 확인할 수 있다. 1940년 5월 19일에서 23일까지 3회분, 6월 9일부터 14일까지 4회분이 실려 있다.
14) 송하춘,『채만식─역사적 성찰과 자기 풍자』, 건국대 출판부, 1994, 21쪽. 참조.

찰삭 속삭이는 江물, 그리고 안개 속의 草堂 같이 아른아른한 건너편의 山을 바라보며 이런 넋두리만 속으로 생기었다.15)

나는 農村과 人力車의 因緣을 어떻게 볼 것인가 불현듯 생각하고 싶었다. 人力車가 農村에 어울릴까. 小說의 한 場面으로 描寫하랴면 어떻게 할 것인가. 自問이 꼬리를 물고 일어나군 한다. (…생략 – 인용자…) 그러나 農村에 어울리는 것이 汽車일까, 自動車일까. – 한 번 생각해 볼 問題가 아닌가 한다. 내가 出生한 故鄕이나 성장한 第二故鄕이 모두 舊邑이면서 鐵道가 안 닿는 곳이라 이런 觀念이 생겼는지는 모르지만 農村이라 하면 鐵道와 좀 距離를 두고 싶다. (…생략 – 인용자…) 洞里를 構成하고 있는 農村이란 것을 생각하면 鐵道와 汽車는 너무도 露骨的인 文明인 것 같고 文明의 한 威脅인 것도 같다.16)

인용문의 내용으로 알 수 있지만 이근영이 출생한 임피면이나 자란 함라면은 전형적인 농촌 마을이었다. 이근영이 자신의 고향이었던 농촌과 농촌문제에 관심을 가졌던 것은 자연스러운 현상일 수 있겠으나, 중학교 시절부터 장성하기까지 서울에서 자란 탓에 농촌 사정에 그리 밝았다고만은 볼 수 없다.17) 이근영의 농촌 현실에 대한 인식이 구체화되는 데는 여행도 많이 다닐 수 있고 농촌에 남아 있는 사람들을 자주 접할 수도 있는 그의 직업이 큰 원동력으로 작용한 것이다.

이와 같은 관찰의 결실이 「당산제」, 「이발사」(『문장 임시 증간호』, 1939.7), 「최고집 선생」(『인문평론』, 1940.6), 「고향 사람들」 등의 작품이다. 특히 「당산제」, 「최고집 선생」, 「고향 사람들」 등의 농촌소설은 농촌 생활의 지난함과 그에 따른 구성원들의 이산 과정을 구체적으로

15) 이근영, 「렌스에 비친 가을의 표정」, 『동아일보』, 1937.10.20.
16) 이근영, 「나의 잡기첩 2회」, 『동아일보』, 1940.3.4.
17) 실제로 이근영은 「그 여자와 모시」(『동아일보』, 1938.8.4)라는 글에서 '모시'의 이름을 몰라 한 촌부(村婦)에게 핀잔을 들은 사실을 기록했는데, 이 글에 시골을 십여 년 전에 떠났기 때문에 잊었노라 변명한 사실이 포함되어 있다.

반영하고 있는 소설들이다.

1939, 40년에 이근영이 창작·발표한 소설은 그 외에도 「적임자」, 「탐구의 일일」(『동아일보』, 1940.4.9~5.7), 「고독의 변」(『문장』, 1940.10)이 있으며 모두 도시를 배경으로 하는 것인데, 「고독의 변」은 작가가 늑막염으로 고생할 당시 병원생활에서 힌트를 얻어 창작한 소설로 보인다. 『동아일보』에 연재된 소설 「탐구의 일일」은 이근영의 작가의식을 살펴볼 수 있는 자료이다. 주인공인 지식인이 자신의 무가치한 생활을 반성하고 새로운 길을 모색하기 위해 퇴직을 결심한다는 내용이다.

1941년에서 해방 이전까지 이근영은 『동아일보』가 폐간된 후 『춘추』 편집 동인으로 활동했으며[18] 서울에서 교편을 잡은 적도 있었다고 한다. 「고향 사람들」 이후 해방까지의 이근영 소설로는 「밤이 새거든」(『춘추』, 1941.9), 「소년」, 「흙의 풍속(3회 미완)」(『춘추』, 1943.5~9)이 발표되었으며 1943년 작품집 『고향 사람들』(영창서관)이 출판되었다. 이 시기 이근영의 소설은 비판적인 성격이 현저히 약화된 모습으로 나타나기도 하고, 소년 세대에 대한 기대감을 표시하는 내용을 드러내기도 한다. 일제 말기의 암흑기적 상황에서 이근영은 '소년'에게 '정열'이라는 무기를 부여함으로써 절망에 머무르지 않을 수 있었다.[19]

이근영의 해방 이전 소설은 도시와 농촌의 빈민의 생활상을 제시하고 그들을 빈곤을 조장하는 부정적 현실을 간접적으로 비판한 작품들과 부정적 현실 속에서 사회적 모순을 간파한 인물들이 그것에 대

---

18) 『춘추』는 동아일보사에서 폐간 직전까지 재직하던 梁在廈가 1941년 2월 발간하여 1944년 10월 통권 39호로 마감한 잡지.

19) 이규원 씨와 이규일 씨의 진술에 의하면 이근영은 해방 후 소년 잡지 『새벗』의 발간에 가담하여 계속 관여했다고 한다. 이로 볼 때 이근영의 새로운 세대에의 관심과 애정이 변함없이 드러난다고 볼 수 있다. 또한 이근영은 해방 직후 좌익의 편에 서서 자신의 위치를 확고히 세상에 밝혔던 셈이지만 인간관계에 있어 좌·우익의 구분을 두지는 않았다고 한다.

응해 나가는 과정을 보여 주는 작품들로 이루어져 있다.

전자의 작품 군 중 높은 비중을 차지하고 있는 농촌소설의 경우에서 이근영 소설의 특징이라고 할 수 있는 간접적 현실 비판의 작법을 잘 읽어낼 수 있다. 의식은 각성되지 않았으나 긍정적 사고방식과 행동양식을 가진 주인공이 지속적으로 생존을 위협받는 모습을 과장되지 않은 어조로 그려내는 방법이다. 이처럼 전망을 과장하지 않음으로써 이근영의 해방 이전 소설들은 나름대로의 사실성을 확보하고 있다.

이근영의 소설에서 보이는 주인공들은 전통적 가치관에 기반을 둔 자율적 생활 규칙 속에서 살아간다. 이근영이 제시하는 긍정적 인물은 양심과 지조, 의리를 갖춘 사람들로서 물질적 부나 명예에 눈이 어두운 부정적 인물과 대립한다. 「최고집 선생」의 주인공이 보여 주듯 주인공의 결백한 삶은 깨끗한 예술과 관련되기도 하며 이 같은 사실은 이근영 자신의 예술관을 피력한 것이라고도 볼 수 있다. 이에서 나아가 이근영은 「탐구의 일일」, 「소년」 등에서 정열을 가진 인간상을 등장시켜 부패한 사회상에 대립시키고 있다.

2. 해방기의 이근영과 작품

1945년 8월 15일 갑작스레 찾아온 해방은 이근영에게 사회 참여에의 욕심을 드러낼 수 있는 좋은 기회였다. 부인이 교편을 잡고 있던 함라에 머무르다가 서울로 올라간 이근영은 바로 조선프롤레타리아문학동맹에 동맹원으로 가담하고,[20] 해방 후 동분서주하는 친일파를 풍자한 소설 「추억」(『예술』, 1945.12)을 발표한다. 『해방일보』의 창간

---

[20] 조선프롤레타리아문학동맹은 1945년 9월 17일 서울에서 이기영을 위원장으로 하여 조직되었다.(송기한·김외곤 편, 『해방공간의 비평문학 3』, 태학사, 1991 참조)

에 가담하고[21], 조선통신, 서울신문 등에도 잠시 근무한 것으로 알려져 있으나 가족들의 생계는 대부분 교사직에 있던 부인이 담당했다.[22] 1946년 조선문학가동맹에 가담하여 농민문학위원회의 사무장을 맡았다.[23]

이근영은 분명 학생시절부터 좌익 성향을 띤 글들을 발표하는 등 진보적 입장에 서 있던 인물이다. 그러나 당시의 젊은 지식인으로서 마르크시즘 혹은 유물론적 세계관의 영향을 받았다는 것은 지극히 빈번한 사례라 할 것이다. 또한 이근영이 스승으로 모셨던, 이근영을 제자로 아꼈던 인촌, 고하와의 인연을 고려한다면[24] 이근영이 해방 이후 보여준 행동은 대단히 적극적이다.

1945년 작 「추억」 이후 이근영은 1946년에서 1948년까지 「장날」(『인민평론』, 1946.3), 「고구마」, 「안노인」(『신세대』, 1948.5), 「탁류 속을 가는 박 교수」 등의 소설을 발표했다. 1949년에는 장편 『제삼노예』를 아문각에서 간행하였다.

해방기에 이근영이 발표한 소설 또한 그의 정치적 성향과 입지를 밝히는 데 중요한 자료이다. 1945년 9월 해방 후 1개월이 채 되지 않

---

21) 이규원 씨의 증언에 의함. 『해방일보』는 1945년 9월 19일 조선공산당 중앙위원회에 의해 서울 장곡천정에서 창간된 신문이다. 이 신문은 박헌영 일파의 정치적 입장을 충실히 대변하였으며, 1946년 5월 18일 미군정에 의해 발행정지 처분을 받았다. (김민환, 『한국언론사』, 사회비평사, 1996 참조)
22) 부인의 경제 능력은 이근영의 해방기 사회 활동에 유력한 버팀목이 된 것으로 보인다. (친척들과의 인터뷰에 의함)
23) 조선문학가동맹은 1946년 2월 8-9일 홍명희를 위원장으로 하여 조직되었으며 농민문학위원회는 아동문학, 고전문학, 외국문학과 함께 특수위원회에 포함된다.(송기한·김외곤 편, 위 책 참조)
24) 이규원 씨와 여타 이근영 친척들의 공통된 증언에 의하면 인촌 김성수는 이근영의 재주를 매우 아꼈던 것으로 전해진다. 이에 관련된 일화를 예로 들면, 자신의 생일날 인촌은 정종 한 병을 사들고 올 이근영을 기다리면서 생일상 받기를 미룰 정도였다고 한다. 참고로 고하 송진우는 이근영의 결혼 당시 주례를 담당했었다.

아 발 빠르게 조선프롤레타리아문학동맹에 가입하고 이듬해 조선문학가동맹의 사무장을 맡아 좌익의 편에 선 이근영은「탁류 속을 가는 박교수」에서 좌익을 옹호하는 내용을 소설화하기에 이른다. 또한 해방 이전의 농촌에 대한 관심이 지속되는 양상을「고구마」,「안노인」을 통해 보여 주기도 했다.

이근영의 해방기 소설은 비록 그 편수가 많지 않지만 전체의 변모 양상을 살필 때 과도기적 시기라는 점에서 중요성을 띤다.「추억」에서 보여준 친일파 비판은 당대 최우선의 과제와 맞물려 있다. 또한 이것은 이근영이 문학단체에 소속되어 공동의 문제에 대해 고민하기 시작한 증좌로도 해석될 여지가 있다.「장날」은 해방을 맞은 작가의 기대를 하층민의 들뜬 심정을 빌어 표현하였다. 해방이라는 역사적 모티프가 개선보다는 개혁으로서의 변화를 꿈꾸게 했고, 그와 관련한 자신감은「안노인」이나「고구마」에까지 이어졌다.

이 과정에서 이근영의 창작방법도 변화하였다. 해방 이전 농촌소설에서 이근영은 무식하지만 선량한 주인공이 핍박받는 모습을 다양한 일상 속에 녹여 형상화함으로써 현실의 모순을 반영하는 방법을 사용하였다. 무식하고 선량한 농민들은 그러나 해방기의 농촌소설에서 '더 열심히 살아보자'는 스스로의 개인적 다짐 대신 '농토를 소유해야 한다'는 작가의 현실 인식에 접근하고 있다. 단편소설에서 오는 한계일 수도 있겠지만, 주인공의 의식은 작품의 갈등 구조에 개입하지 않는 외부의 인물에 의해 각성되고 계몽된다.

「탁류 속을 가는 박 교수」는 해방에 대한 기대와 낙관이 좌절된 상황에서 극심한 혼란이 계속되고 있는 현실을 그렸다. 이 작품은 미국을 배후로 한 우익 진영이 좌익 세력을 핍박하는 과정에서, 정치적인 문제에 초연하려 했던 한 소설가가 자신의 과거를 반성하고 적극적으로 현실에 대응해 나가기를 결심하는 내용을 담고 있다. 이 소설 또한 작가가 설정한 주인공의 의식 성장의 과정은 이미 각성된 주변 인물들에 의한 계몽의 형태로 나타나게 된다.

3. 월북 이후의 이근영과 작품

1950년 한국전쟁이 진행 중이던 9월 경 이근영은 아내와 자식들을 데리고 월북한다.[25] 월북 직전 3개월 정도의 기간에는 전쟁 후 서울에서 발행된 『해방일보』[26]에서 일한 경력도 가지고 있다고 전한다[27]. 북으로 간 이근영은 다시 종군작가로 전선에 참가하여 남하했으며[28] 정전회담 당시에는 조선인민공화국 기자단의 일원이었다고 한다.[29] 1950년대 초반 이근영은 단편 「고향」(『문학예술』, 1951.12) 등의 소설을 발표하지만 작가로서 그다지 큰 두각을 나타내지는 못한 것으로 보인다. 다만 1954년 5월 작가동맹의 상무위원이 된 것과 1955년 3월 작가 대표로 중국과 소련 등을 방문했다는 기록이 있다.

북한에서의 이근영의 대표작인 단편 「그들은 굴하지 않았다」와 중편 「첫수확」(『조선문학』, 1956.10~11)은 1950년대 중·후반기에 이르러

---

25) 전흥남의 논문과 이근영의 친척들이 증언한 바를 참고하면 이근영은 한국전쟁 와중에 월북했던 것이 확실시된다. 이정숙(이근영의 조카) 씨는 숙부와의 내왕이 1950년 당시까지 계속되었으며 인공 때에 소식이 두절되었다고 진술했다. 이근영의 모친과 함께 서울에 남은 장녀 이규원 씨로부터도 이 사실은 확인된다. 또한 이근영이 1948년에 서울에서 소설을 발표하였고 『제삼노예』의 후기를 작성한 날짜도 1949년으로 되어 있는 바 1947~48년에 월북하였으리라는 기존의 연구물들의 내용은 신빙성이 없다. 이근영은 절친한 친구였던 김해균과 함께 월북하였으며 월북 직전까지 공산당 기관지 『해방일보』에서 재직하였다고 한다.

26) 여기서의 『해방일보』는 1950년 7월부터 9월까지 적치 3개월 동안 서울에서 발행된 공산당 신문이다.

27) 이규일 씨의 증언에 의함.

28) 이근영, 『첫수확』 후기.

29) 이규일 씨의 증언에 의함.

서야 발표되었다. 1957년 이근영은 북한에서 발표된 중편「첫수확」과 해방 이전의 작품들을 묶어 소설집『첫수확』을 출판한다.[30]

북한의 조선작가동맹중앙위원회 기관지인『문학신문』의 주요 필자로서 이근영은 다수의 수필, 감상문, 창작소감, 소논문 등을 발표하였는데, 1957년부터 1967년까지 약 10년간의 자료를 확인할 수 있다.

이근영은 1964년 12월 작가동맹의 상무위원으로 복귀한다. 60년대 들어 장편 창작에 매진한 이근영은 3부작『청천강』[31]에 이어 1966년에는 학생을 대상으로 한 장편『별이 빛나는 곳』을 출판한다. 1967년 6월에는 직업총동맹 평남위원회 부위원장으로 있었다.

1960년대와 70년대 초까지 이근영은 〈우산장 창작실〉에 소속되어 작품 활동을 계속한 것으로 전해진다. 1980년대 초까지만 해도 평남 문덕군에서 현지 생활을 하면서 창작에 전념하고 있었던 것으로 전하나[32] 정확한 타계연도나 일자를 알 수 없다.

이근영의 월북 이후 작품을 통해 긍정적인 주인공들이 고난 받는 모습을 제시함으로써 모순된 현실을 부각시키는 점, 농촌공동체에 대한 작가의 관심과 애정 어린 시선 등이 지속되는 것을 알 수 있다. 또한 이근영의 예술관과 인간관이 변화하여 있는 것 또한 확인할 수 있다. 공동의 주제와 목적을 위해 문학 혹은 예술이 수단으로 이용될

---

30) 작품집『첫수확』에 재수록 된 해방 이전 작품은 「농우」, 「최고집 선생」, 「소년」, 「말하는 벙어리」이다.

31) 이연주, 임정지 등은『청천강』의 창작시기를 1953~1960년으로 보고 있지만 오류가 있었던 것으로 보인다. 왜냐하면 이근영이 「『청천강』 2부 창작 소감」을 조선작가 동맹 중앙위원회 기관지인『문학신문』1963년 4월 9일에 발표하고 있기 때문이다. 분명히 확인할 수는 없지만 아마도『청천강』은『별이 빛나는 곳』이전시기인 1960년대 전반기에 창작되었을 가능성이 높다. 이는『청천강』의 내용이 천리마 운동의 내용을 형상화하였다는 것으로도 충분히 증명될 수 있는 사항이다.

32) 80년대 초에는 장편『어머니와 아들』을 쓰고 있었던 것으로 알려졌지만 출판 여부는 불분명하다. (이명재 편,『북한문학사전』, 국학자료원, 1995, 365쪽)

수 있다는 시각이 월북 이후 이근영의 소설에 나타나는 예술관이다. 전통적인 가치관에 기초하여 양심과 의리를 우선으로 하는 식민지 소설에서의 긍정적인 인간상은 월북 이후 소설에서 사회주의적 새 인간형으로 바뀌어 있다.

Ⅲ. 이근영 연구의 방향과 과제

이근영은 1930년대 중후반부터 해방기에 이르기까지 농촌과 도시를 배경으로 한 소설 작품을 창작하며 당대의 현실 속에서 지켜내야 할 개인의 양심에 대해 진지하고 우직하게 천착한 작가다. 그의 생애와 문학에 관한 연구는 확산되거나 심화되지 않았고, 아직도 전반적인 작품 소개의 범주를 벗어나지 못하고 있다.

이근영의 생애와 관련해서는 월북 이후의 행적을 지속적으로 보충하여 타계 시점을 포함한 전모를 밝힐 필요가 있다. 해방기와 5,60년대 이후의 어학 관련 활동 부분은 동명이인 국어학자 이근영의 것과 엄밀히 구분하여 다시 정리해야 할 것이다.

이근영의 소설세계를 전반적으로 고찰하는 연구에서는 결국 월북 이후의 작품을 더 발굴하는 기초 작업이 남아 있다. 특히 장편『청천강』과『어머니와 아들』등의 텍스트가 발굴 및 소개되고 분석된다면 이근영 문학의 영토는 크게 확장될 것이다.

이근영 소설 작품론의 경우 농촌소설, 농민소설이라는 틀에 박힌 구분지표에서 벗어나 시대적 양심과 전통적 가치관의 문제를 심도 있게 다룰 필요가 있다. 이근영의 소설에 나타난 인물들이 지닌 윤리의식과 가치관은 20세기 후반의 연구사적 풍토에서 진부하게 느껴진 것일 수 있으나, 근자에 이르러서는 오히려 현대 사회의 인간 소외와 현대인의 불안을 치유할 핵심적 대안으로 부각되고 있는 것이다.

농경사회를 기반으로 하는 전통문화와 공동체의식의 중요성을 잊지 않았던 이근영은 고집스럽게 자신의 가치관을 고수하다가 약삭빠른 세태와 현실에 의해 소외되는 순진한 인물들을 그렸다. 그가 믿었던 근대, 그가 바랐던 미래는 소설 속 인물들과 같은 백성들이 어울려 구현하는 민족 공동체였음이 자명하다. 이는 결코 보수적 가치관을 고집하여 과거로 회귀하는 것이 아니다. 전통문화와 전통적 가치관의 진수가 봉건적 잔재로 치부되어서는 안 된다는 명료한 인식이며, 식민지 근대가 말살한 문화와 가치를 복원하는 일이 특정 이데올로기를 떠나 근대국가 건설의 출발점이 되어야 한다는 이근영의 작가적 확신이었다.

이근영의 소설은 긍정적인 주인공들에 대한 작가의 애착과 이상적인 공동체사회에 대한 열망을 내포하고 있다는 점에서 일정한 지속성을 지니고 있다. '고향'에 대한 집착적 애정은 해방 이전 소설들에서 이산과 탈향의 슬픔을 극대화시키고 있으며 공동체사회의 붕괴를 바라보는 비판적 시선을 느끼게 한다. 식민지 시절의 도시소설에서도 물질 욕 때문에 인간관계의 파탄이 일어나고 선량한 인간들의 소외되는 양상을 볼 수 있다.

이근영의 북한에서의 소설을 위와 같은 관점에서 조망할 필요가 있다. 이근영은 「첫수확」에서 구시대적 의식은 척결되어야 하며 새 시대에는 그에 걸 맞는 새로운 인간형이 필요함을 역설하고 있는데, 사회주의적 기초 확립을 위해 반드시 버려야 할 것으로 봉건적 잔재, 개인 이기주의, 소유자적 의식 등을 제시했다.

봉건잔재의 청산과 사회주의의 승리라는 이 작품의 주제는 결말 부분의 농악과 축제 장면으로 장식된다. 이는 해방 이전 소설인 「당산제」나 「고향 사람들」을 연상시키는 장면이나 그 실질적 내용에는 차이가 많다. 해방 이전의 작품들에서의 유사한 장면들이 현실의 모순을 해결할 힘이 없는 농민들의 슬픔을 반영한 것이라면, 「첫수확」의 풍물은 공동의 승리를 자축하는 농민들의 개가이다. 이러한 사실은 식민지 시절 일제에 의해 와해되었던 농촌 사회의 공동체의식이 농민조합을 중심으로 회복되는 과정으로 해석될 수 있는 것이다.

◆참고문헌◆

공종구, 「이근영 농민소설의 이야기 구조 분석」, 『국어국문학』 119호, 1997.

김민환, 『한국언론사』, 사회비평사, 1996.

김윤식, 『북한문학사론』, 새미, 1996.

백철, 『신문학사조사』, 신구문화사, 1980.

송기한·김외곤 편, 『해방공간의 비평문학 3』, 태학사, 1991.

유임하, 「고뇌하는 양심과 농촌 공동체의 윤리 — 이근영 소설의 현재성」, 『돈암어문학』 22호, 2009.

이명재 편, 『북한문학사전』, 국학자료원, 1995.

이연주, 「이근영 소설 연구」, 연세대 석사학위논문, 1994.

임정지, 「이근영 소설 연구」, 숙명여대 석사학위논문, 1994.

이은진, 「이근영 연구 — 월북 후를 중심으로」, 전북대 석사학위논문, 2007.

전흥남, 「이근영의 문학적 변모와 삶」, 『문학과 논리』, 제2호, 1992.

정상이, 「이근영 소설 연구」, 경상대 석사학위논문, 2007.

최성윤, 「이근영 연구」, 고려대 석사학위논문, 2000.

제7장 『만인보』에 나타난 군산*
: 고향과 근대도시의 풍경

장은영**

Ⅰ. 고은과 『만인보』

고은은 1958년 「폐결핵」으로 문단에 나온 뒤 현재까지 활발하게 작품을 발표하고 있는 한국 문단의 대표 시인이다. 반세기 이상을 문학 작품 창작에 바쳐온 그의 삶은 그 자체로 한국 시문학사의 발자취를 보여준다. 모국어에 대한 애정과 문학적 파토스만이 아니라 한국의 역사와 사상 그리고 문화에 대한 탐구와 성찰 위에서 빚어진 그의 시문학은 이제 한국이라는 한 민족국가의 소유물이기를 넘어 세계문학으로서 가능성을 보여주는 텍스트로 간주된다.

본 논의에서는 고은 시문학의 대표작이라 할 수 있는 『만인보』를 중심으로 고은에게 있어 군산이란 어떤 공간이었는지 살펴보고자 한

* 이 논문은 졸저 「고은의 『만인보』연구」(경희대 박사학위논문, 2011)의 일부 내용을 수정·보완한 것임.
** 조선대학교 기초교육대학 강의전담교수.

다. 시인으로서 여전히 활동 중이라는 점과 그동안 축적된 작품의 양이 시집 42권[1]에 이른다는 점을 고려할 때 고은의 대표작을 추려내는 것은 그리 쉬운 일은 아니다. 그럼에도 『만인보』를 고은의 대표작으로 꼽을 수 있는 이유는 20여년에 걸쳐 완간된 작품이라는 점에서 고은의 창작 시기의 절반 정도를 아우르고 있을 뿐 아니라, 작품 전체의 기획과 의도가 분명하면서도 각 시편이 독립적이라는 데에서 개방성을 획득한다는 점 때문이다.

『만인보』는 1986년부터 집필되기 시작하여 2010년 30권으로 완간된 방대한 규모의 작품으로, 작품 수는 4,001편에 이른다. 『만인보』 서시를 발표한 지면에서 고은은 "장차 3천 편 이상으로 완결하기를 염원"[2]했다고 밝혔는데 20여 년 만에 그 이상의 규모로 완성된 것이다. 고은이 1권의 서문에서 밝혔듯『만인보』는 고은 자신이 "세상에 와서 알게 된 사람들에 대한 노래의 결집"[3]이며, 시인의 "어린 시절의 환경과 온갖 편력의 지역, 동시대의 사회 그리고 이 땅의 역사와 산야에 잠겨 있는 세상을 하나의 현재 안에 동거"[4]시킨 작품이다. 『만인보』가 "이땅의 사회사 · 역사 · 불교사가 함께 혼융되어 파란만장한 인물 한국사를 압축적으로 구성"[5]하는 작품이라는 평가는 작가의 기획 의도 및 작품의 전체적 윤곽을 정확히 지적하고 있다. 그러나 작품의 지평을 넓히고 또 다른 함의를 생산해내기 위해서는 작가의 의도를 넘어선 새로운 관점의 조명도 시도되어야 할 것이다.

---

[1] 『만인보』 30권과 『백두산』 7권, 전집, 소설과 에세이 등을 제외하고 출간된 시집만 간추렸을 때 1960년대 4권, 1970년대 5권, 1980년대 7권, 1990년대 13권, 2000년대 8권, 2010년대 3권을 합하여 40권에 이른다.

[2] 고은, 「만인보1」, 『세계의 문학』, 1986, 봄호, 199쪽.

[3] 고은, 『만인보』 1권, 창작과 비평사, 1986, 4~5쪽.

[4] 고은, 「만인보1」, 『세계의 문학』, 1986, 봄호, 200쪽.

[5] 김재홍, 「『만인보』와 만인평등사상」, 『시와 시학』, 1998, 봄호, 158쪽.

　지금까지『만인보』에 관한 논의는 대개 민중적·민족적 세계의 형
상화라는 주제에서 크게 벗어나지 않았다. 그 결과 논의의 양상은 첫
째, 민족문학론의 전제하에 민중적·민족적 세계의 형상화에 대한 가
치를 긍정하고 여기에 의미를 부여하는 부류[6]가 주류를 이루고 있다.
두 번째 범주는 민족 문학적 관점을 토대로『만인보』의 서사성에 관
한 문제를 중심으로 다룬 논의들이다.[7] 여기까지 볼 때 알 수 있는
것은『만인보』연구가 주로 민족문학론이라는 문학 담론의 연관하에
있다는 것이다. 그러나 이러한 연구의 경향은 2000년대로 오면서 변
화하는 모습을 보인다. 우선『만인보』의 민족·민중 담론에 대한 문
제제기와 비판[8]도 제기되었고, 발전적 극복을 위한 논의[9]도 뒤따른
다. 세 번째 민중적·민족적 세계를 확장시켜 좀 더 보편적인 가치를
찾고자 하는 논의들[10]도 잇따라 제기되고 있다. 끝으로『만인보』완
간과 함께 발표된 몇몇 연구들에서는 보다 확장된 시각[11]이 제시되

6) 백낙청,「통일운동과 문학」,『창작과 비평』, 1989, 봄호; 김재홍,「『백두산』과『만인
　보』, 그리고 고은의 문학사상」, 신경림, 백낙청 엮음,『고은 문학의 세계』, 창작과
　비평사, 1993; 김재홍,『『만인보』와 만인평등사상」,『시와 시학』, 1998, 봄호; 김영
　무,「해방된 언어와 민중적 삶의 예술적 실천」, 고은,『나의 파도소리』, 도서출판
　나남, 1987; 박혜경,「민족 생명력의 개체적 형상화」, 황지우 엮음,『고은을 찾아서』,
　버팀목, 1995; 남기혁,「민중공동체의 서사시적 탐색」,『시와 시학』, 1994, 봄호.

7) 염무웅,「시와 리얼리즘'에 대하여」,『창작과 비평』, 1992, 봄호; 김흥규,「개체와 역
　사」, 황지우 엮음,『고은을 찾아서』, 버팀목, 1995; 윤영천,「인물시의 새로운 가능
　성」, 신경림, 백낙청 엮음,『고은 문학의 세계』, 창작과 비평사, 1993; 임우기,「이야
　기꾼으로서의 시인」,『살림의 문학』, 문학과 지성사, 1990; 손필영,「현실반영 시의
　가능성과 한계」,『어문논총』제26집; 김미혜,『『만인보』의 시적 서사와 민중성 연구」,
　『국어교육연구』제22집, 서울대학교 국어교육연구소, 2008.

8) 황종연,「민주화 이후의 정치와 문학」,『문학동네』, 2004, 겨울호.

9) 유희석,「시와 시대, 그리고 인간」,『창작과 비평』, 2005년, 여름호.

10) 임헌영,『『만인보』에 관한 소론」,『시와 시학』, 1998, 봄호; 황현산,「역사의 어둠과
　어둠의 역사」,『작가세계』, 1991, 가을호.

11) 염무웅,「분단과 갈등을 넘어서기 위하여」,『창작과 비평』, 2010, 여름호; 장석주,『만
　인보』, 시대의 벽화」,『시와 시학』, 2010, 여름호.

어서『만인보』연구의 또 다른 방향성을 개척하고 있다.

각 개별 작품의 성격으로 보면 인물시라는 특징을 띤 연작시『만인보』는 한국의 고대사와 현대사를 넘나들며 사회적 계층과 신분에 상관없이 모든 영역의 인물들을 포착하고 있다. 다소 방만한 시편의 구성은 체계가 없어 보이지만 자유로운 구성 속에서도『만인보』의 시편들은 특정한 역사적 시간을 중심으로 집중되는 양상을 보이기도 한다. 예컨대 한국전쟁, 4·19, 5·18과 같은 한국 현대사의 중대한 사건들은 개인적 삶의 이야기가 펼쳐지는 주요 배경이다. 따라서 인물시라는 특징 외에도『만인보』의 세계를 구성하는 또 하나의 축은 역사성이라 할 수 있다. 인물과 역사는『만인보』가 빚어내는 다채로운 이야기의 세계를 이루는 중심축으로 작동한다. 인물과 역사라는 두 축의 결합은 인간의 시간이라는 추상적이고 보편적인 주제를 개별적인 삶의 경험을 통해 형상화한다.

본고는 개별적 존재들의 삶이 펼쳐지는 공간을 중심으로『만인보』를 검토해보고자 한다.『만인보』가 주목하는 인간 삶의 경험이란, 특정한 공간을 배경으로 형성된다는 점에서 공간에 대한 고찰은『만인보』의 의미를 밝히는 한 방법이 될 것이다.

Ⅱ. 삶의 경험과 문학 공간

문학 연구에서 공간성에 관한 대한 논의는 인간의 경험을 이해하는 한 방법이다. 왜냐하면 문학의 시공간은 사건의 행위 본질을 이해하기 위한 근본 요소이자 특정한 행위를 위한 장을 제공하고 경험에 대한 특정한 감각을 창출하는 역할을 하기 때문이다.[12] 바흐친은 이러한 사건적 시공간을 크로노토프라고 일컬었는데, 크로노토프는 시간과 공간에 관여하는 모든 요소들의 총합을 의미한다. 사건적 시공간을 근본 요소로 삼는 서사는 가능한 사건의 한 유형으로서 삶의 범례를 보여주며, 이는 정태적으로 유형화될 수 없는 삶-사건이다.[13] 여기서 주목할 것은 크로노토프라는 개념이 근대적 시공간의 균질성을 해체하며 균질화될 수 없는 인간의 삶을 이해하기 위한 개념이라는 점이다. 많은 문학 연구에서 공간성에 대한 논의가 대두될 때에 연구자들이 유의미하다고 보는 것은 기계적 배경으로서 공간이 아니라 인물들로 하여금 행위의 계기를 만드는 등 인물과 상호작용하는 공간이다. 문학의 공간은 단순히 허구적 공간이기를 넘어서서 체험과 사회 현실에 대한 극진한 변주[14]이자 삶의 경험이 만들어지는 가능성의 장이다. 문학의 공간에 대한 성찰은 인간의 삶을 기억하는 장소의 탐구라는 점에서 의의를 지닌다.

개별적 인물들이 겪는 삶의 경험을 통해 한국의 역사적 정체성을 역동적으로 형상화한 『만인보』에서 공간은 개별자들의 경험이 펼쳐지는 조건이다. 삶은 근원적으로 인간과 공간의 관계 속에 존재하며 인간은 살면서 언제나 자신을 둘러싼 공간에 대한 관계를 통해 규정될 수밖에 없다[15]는 점을 새삼 강조하지 않아도 『만인보』에 등장하는 인물들이 거주하는 공간의 문제는 결국 한국인의 특수한 정체성을 형성하는 조건이다.

『만인보』 안에 등장하는 공간들의 성격과 층위는 매우 다양하다. 신화적인 공간에서부터 종교적 공간 그리고 개인적 삶의 기억의 공간에서부터 현대 한국 사회라는 공적 공간에 이르기까지 『만인보』 전체

---

12) 여홍상, 『바흐친과 문화이론』, 문학과 지성사, 1997, 152~176쪽 참조.

13) 최진석, 「사건과 크로노토프」, 『인문과학』 제24집, 2012, 48쪽.

14) 김종회, 「문학공간 속의 숨은 길」, 『문학사상』, 2014.4.

15) 오토 프리드리히 볼노, 이기숙 역, 『인간과 공간』, 에코리브르, 2011, 23쪽.

에서 다루는 공간은 주요 인물군16)에 따라 매우 광범위하지만 개별
작품에서 나타나는 공간은 구체적이고 경험적으로 형상화된다. 각 개
별 작품에 나타난 삶의 공간은 공식적 역사 서술을 통해 드러나지 않
은 개인의 삶과 이야기들을 담고 있으며, 경험적 세계의 구체성을 내
재하고 있다. 따라서『만인보』에서 공간이란 경험성을 강조하는 장소

---

16) 아래 표는『만인보』초판본의 작품 편수이다. 2010년『만인보』완간과 함께 창작과
비평사에서 나온 합본에는 별본 56편이 더해져 전체 편수는 4,001편이다.

연도	권	편수		주요 인물군
1986년	1권	101	303	1930~40년대, 고은의 가족과 고향 사람들
	2권	101		
	3권	101		
1988년	4권	109	327	
	5권	109		
	6권	109		
1989년	7권	134	397	1950년대, 고향 산야를 벗어난 인근 도시의 사람들
	8권	131		
	9권	132		
1996년	10권	110	345	1970년대 사람들
	11권	114		
	12권	121		
1997년	13권	129	383	
	14권	127		
	15권	127		
2004년	16권	138	719	1950년대 전후의 사람들
	17권	132		
	18권	148		
	19권	157		
	20권	144		
2006년	21권	133	416	4·19 혁명 당시의 사람들
	22권	141		
	23권	142		
2007년	24권	121	395	불교 승려들
	25권	149		
	26권	125		
2010년	27권	166	662	5·18 민중 항쟁 당시의 사람들
	28권	165		
	29권	166		
	30권	165		
총합				3,947

라는 개념으로 보아도 무방하다. 이-푸 투안에 따르면 장소란 인식의 범주나 추상적인 의미를 띠는 공간 개념과 달리 집단적, 개인적 삶과 구체적인 연관을 맺고 상호 작용하며 의미를 획득하는 실존의 거주지를 말한다. 직접적이고 개인적인 경험과 연관되어 있다는 점에서 장소는 사건이 일어나는 단순한 배경의 의미를 넘어 특정한 의미를 생산하는 역할을 하기도 한다. 장소는 물리적이고 추상화된 공간과 달리 구체적인 경험들과 결부되어 기억되는 곳이다.[17] 그러나 본 논의에서는 경험적 장소 개념을 함축하는 맥락에서 공간이라는 용어를 사용하고자 한다. 문학의 공간성을 논의할 때 이미 그 안에는 장소 개념이 포함되어 있기 때문이다.

『만인보』가 형상화하는 다양한 공간 중에서도 삶의 중심적 공간은 고은의 고향인 군산이다. 1933년 미룡동(당시는 전북 옥구군 미면 미룡리)에서 태어나 1952년 출가하기 전까지 고은이 주로 거주했던 군산은 1권~9권에 걸쳐 주된 배경으로 등장한다. 군산은『만인보』가 한반도 전체로 확장되기 전단계의 공간으로서 집과 같은 근원적 요소를 함축하고 있다. 군산에서 경험한 삶의 다양한 층위들은 몇 가지 공간 층위로 나누어진다. 첫 번째 층위는 개인적 유년기를 보낸 집, 마을과 같은 고향 공간이다. 전통적 삶의 규범이나 관습들을 그대로 유지하며 살아가는 고향 사람들이 보여주는 삶은 상호부조와 낙천성에 뿌리를 둔 운명 공동체의 모습이었다. 그러나 학교와 같은 근대적 공간에서의 경험이 기입되면서 고향은 전통과 근대 혹은 조국과 식민지라는 분열적 공간이 된다. 두 번째 층위로 볼 수 있는 것은 유년기를 벗

---

17) '공간(space)'과 '장소(place)'의 개념 정의는 서로를 필요로 한다. 이-푸투안은 경험을 기준으로 '공간'과 '장소'를 구분하는데, "무차별적인 공간에서 출발하여 우리가 공간을 더 잘 알게 되고 공간에 가치를 부여하게 됨에 따라 공간은 장소가 된다"고 말한다.(이-푸 투안, 구동회·심승희 역,『공간과 장소』, 대윤, 2007, 15~22쪽)

어나 청년기에 이른 고은이 경험한 도시 군산이다. 식민지 경험과 해방, 전쟁이라는 사건들이 지나간 자리에서 사람들은 자본주의적 도시 군산을 경험한다. 학교나 병원, 직장 등 새로운 인간관계 속에서 만나게 된 사람들이 경험하는 도시의 삶은 그 이전 고향에서의 삶과는 질적으로 다른 경험을 제공한다.

본 논의에서는 『만인보』에 나타난 군산을 중심으로 전통과 근대가 만나면서 드러나는 고향 공간의 이중성을 살펴보고, 자본주의 질서 위에서 형성된 근대적 삶의 경험과 정체성의 변화양상을 검토해보고자 한다.

Ⅲ. 전통적 고향과 근대성의 첫 경험 공간

『만인보』 1권~6권에서 고은은 어린 시절의 체험을 바탕으로 마을 공동체 구성원들의 삶을 형상화한다. 고은의 유년시절은 일제강점기라는 역사적 상황을 배경으로 삼고 있지만, 마을 구성원들의 삶은 식민지 현실이라는 사회적 상황보다는 공동체의 내적 질서를 중심으로 전개된다.

고향의 인물들은 주로 고은의 가족과 친지 등 혈연관계에 있는 사람들이거나 동네 사람들로 구성되어 있는데, 무엇보다 고향 인물들에 대한 삶의 형상화에서 특징적인 것은 개개인의 삶에서 겪는 사건들이 다른 구성원들과의 관계 속에서 발생된다는 점이다. 농촌공동체를 근간으로 삼고 있다는 점에서 구성원들의 삶의 관련성은 더욱 긴밀한데, 특히 「선제리 아낙네들」과 같은 작품은 함께하는 노동을 통해 농촌공동체의 여성들이 거주하는 공동체적 삶의 공간을 보여준다.

① 군산 묵은 장 가서 팔고 오는 선제리 아낙네들 / 팔다 못해 파장떨이
로 넘기고 오는 아낙네들 / 시오릿길 한밤중이니 / 십리길 더 가야지 / 빈
광주리야 가볍지만 / 빈 배 요기도 못하고 오죽이나 가벼울까 / 그래도 이
고생 혼자 하는 게 아니라 / 못난 백성 / 못난 아낙네 끼리끼리 나누는 고
생이라 / 얼마나 의좋은 한세상이냐(1권, 「선제리 아낙네들」 부분)

② 상묵이네 대접밭에 일 나온 마누라들 / 동네 열두 마누라들 / 대접밭
참깨밭 매는 날 / 쉴 참에 / 술 대신 물감자 먹고 / 여기서야 남의 달 시아
버지 있나 뭣이 있나 / 자진난봉가 한 가락 뽑아라 / 그러다가 질퍽질퍽 육
담에 입 찢어지게 웃어제치고 / 서방 흉도 보아라 / 정수 어머니가 / 석달이
어머니더러 / 아 자네는 저승에 서방님 보냈겠다 / 한번 새서방 불러들여야
지 / 자네 집 개구멍 뚫어 불러들여야지 / 그러나 석달이 어머니 웃음거리
안 되고말고 / 싫소 / 나야 좀생이 사내보다 큰 산 한번 사모하고 싶소 / 큰
바다 / 칠산바다 한번 사모하고 싶소 / 이 정색에 / 이제까지 놓치던 마누라
들 / 밭으로 들어가 / 매던 데 한 줄로 기러기 시늉내어 일한다 / 그렇게도
시끌벅적하던 입 다물고 / 일 하나 익어 / 어느새 저만큼 나가 있다 / 그 가
운데 석달이 어머니도 / 밭 매는 손 바빠서 / 어디 남의 일인가 / 내 남적없
이 남의 일인가(3권, 「상묵이네 밭」 전문)

위에서 제시된 시들은 1930년대 농촌을 배경으로 전통적 생활양식
을 영위하는 공동체의 인물들을 형상화하고 있다. 전근대적 공동체의
모습을 보여주는 인물들의 삶에서 발견할 수 있는 주된 정서는 상호
간의 의리와 선한 심성이다. 이러한 정서는 전통적 공동체를 지탱하
는 내적 근간을 이룬다. 특히 농촌 사회에서 "아낙네들"은 상호부조
(相互扶助)의 노동을 통하여 서로의 처지를 이해하고 공감하며 생활,
문화 공동체를 이룬다. 이들은 전통 공동체라는 공간에서 "못난 백성"
으로 상징되는 계급적·계층적 동질성을 지니고 살아간다. "끼리끼리
나누는 고생", "온 마을에 슬픔 한번 커다랗구나", "내 남적없이 남의
일인가"와 같은 표현에서 명확히 드러나듯이 고향은 공생의 삶이 지
배적 가치를 이루는 공간이다. 이러한 고향 사람들에게 삶의 가치는

주어진 자신들의 처지를 수용하고 서로 고락을 나누는 "의좋은 한세상"에 있다.

위 시에 등장하는 "아낙들" 외에도 면장 마누라로 대접받는 위치에 있지만 쟁기꾼 밥 먹을 때 "이 갈치 맛 좀 보시어라우"하는 "수더분하고 잔정 있"는 "정두 어머니"(4권, 「정두 어머니」), "담배도 다른 사람이 붙여 문 뒤에야 / 속절없이 물고 / 한또래 일꾼인데도 / 막걸리 한 잔도 나중에야 마"시는 '관옥이 아버지'(4권, 「관옥이 아버지」), "남의 일 공으로 잘 해주고 / 빛도 안 나게 뒷갈망 맡아주는 오남이"(5권, 「오남이 내외」) 등 고향 사람들에 대한 이야기는 그들 개개인의 개성이나 내적 면모보다는 공동체적 질서 안에서 그가 타인들과 어떤 관계를 맺고 있는지를 보여준다. 사람들의 선행은 그 자체로 평가되는 것이 아니라 그들이 거주하며 관계하는 공간 속에서 의미를 부여받는다. 이와 같이 『만인보』의 고향 공간은 전통적 윤리관[18]을 토대로 사람들의 긴밀한 관계가 형성된 마을이라는 공간 안에서 펼쳐지는 삶의 경험을 그려내는 데 주력하고 있다. 요컨대 고향은 인간적 애정에 기반한 상호적 관계의 공간이다.

그런데 『만인보』에는 고향 공간으로 편입되지 않는 동시대적 경험들이 공존한다. 마을 공동체와 대비되는 이질적인 외부 세계의 출현은 식민지 경험에서 비롯된다. 1930~40년대 시편의 중요한 역사적 배

---

[18] 여기서 전통 윤리란 한국 사상 전반을 말한다기보다는 마을 공동체에서 나타날 수 있는 공동체의 생활 규범을 말한다. 전통 촌락 사회의 자율과 자치적 전통은 대체로 '공생'과 '평등', '순리'라는 측면에서 공통점을 지니고 있으며, 그것은 불문율임에도 불구하고 어떤 법보다도 강하고 민주적이었으며 실용적인 것이었다고 한다. 전통적 마을 공동체에서 나타난 윤리의 특성은 민주적 의사결정, 평등과 공평성, 결속과 공생을 위한 자치자율, 조직의 관리와 결속 도모, 말단 행정자치의 단위라는 측면으로 나누어 볼 수 있다. 두레 같은 것이 대표적인 예이다.(이해준, 「한국의 마을문화와 자치·자율의 전통」, 『한국학논집』 제32집, 계명대학교 한국학연구원, 2005, 215~218쪽)

경인 식민지 경험은 학교생활과 같은 개인의 이야기를 통해 형상화된다.

　　③ 교장이 장차 뭐가 되겠느냐고 물었을 때 / 아이들은 야마모토 이소로꾸 사령장관이 되겠다 / 노기 대장이 되겠다 했다 / 계집애들은 간호부가 되어서 / 남태평양 라바울 전선 부상병 치료해주겠다고 했다 / 교장이 나더러 물었을 때 / 나는 천황폐하가 되겠다고 했다 / 그러자 날벼락이 떨어졌다 / 네 이놈 천황폐하라고? / 감히 만세일계의 폐하를 모독해도 분수가 있지 / 네 이놈 당장 퇴학이다 / 담임 선생이 빌고 / 아버지가 교장 사택에 가서 빌었다 / 퇴학 대신 3개월 벌 받았다 / (후략) (2권, 「편지」 부분)

　　④ 가네무라 선생 / 전주사범학교 나와 / 우리 학교에 부임한 가네무라 선생 / (중략) / 걸핏하면 벌주어 / 2학년 교실 복도에는 / 두 손 들고 서 있는 아이들 수두룩하다 / 그런데 누군가가 알려주었다 / 가네무라 선생의 조선이름은 김지웅이다! / 그때 우리는 / 하늘같이 무서웠던 가네무라 선생이 / 우리하고 하나도 다를 것 없는 조선사람임을 알았다 / 신촌 도요하라 시게오란 놈이 / 비 오는 날 실내 조회 첫머리에 일어서서 / 선생님 진짜 이름은 김지웅이지요? 하고 물었다 / 그는 새빨간 얼굴로 / 아이들 80명 다 손바닥 펴게 하여 / 회초리로 세 대씩 때렸다 / 빠가야로 / 빠가야로(3권, 「2학년 담임선생」 부분)

　위에 인용된 시들은 화자의 어린 시절 학교생활 경험에 기초한 일화를 보여준다. 어린 화자의 경험은 일제강점기 현실에 대한 모순을 우회적으로 드러낸다. 제국주의적 지배 권력인 일본은 동화주의적 정책을 강구하였지만, 어린 화자의 개인사적 경험에서 나타나는 일본은 조선과 동일시될 수 없는 외부 세계일 뿐이다. "천황폐하가 되"고 싶은 순진한 꿈은 "폐하를 모독"하는 행위이기 때문에 곤욕을 치르는 일이나 선생님이 "조선 사람임"을 밝히는 것이 체벌의 대상이 되는 상황은 창씨개명이나 일본어 사용 등의 식민지 동화 정책을 강구하면서도 조선인과 일본인의 완전한 동화가 불가능하다는 식민지 교육의 허위성19)을 드러낸다. 이러한 화자의 경험을 통해 고향은 애정에 기반한 상호적 관계의 공간과 식민지적 근대성을 경험하는 공간으로 분열된다. 식민지라는 상황 때문에 심상적으로는 이질적인 경험들이 축적되는 것이다. 고은은 고향의 분열에 저항하기 위해 작품에서 등장하는 근대성 경험을 학교, 백화점 등 고향의 외부 공간으로 분리한다. 학교나 백화점 등 근대적 표상으로서의 공간은 심리적으로 볼 때 고향의 외부이다. 고향과 달리 인정에 기반한 상호적 관계를 맺지 못하는 근대적 공간에서 어린 화자는 동화될 수 없는 외부 세계 일본을 만난다. 근대성을 경험하는 공간으로서 학교나 백화점은 식민지적 근대에 대한 두려움으로 가득한 공간이다.

> ⑤ 미룡국민학교 1학년 담임선생 / 학교 기숙사 방 두칸짜리 / 한 방은 늙은 부모 / 한 방은 외동딸이 사는데 / 그 분냄새 나는 외동딸 담임선생 / 글씨 잘 쓰는 선생 / 아름다운 선생 / 내가 학교에 들어가자마자 / 조선어시간 없어지고 / 국어시간뿐이었는데 / 그 아이우에오 가기구게고 국어 가르친 처녀선생 / 흰 살결 흰 손가락으로 풍금 잘 쳤다 / 가슴에 꽃 하나 꽂고 / 나더러 / 너는 왜 할아버지처럼 늙었느냐고 했다 / 못 먹어서 쭈글쭈글한 나더러 / 내가 배운 건 부끄러움이 먼저였다 / 그 다음이 천황폐하였다(3권, 「나까무라 요네 선생」 전문)

---

19) 일본이 한반도를 영구 식민지로 만들기 위해 식민정책을 가장 적극적으로 적용시킨 것은 교육분야였다. 20세기 초엽은 근대 교육이 본 궤도에 오르던 시점인데, 이때 한반도를 지배한 일본은 3·1 운동 이후 문화 정책의 일환으로 교육시설을 점차 확대해가기 시작한다. 일본은 각급 학교에 '수신(修身)'을 두어 '황실과 국가에 대한 관념' 등을 가르침으로써 '황국신민'화를 강요했는데, 30년대 후반에 이르러 황국신민화 교육은 더욱 강화된다. 일제는 교육 목적을 조선인의 일본인화에 두었지만, 궁극적으로 그것은 조선인과 일본인을 같은 위치에 두고자 함이 아니라 조선인을 영구적 식민지민의 위치에 두기 위한 것이었다.(강만길, 『한국현대사』, 창작과 비평사, 1984, 136~142쪽)

⑥ 군산 3층 미쓰이 백화점 / 아버지가 나를 데리고 들어갔다 / 나는 무서웠다 / 처음 보는 찬란한 물건들이 무서웠다 / 일본사람 조선사람이 무서웠다 / 기어이 아버지와 나는 / 백화점 여자에게 쫓겨났다 / 이 백화점에는 / 당신들이 살 것이 없다고 / 묵은 장에 가라고 / 새 장터에 가라고 / 아버지는 쫓겨나와 웃었다 / 백화점 돌아다보고 / 야 오라고 해도 안 가겠다 / 나를 보고 / 저기 가 국밥 사먹자 / 도회지는 무서웠다 / 2층 창으로 일본 아이가 / 나를 내려다보고 있다 / 얼굴이 하얀 아이 / 좋은 옷 입은 아이 / 나는 그애가 무서웠다 / 뚜우 하고 / 항구의 기적소리가 났다 무서웠다 / 내가 무서워하지 않는 건 / 우리 동네 풀이다 잔소나무다 / 우리 동네 짖을 줄 모르는 개들이다(3권, 「미쓰이 백화점」 전문)

⑤에 등장하는 "국어 가르친 처녀선생"은 일본어 교사이다. 그러나 "글씨 잘 쓰는 선생 / 아름다운 선생"과 "할아버지처럼 늙"은 "쭈글쭈글한 나"의 대비되는 모습은 나로 하여금 "부끄러움"만 느끼게 한다. ⑥에서도 "백화점 여자"와 "일본 아이"는 "아버지와 나"와 대조적 구도를 이룬다. 어린 화자의 눈에 비친 이질적 세계를 형상화한 "국어 선생", "미쓰이 백화점"이나 "얼굴이 하얀 일본 아이"는 모두 일본에 대한 표상으로 두 시에 나타나는 일본은 근대화된 세계의 모습을 보여준다. 근대를 표상하는 일본 앞에서 "나"는 "부끄러움"과 동시에 "무서움"을 느낀다. 이러한 체험들은 동질화 될 수 없는 일본과 조선, 혹은 외부와 내부의 대립적 경계를 보여준다. 이 경계를 만드는 결정적 요소는 근대에 대한 이질감이다. "너는 왜 할아버지처럼 늙었느냐"는 질문보다는 "흰 살결"과 "쭈글쭈글한" 얼굴이라는 외면적 차이, "백화점 여자"의 멸시보다 "찬란한 물건"과 허름한 옷차림의 부조화야말로 서로 다른 두 세계가 공존할 수 없는 이질적 세계임을 가시화하고 있다. "우리 동네"라는 내부와 "미쓰이 백화점"이라는 외부 세계의 경계가 분명한 것처럼, 일본과 조선이라는 두 세계의 거리감은 식민지와 고향 공동체라는 동시대적 공간을 공존할 수 없는 서로 다른 세계로

분열시킨다. 이러한 분열 의식은 다음과 같은 고은의 발언에서는 부
재의식으로 표현되기도 한다.

> 나의 근대는 이러한 고향 부재의 공간을 자명한 것으로 만들었다. 여기
> 에 식민지로서의 고향은 학대와 약탈, 소외의 대상이었고 전쟁으로서의 고
> 향은 인간을 비인간으로 만든 잃어버리는 현실이었다. 오랜 혈연성과 천부
> 적인 우애들을 실현하는 농업 공동체의 미덕이 더 이상 남겨질 수 없게 된
> 것이다.[20]

식민지 근대에 대한 자각이 개입될 때 고향 세계는 "오랜 혈연성과
천부적인 우애" 그리고 "농업 공동체의 미덕"이 파괴된 곳으로 기억된
다. 따라서 고은에게 식민지 근대는 곧 고향 상실 또는 고향 부재를
의미한다. 이러한 식민지 근대성에 대한 인식을 전제로 할 때 근대
체험과 고향 체험은 공존할 수 없는 세계의 양면이다. 그래서 공동체
적 삶이 실현되는 고향은 식민지 경험이 직접적으로 개입될 수 없는
이상적 공간으로 그려지고 있다. 이와 같이 식민지 근대에 대한 인식
은 고향이라는 공간을 다른 어떤 것과 섞일 수 없는 순수한/폐쇄된
공간으로 인식하게 만든다.

『만인보』에서 고향 세계는 고은의 실제 고향인 군산을 배경으로
하지만, 이야기된 공간이라는 점에서 고향은 현재적 기억에 의해 새
롭게 창조된 공간이다. 문학작품으로 형상화된 고향은 외부 세계와
무관하게 전통 윤리와 규범 속에서 마을 구성원들의 삶이 보존되어
있는 공간이다. 이 공간에서 구성원들의 삶을 지배하는 전통 윤리는
상호부조를 통해 드러나는 타인과의 합일적 삶이다. 가족, 혈족의 관
계를 바탕으로 이웃으로 확대되는 고향 공동체는 개인들의 관계가 유

---

20) 고은, 「근대와 나」, 고은·모옌 외, 『근대와 나의 문학』, 민음사, 2008, 13쪽.

기적인 전체의 일부임을 전제로 한다. 따라서 일본의 식민지배와 함께 경험하게 된 이질적이고 낯선 사건들, 익명의 사람들과의 만남은 고향 공간으로 흡수되지 않는 외부세계의 경험이 된다.

한국인에게 식민지 시기는 근대를 경험하는 시기였지만, 일본을 통해 수입된 근대의 경험은 식민지 논리에 동화되는 과정이기도 했다. 그렇기 때문에 고향 공간과 분리된 학교, 백화점 등 일제에 의해 만들어진 근대적 공간에서의 경험은 고향이라는 공간으로 흡수될 수 없었다. 이러한 한계 때문에 『만인보』에 그려진 고향 공동체는 식민지 근대성이라는 외부로부터 차단된 공간 즉, 순수하지만 폐쇄적인 민족 공동체로 형상화되었다.

Ⅳ. 익명의 도시 공간과 자본주의적 삶의 경험

『만인보』 6권 이후의 작품들은 사회·정치적 상황과 대면한 인간 군상을 집중적으로 그려내고 있는데, 특히 7권~9권에서는 한국전쟁 이후 1950년대 사람들을 다루고 있다. 전쟁의 여파로 고향을 떠나 도시를 새로운 터전으로 삼는 인간 군상은 다양한 개인의 내면성을 보여주며 새로운 정체성을 드러낸다.

1930~40년대의 공간이 농경을 중심으로 한 전통 공동체인 데 반하여 50년대의 공간은 산업화된 도시를 배경으로 한다. 일제로부터의 해방과 혼란 그리고 뒤이은 전쟁과 휴전 이후 폐허의 공간에서 각 개인의 삶은 전통 공동체를 벗어나 도시 공간으로 이동하고, 봉건적 윤리를 벗어나 근대화된 사회·정치적 삶의 영역으로 편입된다. 무엇보다 1950년대 사회 전반의 변화를 가져온 한국전쟁은 과거에 대한 상실의 경험, 단절의 경험을 야기했고 이전과는 다른 삶의 경험을 야기

하는 사건이었다. 『만인보』에서 전쟁 이후 빠르게 도시화·산업화되는 군산을 배경으로 펼쳐지는 삶의 이야기는 먼저 전통적 고향 공동체가 해체되고 익명의 도시 공동체로 변모하는 모습을 보여준다.

> ① 정작 아름다운 마을은 / 그렇고말고 / 마을다운 마을은 / 큰 한길가 / 그런데 있지 않고 / 거기서 고개 너머 / 잘 보이지 않는 곳 / 그윽하여야 거기 별건곤으로 있다(7권, 「당북리」 부분)

상실된 공간으로서 고향은 화자의 기억 속에 "별건곤"으로 각인된 공간이다. 실제의 고향은 상실되고, 기억 속의 고향은 "정작 아름다운 마을"로 남는다. 그러나 기억 속의 고향은 실제의 고향이 아니다. "잘 보이지 않는 곳"에 있는 "별건곤"은 그곳이 상상의 공간임을 드러낸다. 고향 세계에 대한 이러한 재현은 이미 그것이 존재하지 않는 공간이며, 해체된 공동체임을 드러내주는 것이기도 하다.

기억 속에 있는 고향 세계와 달리 1950년대가 보여주는 풍광은 산업화된 군산항, 장항 부두, 대천을 중심으로 한 도시이며, 역사와 병원과 다방 그리고 공장이 들어선 근대적 공간이다.[21] 이 도시 공간을 배경으로 다양한 직업을 가진 도시의 시민들과 빈민들이 새로운 삶을 경험한다. 또 7~9권에서 흥미로운 것은 마을 단위의 지명들이 도시 지명으로 바뀌고 있다는 점이다. 실제로는 동일한 지점에서 거주하고 있다고 하더라도 마을 단위로 공간을 인식하는 것과 도시 단위로 공간을 인식하는 것에는 큰 차이가 있다. 무엇보다 마을 단위의 고향

---

[21] 1953년에 전라북도 내의 공장은 모두 402개에 종업원이 9,538명이었으며, 군산에는 총 37개의 업체가 있었다. 1957년에 이르면서 동내 공장 수는 모두 876개로 증가하였고, 이 가운데 군산에 있는 공장은 115개로 전라북도 전체 공장의 13%를 차지했다. 1950년대까지 군산의 경제는 일제강점기에 설립된 공업시설을 기반으로 상당한 규모로 성장하였다. (김영정, 소순열, 이정덕, 이성호, 『근대 항구 도시 군산의 형성과 변화』, 한울 아카데미, 2006, 170~171쪽)

공간에서 도시로 확장된 50년대 인물들의 삶에서 먼저 눈에 띄는 것
은 대다수가 농사에 종사하던 과거와 달리 사람들이 다양한 직업을
갖게 되었다는 점이다. 직업의 제시는 50년대 인물들이 1~6권에서 주
로 나타나는 혈연적 관계망을 벗어났음을 암시하며, 군산, 장항, 대천
등의 도시가 근대적 삶의 양식을 갖추어 가고 있음을 보여준다.[22]

 '군산 호남고무공업사 사장 부인 정윤봉 여사'(7권, 「정윤봉」), '개복
동 비둘기다방 주인 이덕 선생'(7권, 「이덕 선생」), '군산 상공회의소
소장대리 역임'한 '차칠선'(7권, 「차칠선」), '군산 경찰서 사찰계장 이호
을 만년 계장 이호을'(7권, 「이호을」), 대천역을 지키는 '말라깽이 역
무원 / 홀아비 역무원'(8권, 「대천역」), '보령군 산업과장 김태중 씨'(8
권, 「산업과장」) 외에도 많은 인물들이 도시적 삶으로 즉, 근대화된
사회체제로 귀속되었음이 직업을 통해 드러나고 있다. 이들의 직업은
근대화된 국가 체제의 관료 시스템을 보여주는 공무원이나 경찰, 산
업화된 사회의 생산 체제를 나타내는 사장과 노동자, 먹고 살 길을
찾아 다른 도시에서 유입해 온 다방 종업원, 술집 주인 등 다양하다.
긴밀한 인간적 유대 관계 위에서 형성된 폐쇄적인 고향 공간과 달리
다양한 직업군이 공존하는 도시는 인간관계를 변화시킨다. 상호부조
에 뿌리를 둔 전통적 가치나 공동체적 삶의 가치는 뒤로 밀려나고,
직업 내에서의 서열이나 지위가 상호관계의 중심이 된다. 이처럼 다
양한 직업을 가진 사람들이 공존하는 도시의 특징은 식민지 시기 동
안 자본주의 상품의 소비시장으로 개발되면서 성장한 군산의 특수한
상황을 반영한다.[23]

---

[22] 근대성의 의미는 다양한 학문 분야에서 다루어져왔다. 본 논의에서는 일반적인 논
의의 수준에서 근대성 개념을 사용한다. "자본주의의 출현과 함께 정치, 경제, 문화
등의 총체적 사회과정 속에서 형성된 생활 경험과 생활양식"(마이크 새비지, 알랜
와드, 김왕배, 박세훈 역, 『자본주의 도시와 근대성』, 한울, 1996, 5쪽)이라는 맥락에
서 근대성의 공간을 살펴본다.

군산은 비약적인 경제적 성장만큼이나 근대사회로 이행하는 사회 문화적인 변화를 드러낸다. 먼저 주목해 볼 것은 인구 이동과 관련해서 나타나는 사회 구성원의 변화이다. 한국전쟁 당시에 발생한 피난은 한반도에서 대규모의 인구 이동을 야기했는데, 이로 인해 도시지역 거주 인구가 급격히 증가하는 결과를 가져왔다. 농촌에 비해 경제적 기회가 다양한 도시로 인구가 몰리면서 도시 집중 현상이 나타났고, 인구의 지리적 이동은 사람들로 하여금 타 지역 사람들과 접촉하게 함으로써 전통적인 관습과 사고방식에 변화를 야기했다.[24] 사회 구성원이 급격히 재편성된 도시는 폐쇄적인 고향 공간에 비해 유동적이고 불안한 특성을 지니는데 이러한 측면을 가장 잘 보여주는 것은 이주자들과 빈민층의 삶이다.

　　② 역전 춘광옥 아가씨 / 어디 손님이라고 씨 할래야 씨도 없는데 / 아침나절부터 / 문 탁 열어놓고 / 니나노만 불러대는데 / (중략) / 노래 뚝 끊고 대꾸하기를 / 엄마! / 엄마는 내 노래가 노래로 들리우? / 참 안되었수 // 그 어리고 매울 길례 / 어느 놈한테도 넘어가지 않는 길례 // 오늘도 걷는다마는 정처없는 이 발길 // 험한 세상 끄떡없는 / 그 어리고 매운 길례(8권, 「길례」 부분)

　　③ 식민지 시대 / 땅 없는 자 / 제 고향 떠나 / 떠돌이 막일꾼 되어가는데 / 그런 것도 못되는 군산 묵은장 상거지 / 성도 이름도 없어 / 야 거지야

---

23) 군산은 일제 식민지 통치기 동안 초기에는 식량수탈 기지로, 후기에는 자본주의 상품의 소비시장으로 개발되었다. 이에 따라 군산은 개항 이후 가장 빠른 성장을 보이는 도시 중 하나였다. 일례로 개항 당시 588명에 불과했던 군산의 인구는 일제 말기인 1944년에 이르러서는 5만 8,000명으로 증가해 거의 1만 배의 성장을 기록했다. 그러나 이러한 번영은 궁극적으로 일제 식민지 정책의 산물이었으며, 군산의 도시 성장은 식민지 경영을 위해 철저히 계획된 결과였다.(김영정, 소순열, 이정덕, 이성호, 앞의 책, 126쪽)

24) 정성호, 「6·25전쟁과 한국 사회 변동」, 『본질과 현상』 Vol.20, 본질과 현상, 2010, 118쪽.

거지야 상거지야 / 하면 그래도 나이 찼다고 / 왜 그래 / 떡 줄래? 술 줄래?
한다 / 아나 / 하고 쑥떡 먹이면 / 나도 먹으니 / 너도 먹어 / 하고 / 서너
번 쑥떡 먹여댄다 // (중략) // 그런 중에도 도둑질은 전혀 모른다 / 아낙 앞
에서도 / 오줌 싸는 것밖에는 / 누렁코 푸짐하게 풀어대는 것밖에는(7권,
「묵은장 상거지」 부분)

　④ 서천역 대합실에서 자고 / 서천역에서 노는 / 거지 계집애 / 열서너살
흰자위 눈동자 / 능글맞게 말이 걸다 / 나한테 안 주면 / 쓰리꾼한테 주게
되지 / 누가 10원 달라나 / 5원 달라는데 / 5원이 돈인가 / 5원은 손 벌린 값
도 아니여 // 누가 데려다 목간 한번 시켜보았으면(9권,「거지 계집애」 전문)

　위 시에 나타나는 인물들의 공통점은 고향을 떠나 연고 없이 흘러
든 도시에서 빈민으로 살아간다는 것이다. 가족과 친척, 이웃 사람들
과의 유대 속에서와는 달리 이들은 "철새"처럼 삶의 거처를 옮기며
살아가는 사람들이다. 물론 이들 가운데서도 인정 많고, 선한 품성을
가진 인물도 등장하지만 도시라는 개방적, 유동적 공간에서는 집단적
유대를 형성하지는 못한다. 또한 도시가 형성되면서 발생하는 도시
빈민층인 거지의 등장도 눈에 띠는 현상이다. 도시 빈민층은 급격히
성장하는 도시에서 아직 제대로 정착하지 못한 계층으로 불안정하고
유동적인 삶의 양상을 잘 보여준다.
　『만인보』의 50년대 사람들이 살아가는 군산, 장항, 대천이라는 공
간은 1930~40년대 고향 공간과 질적으로 다른 세계이다. 급격한 계층
의 이동이나 거처의 이동이 드러내는 사회적 유동성은 산업사회가 갖
는 특성이며 이것은 근대사회로의 이행을 알려주는 특성25)이다. 이러

---

25) 산업사회는 농경 사회에 비하여 유동적이고 평등한 사회라는 것을 전제로 한다. 다시
　말해 근대사회는 유동적이기 때문에 평등한 것인데, 이것은 분업화된 산업사회로 진
　입하면서 나타나는 현상이다. 경제 성장에 대한 갈망을 충족하기 위해 산업사회가 요
　구하는 것이 언제든 사람을 필요한 곳에 배치할 수 있도록 지위, 계급, 신분을 뛰어넘
　는 유동성이다.(어니스트 갤너, 이재석 역,『민족과 민족주의』, 예하, 1988, 40~41쪽)

한 점에서 50년대 군산은 두려움과 낯섦으로 다가왔던 일제 시기의 식민지 근대와는 변별되는 근대적 삶의 양식이 형성되고 수용되는 공간이었음을 알 수 있다.

그런데 한국 사회의 경우 근대사회로의 이행에서 중요한 것은 산업화보다는 전쟁의 여파였다. 한국인 대부분이 전쟁으로 인해 경제적 지위의 추락을 경험하게 되면서 국민 대다수의 빈민화가 발생했다.[26] 그 결과 1953년 이후 전후 회복기의 한국 사회는 자본주의적 발전이 가시화되는 한편 그에 따른 모순 구조도 정착되는 시기였다. 경제적 고성장 이면에는 광범위한 민중적 빈곤이 형성되고 있었던 것이다.[27] 도시 빈민의 한 형태인 '거지'의 등장은 자본주의 도시로 성장하는 군산의 화려함 이면에 전쟁이 야기한 여러 가지 모순들이 축적되어 있었음을 말해준다.

이런 현실은 혹독한 가난 때문에 경제적 가치에 일찍 눈이 밝아진 "거지 계집애"와 마찬가지로 사람들이 자본주의적 가치를 빠르게 습득하도록 만든 요인이기도 하다. 『만인보』에서 주목하는 문제 역시 이러한 도시 공간에서 타락하는 인간성 문제이다. 오랜 식민지 경험과 전쟁으로 고향 세계가 지니고 있던 질서와 가치가 사라진 자리에 시민 사회의 질서와 윤리가 들어서지 못하고 자본주의적 가치만이 강

---

26) 정성호, 앞의 글, 123쪽.

27) 그러한 변화의 이유는 첫째, 전쟁 중에 전비조달을 위해 남발되었던 통화증발이 전후 복구의 명분으로 지속되고 미국의 잉여농산물 수입 등 해외원조가 증가하면서 이에 따른 급격한 인플레이션의 진행이 국민생활의 피폐를 지속시켰다. 둘째, 농지개혁의 실패로 농촌 경제가 파탄하면서 이농향도가 발생하여 도시빈민을 창출했다. 셋째, 원조경제하에서 종속적 자본주의가 형성되면서 대자본은 정경유착과 귀속재산 불하 등의 특권과 특혜로 지배력을 확대해나갔다. 넷째, 원조경제는 급속한 자본축적을 가능케 하고 자본가 계급과 독점자본의 형성을 촉진시켰다. 이와 같은 요인들에 의해 1950년대 민중의 빈곤은 매우 광범위하게 발생했다.(이영환, 「해방 후 도시빈민과 4·19」, 『역사비평』, 1999, 봄호)

조되면서 일어난 인간성의 변화를 시인은 포착하고 있다.

⑤ 군산 금강산 밑 / 8·15 뒤 동국사로 바뀐 절 / 그 동국사 밑 / 적산가옥 12호 이달호 / 거기에도 그냥 맨몸으로 들어가 차지해서 / 내 집으로 삼아버린 이달호 / 뛰는 놈 위에 나는 놈 이달호 / 한데 / 나이 스물 넘어서부터 / 고자질하고 / 투서하고 / 무고하고 // 목숨 질겨 / 병이라는 것 실컷 앓다가 죽는 벌 받아야 하는데 / 어디라고! / 뭇 병마조차 그를 피해간다 // (중략) // 세탁소 가서도 / 두 번 세 번 다려 입고 / 바지에 칼날 같은 줄 세워 나온다 / 그렇게 나와 / 이간질하고 / 투서하고 / 남의 험담 늘어놓고 // 그러다가 무고죄로 잡혀갔다 / 용케 나온다 / 밥 먹어도 / 밥 한 숟갈을 일흔 번이나 씹어 삼키고 / 부흥루 짜장면 한 그릇 먹는데도 / 한시간 남짓 걸린다 // 머리 숱 칙칙하여 / 이마빡 없다 / 살도 검붉어 / 심줄 튀어나올 듯하고 / 눈알맹이도 번뜩번뜩 빛나고 / 가래침 탁 뱉으면 / 틀림없이 활짝 핀 꽃 속으로 떨어진다 // 슬픔 따위 없다 / 기쁨 따위 없다 / 그런 것 개나 주어버려라(7권, 「이달호」 부분)

⑥ 면사무소 전병배 부사 / 점심에 반주 과하여 얼굴 찢어지게 붉다 / 섣달은 죽은 달이라 / 일 하나마나 / 밤 이슥토록 얼굴 붉다 / 산북리 이장하고 한잔 / 개사리 이장하고 한잔 / 관여산 이장하고 한잔 / 시시껄렁한 일 보아주고 / 술로 받고 / 돈푼으로 받고 / 부면장 면장이 꿈인데 / 기어이 뇌물 들통나서 / 계장에서 더 올라가지 못하고 / 그만두었다 / 그런 뒤로야 / 어느 시러베아들놈 모주 한 사발 사는 놈 없다(7권, 「전주사」 부분)

⑦ 해방 직후 / 대천동국민학교 한 여선생 / 수업 시간에 / 한번도 돈 얘기 안한 적 없다 / 돈 / 돈 / 돈 / 너희들 커서 돈 벌어라 / 너희들 부모 중 / 누가 제일 돈 많으냐 / (8권, 「대천동국민학교 돈선생」 부분)

⑧ 경찰서장 김주평 총경은 슬쩍슬쩍 빼내고 / 경찰서 수사계장 장하열 경위는 / 마구마구 잡아들이고 / 충남도경에서 제일 많이 잡아들이는데 / 제일 많이 없어진다 / 절도질 강도질 하려면 / 대천 가서 하거라 / 돈 열 다발 책보에 싸 들고 / 서장 관사 들어가면 / 나흘 뒤 나온다 // 김서장 부인 인정자 여사 / 당직 순경 길 건너 가 있으라 하고 / 이른 아침부터 대문 활

짝 열어놓는다 // 경축식전에서 연설 잘하는 김주평 서장인데 / 집에서 돈
받는 것도 잘하는구나(9권, 「김서장」 전문)

위의 인용시들은 사회상의 변화와 인간상의 변화가 특징적으로 잘
드러난다. ①의 주인공인 '이달호'는 전후의 어수선한 사회적 분위기
속에서 자기 생존을 위해 수단을 가리지 않는 인간상이다. '이달호'는
고향 세계의 질서에 의거하여 평가될 수 없는 근대적 세계의 인물이
기도 하다. "세탁소 가서도 / 두 번 세 번 다려 입고 / 바지에 칼날 같
은 줄 세워 나"오는 이달호의 모습은 그가 얼마나 자기 삶에 철저한
인물상인지를 보여주는데, 그런 그의 생존 전략은 타인을 희생시키는
것이다. 그러나 이달호에게 죄책감이나 미안함은 없다. "슬픔 따위 없
다 / 기쁨 따위 없다 / 그런 것 개나 주어버려라"라는 구절은 자기 삶
을 위한 현실 원칙에 철저하기 위해서는 타인의 삶을 담보로 삼을 수
밖에 없는 당시의 사회적 분위기가 반영되어 있다. 이제 자본주의 사
회에서의 삶은 공동체적 윤리의식이나 도덕규범 등을 가치로 삼을 수
없게 된 것이다.

이러한 문제의식은 ⑥, ⑦, ⑧과 같이 사회 제도를 유지하는 역할을
맡은 인물들을 통해 더욱 구체화된다. 고향 세계의 인물들과 달리 위
시의 인물들은 근대 국가의 행정 체계를 담당하고 있는 자들이다. 그
런데 "면사무소 전병배 부사", "대천동국민학교 한 여선생", "경찰서장
김주평" 등의 인물은 인간성의 타락과 가치전도의 문제를 드러낸다.
이들의 행위에는 사회적 공존을 위한 윤리 의식이 결여되어 있다. 행
위를 통해 나타나는 이들의 가치관에는 자본의 축적만이 현실을 유지
하는 방편이라는 의식이 반영되어 있다. 뇌물 수수를 통해 승진하려
는 "면사무소 전병배 부사"는 사욕을 충족하기 위한 수단이 되어버린
행정 제도의 부패를 보여주고, 수업 시간에 "너희들 부모 중 / 누가

제일 돈 많으냐"고 묻는 여교사는 물질의 가치 앞에서 무력해진 인간
상을 보여준다. 가장 적극적으로 재산 축적을 위한 부정을 서슴지 않
는 "경찰서장 김주평"과 그의 아내는 자본주의가 타락시킨 인간성의
전형을 보여준다.

한국전쟁 이후 군산은 유동성이 큰 산업도시의 특성을 지니고 있
으며, 동시에 자본주의적 욕망에 길들어가는 인물들의 삶이 펼쳐지는
공간이다. 작품을 통해 형상화된 군산은 한국 사회의 성장을 압축적
으로 보여주는 상징적 공간이기도 하다. 군산을 배경으로 펼쳐지는
50년대 인물들의 삶은 전쟁 이후 새로운 국가와 시민 사회를 건설해
나가는 데 필요한 가치와 이념 등을 결여한 채 불균형한 성장의 길을
좇았던 한국 사회의 성장 과정을 되돌아보게 한다.

V. 맺음말

『만인보』는 작가 자신의 경험을 출발점으로 삼아 한반도 전체로
이야기 영역을 넓혀 나간다. 인간의 경험을 재구성한 각각의 이야기
에는 삶이 가능한 조건으로써 구체적인 공간이 등장한다. 수학적 공
간과 달리 인간의 체험적 공간은 공간에 대한 관계를 통해 필연적으
로 주어지며[28] 여기에는 주체로서의 인간과 관련된 지향적 공간성이
내재하게 된다.[29] 이와 같은 공간 인식을 토대로 본 논의에서는 『만

---

[28] 오토 프리드리히 볼노, 이기숙 역, 『인간과 공간』, 에코리브르, 2011, 55쪽.

[29] 하이데거는 인간이 공간에 존재한다는 것은 사물이 존재하는 것과 다르다고 말한다.
인간은 주변 세계와 관계를 맺는 주체이며 그런 의미에서 인간은 지향성이라는 특징
으로 설명되어야 한다. 인간이 공간과 관계를 맺는 한 인간은 공간 내적인 존재가
아니다. 인간이 공간 속에 존재하는 방식은 그를 둘러싼 세계 공간에 대한 규정이
아니라, 주체로서의 인간과 관련된 지향적 공간에 대한 규정이다.(위의 책, 352쪽)

인보』1권~9권에 나타난 군산에 대한 공간 표상을 검토해보았다.

삶의 경험이 형성되는 공간으로서 군산은 이중적 공간 표상을 담고 있다. 먼저 군산은 인간 삶의 기본 거주지인 고향이다.『만인보』에서 1930~40년대 시편에 등장하는 군산은 작은 단위의 마을 지명들로 미분화되어 나타난다. 마을 단위의 공간인 고향은 공동체적 공간으로서 이 안에서의 삶은 애정에 기반한 사람들 간의 협력과 분업을 통해 유지된다. 고향이라는 공간 안에서 유지되는 전통 규범과 권선징악의 가치는 사람들 사이의 관계를 조화롭게 지탱해주는 역할을 하며, 이 안에서 사람들은 삶의 안정과 미래에 대한 낙관을 가지게 된다. "사랑하는 사람들이 서로 방해하지 않고 조화롭게 더불어 사는 공간, 서로의 삶을 풍요롭게 하여 실제로 공동의 생활공간이 크게 증대되는 공간"30)인 고향은 확장된 집과 같은 공간이다.

그러나 동시대에 겪었던 일제강점기의 경험은 고향 공간으로 편입되지 못하고 학교나 백화점과 같은 외부 세계로 분리된다. 어린 화자가 학교에서 일본인 선생님을 만나거나 시내의 백화점에 가서 일본 아이를 마주치는 경험은 고향 공간과 매우 이질적인 경험들이다. 어린 화자는 낯설고 두려운 외부 세계로부터 도망치듯 고향 공간으로 돌아온다. 그런 점에서 고향 공간은 식민지 경험과 단절된 폐쇄적 공간이자 외부와 철저히 단절된 순수한 내부 공간이다. 폐쇄적이고 순수한 공간 인식에는 민족이라는 삶의 공동체가 식민지 논리에 동일화되거나 식민지배에 훼손되지 않아야 한다는 작가의 이상이 투영되어 있다.

고향 공간으로서의 군산은 1950년대 이후 도시 공간으로 확장된다. 자본주의 사회의 대규모 생산과 소비가 가져온 풍요라는 근대화의 물

---

30) 위의 책, 340쪽.

결에는 탈인간화, 범죄, 오염, 혼잡, 불평등, 소외 등이 내재해있고, 이 양면성을 가장 선명하게 드러내는 공간은 바로 도시이다.[31] 식민지 시기 동안 일제의 정책 속에서 경제적 성장을 밟아온 군산은 자본주의 도시의 특징들을 함축한 공간으로 표상된다. 전쟁 이후 이주민이 급증한 군산은 유동적이고 불안정한 자본주의 도시의 성격을 드러내며, 군산을 중심으로 한 인근 도시들로 확장된 사람들의 생활 경험은 농경문화에 기반 한 공동체적 삶의 경험과 달리 전문화된 직업을 통해 가시화된다. 전통 가치를 대체하는 손익 관계가 현실적 원리로 수용되고, 전쟁 이후 경제적 빈곤에 빠져있던 사람들은 이윤 추구를 목표로 하는 사회경제적 질서에 적응해나간다. 이러한 도시 공간에서 빠르게 변화하는 것은 인간성이다. 자본주의 도시로 성장하는 과도기적 공간에서 사람들은 자본주의적 질서에 빠르게 적응해나가야 한다는 현실적 욕망 그리고 여태껏 경험해보지 못한 새로운 세계를 향해 간다는 기대감 등을 표출하고 있다.

　『만인보』에 나타난 군산의 공간 표상은 고은의 개인사적 경험과 관련이 깊지만 군산은 개인만이 아니라 집단의 경험이 기록된 문화적 기억 공간이기도 하다. 아스만은 기억의 매체로 기능하는 장소가 기억을 확인하고 보존하는 매체일 뿐만 아니라 문화적 기억 공간을 구성하는 의미를 지니고 있다고 논의한 바 있다.[32] 이런 맥락에서 군산은 한국 사회가 공유한 삶과 역사의 복합적 기억의 저장소이자 문화적 기억 공간이다. 『만인보』는 개개인의 이야기를 통해 한 집단의 역사와 문화 그리고 삶의 기억을 간직한 문화적 기억 공간을 창조한 작품이다. 『만인보』가 보여준 군산에 대한 공간 표상은 이 공간에 대한

---

31) 마이크 새비지, 알랜 와드, 앞의 책, 6쪽.
32) 알라이다 아스만, 변학수·백설자·채연숙 역, 『기억의 공간』, 경북대학교 출판부, 2003, 392쪽.

다양한 문화적 기억들을 축적함으로써 군산이라는 기억 공간을 확장
시키고 있다.

◆참고문헌◆

고은, 『만인보』 1권~3권, 창작과 비평사, 1986.

고은, 『만인보』 4권~6권, 창작과 비평사, 1988.

고은, 『만인보』 7권~9권, 창작과 비평사, 1989.

강만길, 『한국현대사』, 창작과 비평사, 1984.

고은, 「근대와 나」, 고은·모옌 외 지음, 『근대와 나의 문학』, 민음사, 2008.

김종회, 「문학공간 속의 숨은 길」, 『문학사상』, 2014.4.

김영정, 소순열, 이정덕, 이성호, 『근대 항구 도시 군산의 형성과 변화』, 한울 아카데미, 2006.

여홍상, 『바흐친과 문화이론』, 문학과 지성사, 1997.

이영환, 「해방 후 도시빈민과 4·19」, 『역사비평』, 1999, 봄호.

이해준, 「한국의 마을문화와 자치·자율의 전통」, 『한국학논집』 제32집, 계명대학교 한국학연구원, 2005.

정성호, 「6·25전쟁과 한국사회 변동」, 『본질과 현상』 Vol.20, 본질과 현상, 2010.

최진석, 「사건과 크로노토프」, 『인문과학』 제24집, 2012.

마이크 새비지, 알랜 와드, 김왕배, 박세훈 역, 『자본주의 도시와 근대성』, 한울, 1996.

알라이다 아스만, 변학수·백설자·채연숙 역, 『기억의 공간』, 경북대학교 출판부, 2003.

어니스트 갤너, 이재석 역, 『민족과 민족주의』, 예하, 1988.

오토 프리드리히 볼노, 이기숙 역, 『인간과 공간』, 에코리브르, 2011.

이-푸 투안, 구동회·심승희 역, 『공간과 장소』, 대윤, 2007.

제8장

채만식의 『심봉사』 계열체 서사의 근대성*

공종구**

I. 들어가는 글

모든 문학 예술의 본질은 '역설의 제도'이다. 이 말은 무슨 의미인가? 모든 문학 예술은 제도를 통해 제도 너머의 새로운 세계와 질서를 모색하고 탐색하는 제도라는 의미[1]이다. 상징계 내의 문학 제도를 통해서 상징계 너머의 초월적인 세계를 동경하거나 욕망하는 글쓰기 행위가 바로 모든 문학 예술의 원천이자 기원을 이루고 있기 때문이다. 상징계의 정주민이기를 거부하는 작가들은 따라서 끊임없이 '상상계의 유목민'을 꿈꾸거나 감히 '실재계의 폭로자'가 되고자 하는 모반을 감행하고자 한다. 플라톤의 시인 추방론에서 그 원초적 형태를 확인하는 바와 같이, 항상 그리고 언제나 작가들은 상징계의 중심에

* 이 글은 『현대소설연구』 제55호(2014.4)에 게재된 논문인 「채만식의 『심봉사』 계열체 서사 연구」를 수정 · 보완한 것임.
** 군산대학교 국어국문학과 교수.
1) 이에 대해서는 조너선 컬러 / 이은경 · 임옥희, 『문학이론』, 동문선, 1999, 69~71쪽 참조.

서 위험한 타자로 추방되거나 세계와의 불화를 일용할 양식으로 삼아
야 하는 조건을 존재론적 운명으로 기꺼이 접수해야만 하는 오이디푸
스적 욕망의 적자이자 첨병들이다. 하여 모든 작가들은 불온한 존재
일 수밖에 없다.

한편, 존재와 세계에 대한 질문이자 해석으로서의 문학은 그 본질
에서 현실세계에서 받은 좌절이나 결핍을 상상적 · 상징적인 차원에
서 보상받고자 하는 동기나 욕구가 중요한 동력으로 작용한다. '역사
와 도덕과 진리와 같은 문학 외적 범주들이 모든 소설을 소환하는 재
판소가 될 수 있는 것도, 그리고 현실이 영원히 도달 불가능한 대상
임에도 불구하고 현실을 바꾸려는 현실적 욕망을 상징적으로 나타냄
으로써 언제나 결정적인 순간에 현실과 접촉할 수 있는 것'[2]도 모두
그 경계를 명확하게 확정짓기가 미묘하고 모호한 허구와 현실, 역사
와 문학, 존재 및 세계와 소설의 관계 때문이다. '상징계가 실재계에
낸 구멍을 메우려는 시시포스적 시도인 문학 텍스트를 작가의 욕망과
무의식을 보여주는 징후'[3]로 해석 가능한 것도, "비공식적 역사, 불충
분한 역사 또는 역사의 보충"[4]으로 기능해 온 문학이 시공을 초월하
여 인류의 삶과 더불어 존재해 왔던 것도 그러한 맥락에서이다. 채만
식의 『심봉사』 계열체 서사[5]의 문제성이 그 윤곽을 선명하게 드러내
는 지점은 바로 이러한 맥락에서이다. 왜 그러한가? 이러한 질문에

---

2) 마르트 로베르 / 김치수 · 이윤옥,『기원의 소설, 소설의 기원』, 문학과 지성사, 1999,
   25~33쪽 참조.
3) 김석,「자율적인 시니피앙 논리의 효과인 문학」, 한국프랑스철학회,『프랑스 철학
   과 문학비평』, 문학과 지성사, 2008, 16~17쪽 참조.
4) 루샤오펑 / 조미원 외,『역사에서 허구로』, 길, 2001, 27쪽.
5)『심봉사』 계열체 서사는 채만식의 소설 지형에서 '심봉사'라는 제목을 통해 가부장
   제 이데올로기에 기초한 전통적인 가족제도에 대한 비판과 저항의지를 반영하는
   네 편의 작품들을 지칭한다.

대한 성실한 탐색과 천착을 해보고자 하는 문제의식에서 이 글은 출발한다.

채만식의 서지 목록을 검토하다 보면 한 가지 흥미로운 사실을 발견할 수 있다. 그것은 『심봉사』라는 제목의 작품이 네 편이나 존재한다는 점이다. 이 사실 자체는 그리 중요하지 않을 수도 있다. 하지만 이 사실을 채만식 문학의 기원이라는 맥락에서 접근하게 되면 사정은 사뭇 달라진다. 무슨 의미인가? 이 질문이 서 있는 자리가 바로 이 글의 문제의식을 자극하고 촉발하는 장소이다. 이 질문에 대한 답을 탐색하고 천착하는 작업은 따라서 당연히 이 글의 목적이 된다. 다시 한 번 반복하자면, 채만식의 소설 목록에서 『심봉사』라는 제목의 텍스트는 네 번이나 등장한다. 반사적으로 떠오르는 질문 하나! 채만식은 왜 『심봉사』라는 제목의 작품에 그렇게도 집요하게 매달린 것일까? 구체적인 작품 분석과 해석을 통해 드러나겠지만 그것은 채만식 문학의 기원과 밀접한 관련이 있다. 따라서 이 글의 목적은 구체적인 작품 분석과 해석을 통해 『심봉사』 계열체 서사들이 채만식 문학의 기원으로 작동하는 가부장제 이데올로기에 기초한 전통적인 가족제도의 억압과 폭력에 대한 채만식의 비판과 저항의지를 반영하고 있음을 밝히는 작업이 될 것이다.

채만식 문학의 기원과 관련된 중요성에도 불구하고 『심봉사』 계열체의 서사들에 대한 연구는 상대적으로 영성하고 소홀한 편이다. 주목할 만한 글로는 방민호와 정홍섭의 글을 들 수 있다. 방민호는 매우 정치한 텍스트 비교 분석을 통해 채만식의 심봉사 작품군을 근대적 주체의 욕망의 문제를 천착한 패러디적 시도로 해석하고 있다. 먼저 방민호의 글은 정치한 텍스트 분석 작업을 통해 원텍스트인 심청전과 패러디 텍스트인 심봉사 작품군 사이의 패러디적 양상의 차이와 그 의미를 치밀하게 밝혀 이 작품들에 대한 후속 연구들을 자극하고 촉발하고 있다는 점에서 매우 중요한 의미를 지닌다. 채만식의 패러디적 의도를 근대적 주체의 욕망의 문제로 환원하는 방민호의 해석6)은 그러나 이 작품들이 발표되던 당시 조선 사회에서 '상징계의 대타자'나 '아버지의 이름'으로 기능하는 전통적인 가족제도에 대한 비판과 심문으로 해석하고자 하는 이 글의 문제의식과는 사뭇 거리가 있다. 방민호의 작업과 문제의식을 비판적으로 연장하고 있는 정홍섭의 글은 두 가지 점에서 주목할 만하다. 하나는, 새롭게 발굴한 미완의 장편『심봉사』(『협동』, 1949)를 논의의 대상에 포함시키고 있다는 점이다. 다른 하나는 방민호의 작업과 마찬가지로 면밀한 텍스트 분석을 통한 패러디적 양상을 밀도 있게 분석하고 있을 뿐만 아니라 방민호의 해석과는 달리 패러디적 의도나 문제의식을 조선의 가부장 전통의 본질에 대한 풍자로 접근7)하고 있다는 점이다.『심봉사』계열체 서사의 패러디적 의도를 조선의 가부장적 질서에 대한 비판적 성찰로 해석하는 정홍섭의 작업은 가부장제 이데올로기에 기초한 전통적인 가족제도의 억압과 폭력에 대한 채만식의 비판과 저항의지를 반영하고자 하는 의도로 해석하고자 하는 이 글의 해석 관점을 공유한다. 하지만 그러한 해석을 채만식 문학의 기원으로까지 확장해서 논의를 전개하고자 하는 이 글의 문제의식과는 궤를 달리한다.

---

6) 이에 대해서는 방민호,『채만식과 조선적 근대문학의 구상』, 소명출판, 2001, 173~191쪽 참조.

7) 이에 대해서는 정홍섭,「채만식의 고전 패러디」, 이주형,『채만식 연구』, 태학사, 2010, 306~324쪽 참조.『심청전』의 패러디적 의미를 천착한 글로는 황태묵,「채만식의 고전 읽기와 그 의미」, 공종구 외,『경계인을 통해서 본 동아시아의 근대풍경』, 선인, 2005, 231~264를 들 수 있다.

Ⅱ. 반복강박으로서의『심봉사』계열체 서사

채만식의 문학 지형에서 반복강박의 양상을 보이면서 등장하는
'『심봉사』계열체 서사'의 범주에 속하는 텍스트는 모두 네 편이다.
희곡 두 편과 미완의 소설 두 편이다. 구체적인 서지 사항을 밝히면
다음과 같다.『심봉사』1(1936, 미발표 희곡[8])으로 1960년 민중서관에
서 발행한『한국문학전집』33권 희곡집 하에 수록),『심봉사』2(미완
의 소설로『신시대』에 연재(1944.11~1945.2)하다가 잡지의 폐간[9]으로
인해 중단),『심봉사』3(희곡으로『전북공론』에 연재(1947.10~11),『심
봉사』4(미완의 소설이자 채만식의 마지막 작품으로『협동』에 연재
(1949)하다가 신병으로 중단). 무려 11년에 걸쳐 지속되는 심봉사 계
열체 서사의 서지 사항에서 주목할 만한 사항은 희곡과 소설 창작이
갈마드는 반복강박의 양상을 보인다는 점이다. 채만식은 왜, 그리고
어떤 동기나 이유 때문에 전래 서사인 심청전을 대상으로 희곡과 소
설 양식을 넘나드는 장르 실험이나 패러디적 전유를 시도했던 것일
까? 이 점에 대해 정홍섭은, 조선의 전통과 현실에 대한 총체적 탐구
에는 희곡보다는 소설이 더 적합했을 것이라는, 극 장르와 소설 장르
간의 본질적 차이를 들어 해석[10]하고 있다. 그러나 강박에 가까울 정
도로 집요하게 반복되는 채만식의 장르 실험이나 패러디적 전유에는
장르 간의 차이만으로는 설명이 미흡하거나 부족한, 작가의 개인사와
관련된 무의식의 세계가 작동하는 지점이 존재하고 있어 보인다. 이

---

8) 김일영에 의하면 이 희곡은 1936년에『문장』지에 발표하려 했다가 검열로 삭제당
   한 것으로 알려져 있다. 이에 대해서는 김일영,「채만식의「심봉사」작품 군 연구」,
   이주형, 앞의 책, 278쪽 참조.

9) 조남현,『한국 문학잡지사상사』, 서울대학교출판문화원, 2012, 918~926쪽 참조.

10) 정홍섭, 앞의 글, 313~315쪽 참조.

와 관련하여 텍스트의 중간이나 말미의, 작가의 말이나 서술자의 개입의 형태를 통한 텍스트의 잉여는 매우 중요한 의미를 지닌다. 작가 부기라는 이름의 텍스트 잉여는 채만식의 장르 실험이나 패러디적 전유에 작동하는 무의식의 지층을 탐색하고 천착하는 데 필요한 유력한 단서를 제공하고 있기 때문이다. 그리고 텍스트의 잉여를 통해 드러나는 채만식의 무의식은 이 글의 문제의식의 핵심에 육박한다는 점에서도 면밀한 검토를 요한다.

> (부기)
> 이것을 각색함에 있어서 첫째 제호를 「심봉사」라고 한 것, 또 「심청전」의 커다란 저류(低流)가 되어 있는 불교의 '눈에 아니 보이는 힘'을 완전히 말살 무시한 것, 그리고 특히 재래 「심청전」의 전통으로 보아 너무나 대담하게 결막을 지은 것 등에 대해서 필자로서 충분한 석명이 있어야 할 것이나 그러한 기회가 앞으로 있을 것을 믿고 여기에서는 생략하고 다만 아무런 이유도 없이 그러한 태도로 집필을 한 것은 아닌 것만을 말해둔다.(『심봉사』1, 『채만식 전집』9, 창작과 비평사, 1989, 101쪽)[11]

> (작자부기) 이 「심봉사」는 지나간 일정 말기(日政末期)에 잡지 『신시대』에 연재를 시작하였다. 제4회까지로 중단이 된 것을 이번에 본지의 지면을 빌어 그 첫 회부터 다시 한 번 발표할 기회를 가지게 된 것이다.
> 구소설 「심청전」에 대하여 나는 일찍부터 미흡감(未洽感)을 품고 있던 자이었다. 구소설 「심청전」이 효라고 하는 것의 훌륭한 전범이라는 점, 즉 그 테마에 있어서는 족히 취함직한 구석이 있다 하더라도, 그러나 한 개의 문학, 한 개의 예술로서는 가치가 자못 빈약하다 아니할 수 없는 것이었다. 구소설 「심청전」은 제법 문학이나 예술이기보다는 차라리 한낱 전설의 서투른 기록에 지나지 못하는 것이라고 보는 것이 옳을는지 모른다. 그 소재만은 넉넉 그리스 비극에 견줄 만한 것이 있으면서도 막상 온전한 비극문학이 되지를 못하고 만 것은 여간 섭섭한 노릇이 아닐 수 없는 일이다.

---

11) 앞으로 본문에서의 작품 인용은 인용 다음에 서지 사항을 밝히는 방식으로 통일하고자 한다.

나는 구소설 「심청전」을 줄거리 삼아 「심봉사」라는 이름으로 주장 인간 심봉사를 한번 그려냄으로써 새로운 심청전 하나를 꾸며보겠다는 야심이 진작부터 있었고, 이번이 그 두 번째의 기회인 것이다.(『심봉사』 4, 정홍섭 엮음,『채만식 전집』, 현대문학, 2009, 150~160쪽)

연재 중간이나 연재 후의 작자 부기 형식을 통한 텍스트 잉여를 통해 확인할 수 있는 사항은 다섯 가지이다. 구소설『심청전』에 대한 불만이 있어 그것을 토대로 제대로 된 비극문학을 창작해 보겠다는 의욕이나 의도를 오래 전부터 지녀 왔다는 것,『심청전』의 세계관을 지탱하는 불교의 초월적 요소를 배제했다는 것, 작품의 제목을『심청전』에서『심봉사』로 변경한 것, 작품의 결말을 대담하게 변경한 것, 그리고 그러한 변경에는 모두 작가의 의도나 문제의식이 개입되어 있다는 것이다. 이러한 텍스트의 잉여를 어떻게 해석할 것인가? 부기의 형식을 빈 텍스트의 잉여에서 주목할 만한 사실은 작품의 제목과 결말을 변경하게 된 의도나 문제의식이 분명히 있다고 말하면서도 그것을 구체적으로 밝히지는 않고 있는 점이다. "정신분석학에서 억압은 의식적 주체가 어떤 이미지나 생각, 기억 등을 의식세계로부터 밀쳐 내려는 시도로 억압을 통해 떨어져나온 정신 내용들은 무의식계에 자리잡거나 그 자체로 무의식을 형성"[12]한다. 이러한 무의식은 현실세계와의 타협을 통한 상징적 번역 작업을 통해 다양한 증상적 기호의 형태로 자신을 재현하거나 표상한다. 그리고 이러한 기호들이 바로 "텍스트의 주제적 표현이나 그것의 갑작스런 침묵 속에, 그리고 목소리의 변화나 특별히 어떤 흠집과 불일치 속에, 그리고 있어야 할 세부 사항이 무시되고 있는 곳에 존재"[13]하는 텍스트의 무의식을 구성한다.

---

12) 박찬부,『기호, 주체, 욕망』, 창비, 2007, 237쪽.

13) 앞의 책, 8~9쪽.

그러면『심봉사』계열체의 서사를 발표하던 당시 채만식의 무의식 아래 억압의 형태로 잠복되어 존재하면서 현실세계와의 타협을 통해 의식세계의 표면으로 부상하기를 기다리고 있던 욕망의 실체는 무엇 이었을까? 그것은 그 당시까지도 조선 사회에서 '상징계의 대타자'나 '아버지의 이름'으로 기능하면서 조선의 청춘남녀들에게 폭력과 질곡 으로 작용했던 가부장제 이데올로기에 기초한 전통적인 가족제도 및 결혼제도에 대한 채만식의 비판과 저항의지로 보인다. 경성 유학과 동경 유학을 통해 이미 근대적 주체의 의식으로 무장한 채만식에게 가부장의 전제적 권력에 의한 명령과 금기를 지배적인 문법으로 동원 하는 전통적인 가족제도와 결혼제도는 조선 청춘남녀들의 처지를 "모 든 생존권을 박탈당한 노예"나 "시대착오적 무서운 마전(魔殿)에 감금 된 가련한 희생자"[14]로 만드는 "무서운 죄악"[15]으로 인식되었다. 게다 가 1920년에 아버지의 강제에 의해 이루어진 은선홍 부인과의 행복하 지 못한 결혼 생활은 전통적인 가족제도와 결혼제도에 대한 채만식의 부정적인 인식을 더욱 강화하는 결정적인 계기로 작용한다. '소설을 이용한 결혼교육을 주장[16]할 정도로 도저한, 가부장제 이데올로기에 기초한 전통적인 가족제도와 결혼제도에 대한 채만식의 문제의식은 자신의 그러한 개인사와 적지 않은 관련이 있다. 그리고 그러한 문제 의식이야말로 채만식이 11년에 걸쳐 반복강박에 가까울 정도로『심 봉사』계열체의 서사에 집요하게 매달린 결정적인 동기로 작용했다 고 할 수 있다.

　사정이 그러하다면, 작가의 부기 형식을 통한 텍스트의 잉여에서

---

14) 북웅생, 「생활개선과 우리의 대가족제도」, 정홍섭 엮음,『채만식 선집』, 현대문학, 2009, 354쪽.
15) 북웅생, 「청춘남녀들의 결혼준비」, 정홍섭, 위의 책, 277쪽.
16) 이에 대해서는 위의 글, 278~280쪽 참조.

작품의 제목과 결말을 변경하게 된 의도나 문제의식이 분명히 있다고
말하면서도 그것을 구체적으로 밝히지는 않고 있는 점은 어떻게 설명
할 것인가? 그것은 당시 조선 사회에서 상징계의 대타자이자 아버지
의 이름으로 기능하던 가부장제 이데올로기를 해체하고자 하는 오이
디푸스적 욕망을 실천하는 과정에서 감당해야만 하는 거세 위협에 따
르는 불안과 공포 때문이었을 것으로 생각한다. 물론, 심봉사 계열체
서사의 창작에 착수하는 1936년 이전에 채만식은 이미 「청춘남녀들의
결혼 준비」(『별건곤』, 1930.5)와 「생활 개선과 우리의 대가족 제도」
(『별건곤』, 1931.2) 등의 시사 논설을 통해 가부장의 전제적 권력에
기초한 전통적인 가족제도와 결혼제도에 도전하는 자신의 문제의식
을 분명하게 드러낸 바 있다. 두 글을 통해 드러나는, 전통적인 가족
제도와 결혼제도의 폭력성과 불합리에 대한 채만식의 어조와 태도는
1920년대의 이광수의 데자뷔를 연상하게 할 정도로 맹렬하면서도 우
상 파괴적이다. 따라서『심봉사』계열체 서사의 창작 의도를 분명하
게 밝힌다고 해서 검열에 따르는 억압을 의식해야 할 정도로 큰 부담
이 되지 않았을 수도 있다. 하지만 패러디적 전유의 대상 텍스트가
당시 조선 사회에서 최고의 가치와 미덕으로 평가 받던 '효'의 가치를
서사의 전면에 내세우는 「심청전」이라는 점에서 창작 의도나 문제의
식을 정직하게 밝히기는 쉽지 않았을 것으로 보인다. 작품의 제목과
결말을 변경하게 된 의도나 문제의식이 분명히 있다고는 말하면서도
그것을 구체적으로 밝히지는 않은 이유는 바로 그러한 억압의 결과로
보인다.

아무튼 은선홍 부인과의 결혼 이후 채만식의 무의식에는 계속, 가
부장의 전제적 권력에 기초한 전통적인 가족제도와 결혼제도에 대해
상호 충돌하는 두 가지 욕망의 벡터가 길항하고 있었던 것으로 보인
다. 하나는 원하지 않는 결혼을 강제하여 자신의 인생을 불행하게 만

든 단초나 빌미를 제공했다고 생각하는 가부장에 대한 원망과 피해의
식이다. 다른 하나는 1920년 결혼 이후 은선홍 부인과는 실질적으로
법률혼 관계만 유지하면서 가부장으로서의 책임인 가솔들을 돌보지
못한 데서 오는 죄의식이다. 이러한 두 가지 상호 길항하는 욕망의
벡터가 서사 충동의 원심력과 구심력으로 작용하면서『심봉사』계열
체 서사 창작에 강박으로 작용한 것으로 보인다. 이와 관련하여 채만
식이『심봉사』계열체 서사의 창작에 착수한 해가 1936년이라는 정보
는 무시하거나 외면하기 어려운, 아니 무시하거나 외면해서는 안 되
는 중요한 의미를 지닌다. 조선일보 퇴사에 뒤이어 전업 작가의 길을
선언한 채만식이 그 무렵 인연을 맺은 김씨영과 함께 자신의 실질적
인 후견인 역할을 하면서 당시 금광업에 종사하던 셋째 형 준식과 넷
째 형 춘식이 거주하던 개성으로 옮겨간 해가 바로 1936년이기 때문
이다. 이후 김씨영과 사실혼 관계에 들어가는 채만식은 전통적인 가
족제도와 결혼제도에 대한 고민이나 문제의식을 더욱 더 민감하게 의
식했을 것으로 보인다. 그러한 고민과 문제의식이 서사의 충동을 자
극하고 촉발하여 나타난 결과가『심청전』의 패러디적 전유이고, 그러
한 패러디적 전유를 통하여 채만식은 가부장의 전제적 권력에 기초한
조선 사회의 전통적인 질서에 대한 리얼리즘적 탐색과 천착을 시도한
것으로 보인다. 정말 그러한가? 구체적인 작품 분석을 통해서 살펴보
도록 하자.

Ⅲ. 서사적 전유의 양상과 그 의미

'원텍스트에 대한 아이러니적 전도나 반복을 통한 비평적 거리와
가치판단을 통해 원텍스트의 의미체계와는 전혀 다른 의미체계를 지

닌 새로운 텍스트를 생산하고자 하는 욕망을 목표로 하는 패러디는 크게 두 가지의 목표를 지닌다. 하나는 패러디적 전도를 통해 원텍스트의 의미체계가 지닌 허점이나 한계를 교묘하게 드러내는 일이다. 다른 하나는 보편적 의미 담지체로서의 원텍스트의 담론적 권위나 가치가 더 이상 유효하지 않다[17]는 것을 드러내는 일이다. 전래 서사인 『심청전』에 대한 패러디적 전유를 통해 새로운 모습으로 탄생한 채만식의 『심봉사』 계열체 서사 또한 패러디의 그러한 일반 문법에 지극히 충실한 모습을 보여준다. '심청이의 효행에 대한 칭송의 서사'에서 '심봉사의 욕망에 대한 처벌의 서사'로 서사의 초점을 전환한 『심봉사』 계열체 서사가 겨냥하는 지점은 가부장의 전제적 권력에 기초한 전통적인 가족제도의 억압과 폭력을 심문하고 처벌하고자 하는 오이디푸스적 욕망의 실천이기 때문이다. 『탁류』의 정 주사나 『태평천하』의 윤직원 영감 등이 극명하게 보여주는 바와 같이, 전통적인 가족제도에 대한 채만식의 문제의식을 반영하는 소설들에서 가부장은 대개 부정적인 인물로 형상화되어 나타날 뿐만 아니라 결말 부분에서 몰락하는 운명을 맞이한다. 『심봉사』 계열체 서사 또한 이러한 서사의 구조나 패턴을 반복적으로 변주한다. 『심봉사』 계열체 서사로의 전유를 통해 달라진 내용은 크게 두 가지이다. 하나는 심봉사에 대한 형상화 부분이고 다른 하나는 결말 부분이다.

1. 가부장제 이데올로기의 신봉자로서의 심봉사

전통적인 가족제도에 대한 문제의식을 반영하는 채만식의 소설에서 가부장은 거의 대부분 경멸과 풍자의 대상으로 형상화된다.

---

17) 린다 허천 / 김상구 · 윤여복, 『패러디 이론』, 문예출판사, 1993, 7~83쪽, 공종구, 『한국 현대 문학론』, 국학자료원, 1997, 31~32쪽 참조.

큰딸 초봉이의 혼사를 자신의 사업 자금과 등가적 교환과 거래의 대상으로 도구화하는 사물화된 의식의 소유자인『탁류』의 정 주사나 재산 증식을 생의 최고 목표이자 존재 증명의 유일한 도구로 승인하는 물욕의 화신으로 표상되는『태평천하』의 윤직원 영감 등은 그러한 가부장의 전형을 극명하게 보여준다.『심봉사』계열체 서사 또한 그러한 서사 특성을 반복적으로 변주하고 있다. 작품의 제목을『심청전』에서『심봉사』로 바꾼『심봉사』계열체 서사에서 서사의 주체로 기능하는 심봉사는『심청전』의 심봉사에 비해 도덕적·윤리적으로 결손과 훼손의 표지가 훨씬 더 분명한 인물로 형상화되기 때문이다.

> 여러 세월 지나가매 자식 생각 자연 멀어지고 동중(洞中)에 맡긴 전곡(錢穀) 일취월장(日就月將) 늘어가니 일신(一身)이 편한지라. 이웃 동네 뺑득어미라 하는 연이 있으되 행실이 부정키로 동네에 자자터라…… 심봉사 요족(饒足)하단 말을 풍편(風便)에 얼른 듣고 찾아와서 은근히 청혼하니 심봉사 여러 해를 환거(鰥居)하매 아내 생각 간절터니 잡년인 줄 모르고 대희(大喜)하여 허락하고 그날 밤에 동침하니 부부 정(情)이 중(重)하더라. **정신없이 요혹(妖惑)하여 일시라도 떨어지면 생발광이 절로 난다.**[18]

원텍스트인『심청전』에서 심봉사는 판본에 따라 미세한 편차는 존재하나 대체적으로 '착한 인물'로서의 특징을 지닌 인물로 등장[19]한다. 이 글이 원텍스트로 동원한 박순호 소장『심청전』에서도 심봉사가 부정적인 인물로 형상화되는 장면은 딸 심청의 매신(賣身) 대가로 확보한 재산을 통해 곽씨 부인과의 사별 이후 억압된 성적 충동의 해

---

18) 김진영 외,『심청전』, 민속원, 2005, 249~251쪽.
19) 판본에 따른 인물의 차이에 대한 분석에 대해서는 장석규,『심청전의 구조와 의미』, 박이정, 1998, 106~126쪽 참조.

결에 집착하는 도덕적 일탈을 풍자하는 대목이 유일하다. 그리고 심봉사의 도덕적 일탈 또한 시종일관 부정적 인물로 기능하는 뺑덕 어미의 계략과 술수에 의해, 따라서 심봉사의 역할은 수동적인 객체나 보조자의 지위를 전제한 상황에서 이루어진다. 하지만 전통적인 가족제도에 대한 비판적 문제의식과 대결의지를 반영하는 심봉사의 욕망에 대한 처벌로 서사의 초점이 이동하는 『심봉사』 계열체 서사로 오면 그러한 사정은 사뭇 달라진다.

> 동네 여인이 물러가기를 기다려, 심봉사는 어깨를 들썩거리면서 다뿍 달뜬 음성으로 다급히 부른다. **좀 침중한 편이 덜한 것이 이 사람 심학규의 타고난 천품이었다……**
> 아낙이 바느질품, 일품 팔아, 겨우 연명을 하고 지나는 사세를 생각할진대, 감히 **입 밖에 내지도 못할 노릇이었다. 그렇건만(노상이 형편과 물정을 모른바 아니건만) 미처 전후를 헤아리지 못하고서, 곧잘 그런 터무니없는 경륜과, 분수에 벗는 생각을 하려 드는 것이 본시, 이 심학규라는 사람의 사람 됨됨이의 딱한 일면인 것이었다……**
> 그러나 아무리 그렇기로니, 실상은 아무 죄도 없는 그 생명을 저주하고, 사뭇 태질을 치려고 덤비다니, **이것이 곧, 사리분별에 앞서, 격정대로만 행동을 하는 심봉사 그 사람의, 사람 우악스럽기도 한 성질의 일면인 것이었다.**(『심봉사』 4, 정홍섭 엮음, 『채만식 전집』, 현대문학, 2009, 161~187쪽)

원텍스트인 『심청전』에서 심봉사는 대체적으로 유교적인 명분과 대의를 중시하는 전형적인 양반인 '누대잠영지족'으로 등장한다. 그리고 치명적인 장애에도 불구하고 시종일관 지아비의 도리를 다하고자 최선을 다하는 '선량한 가부장'의 모습으로 형상화된다. 하지만 『심봉사』 계열체 서사에서는 문면에서 확인하는 바와 같이, 서술자의 적극적인 서술적 개입에 의해 심봉사는 경박하고 충동적인 기질에다 사리분별력과 합리적인 판단 능력에서 심각한 문제를 지닌 인물로 형상화된다. 더욱이 심봉사의 내면을 지배하는 욕망의 성격은 『심청전』의 전유를 통해 채만식이 의도한 문제의식의 핵심을 보다 더 분명하게 보여준다는 점에서 주목을 요한다.

> 눈을 떠 광명을 보고, 아낙을 내어놓아 품을 팔아다 구복을 도모하던 창피를 면하고 한다는 것만 하여도 크지 아니한 바 아니나, **진정 심학규의 더 곡진한 욕망은 과거를 본다는 데 있었다.**
> '눈을 떠, 과거를 보아, 급제, 벼슬, 승차, 또 승차, 몸의 영달과 빛나는 가문, 네 대만에 비로소 풀리는 유한, 지하에서 안심하실 선영 제위……'
> 이것이 오로지 눈 하나 번쩍 뜨고 못뜨고 하는 데 달려 있는 것이었다. **사람은 어떠한 원념을 지나치게 그리고 오랫동안을 두고 골똘하였느라면, 어느덧 그것이 신념화(信念化)하는 수가 있는 법이었다……**
> 신념 그 다음엔 기다림과 초조였다. '왜 이다지 더딘고, 어서 하루바삐 떠야지. 나이는 들어가고 세월은 늦은데, 이러다는 과거 볼 시절을 다 놓치고 말지. 내일이라도, 모레라도. 아니 이따라도 번쩍 환히, 아하, 어서 제발 좀……'
> 이렇게 기다리고 초조하던 것이었다.(『심봉사』 2, 『채만식 전집』 6, 창작과 비평사, 1989, 171쪽)

> 먼눈을 떠서 다시 광명을 보고, 그리고 과거를 보아 버슬을 하여 모모가 가문을 빛내며 선영의 뜻에 갚으며 이러고 싶은 원념과는 **따로이 또 한 가지 핍절한 욕망이 슬하에 자녀간 혈육을 두어보고 싶은 그것이었다……**
> "그러나, 인전 어쨌든, 떡두꺼비 같은 아들만 하나를 날 도리를 하란 말요. 응? 깨목불알에 고추자지가 대롱대롱 달린, 응?"……
> "아따 이왕이면 당장으루, 이왕 생기는 바이면 딸자식보담은 아들자식을……, 그 말 아뇨?"(『심봉사』 4, 정홍섭 엮음, 『채만식 전집』, 현대문학, 2009, 156~166쪽)

> 심봉사 : 응 그래 뒷일은 미처 생각을 하지도 않고 권선문에다가 삼백석 시주를 적어 보내놓고 나서 고옴곰 생각하니 기가 맥히더구나. 우리 형세에 쌀 삼백 석이 어데서 난단 말이냐? 부처님이 꼭 내 눈을 뜨게 해주기로 마련은 마련인가 분데 삼백 석이 있어야지!……. 그래 그 일을 생각하니 하도

답답하고 서러워 그렇게 울고 있던 판이다. 후유……(『심봉사』 1, 『채만식 전집』 9, 창작과 비평사, 1989, 62쪽)

가부장의 제왕적 권력을 정점으로 형성된 가부장제 사회에서 가부장을 제외한 다른 가족 구성원들, 특히 여성들은 주변부적 존재로 타자화된다. '여성에 대한 제도화된 폭력을 통한 여성에 대한 남성의 체계적인 지배와 여성의 타자화'[20]에 기초한 가부장제 사회에서 여성들은 가계의 재생산을 위한 출산과 가사 이외의 다른 권력에서는 철저히 배제되기 때문이다. 한편, "장남에게 지위와 재산을 계승하는 세습적 성격"[21]을 띠는 "부계 혈통의 순수성을 성 불변 원칙으로 보장하는 가부장제"[22] 사회에서 아들의 존재는 필수적이다. 그리고 그 아들에게는 입신양명과 영달을 통해 가문의 명예와 지위를 드높이는 일이 존재를 압도하는 필생의 과업으로 주어진다. 서술자의 서술적 개입이나 자신의 고백적 진술을 통해 드러나는 바와 같이, 심봉사의 내면을 지배하는 욕망은 아들과 과거 급제를 통해 가문의 대를 잇고 영광을 드높이는 일이다. 가문의 가치를 드높이는 욕망에 완전히 지배당하는 인물로 드러나는 심봉사의 표상은 남성의 권위를 확고히 하는 제도와 구조이자 그러한 세계를 구성하는 이데올로기인 가부장제 이데올로기 신봉자로서의 모습이다. 그리고 자신의 욕망에 맹목이 되어 앞뒤 분별없이 시주 스님과의 계약을 충동적으로 체결한, 그리고 그 충동적인 계약의 결과로 결국 자신의 일점혈육인 심청을 인당수의 제수로 거래하는 비극적인 재앙을 초래하는 심봉사의 태도와 처신에서 무능하면서도 이기적인 가부장의 전형인 『탁류』의 정주

---

[20] 조셉 칠더즈 · 게리 헨치 / 황종연, 『현대문학 · 문화 비평 용어사전』, 문학동네, 1999, 321~322쪽 참조.

[21] 한국문학평론가협회, 『문학비평용어사전』 상, 국학자료원, 2006, 72쪽.

[22] 권용혁, 『한국 가족, 철학으로 바라보다』, 이학사, 2012, 160쪽.

사 그림자를 읽어내는 독법은 충분한 설득력을 지닌다. 이러한 맥락에서 "심봉사의 이 '앞 못 봄'이야말로 예의 전통적 가부장의 무분별함과 무능력함을 상징한다고 볼 수 있다."[23]는 해석 또한 충분한 설득력이 있다.

'극단의 수사학'을 동원하고 있는 「청춘남녀들의 결혼 준비」(『별건곤』, 1930.5)와 「생활 개선과 우리의 대가족 제도」(『별건곤』, 1931.2) 등의 시사 논설을 통해 채만식은 이미 가부장의 전제적 권력에 의해 유지되는 조선의 전통적인 가족제도와 결혼제도의 폐해나 모순에 대해 신랄하게 비판한 바 있다. 자신이 신봉하는 대의나 명분을 위해서라면 그 어떠한 희생도 감내하고자 하는 결기와 강단으로 무장된 근본주의자의 모습을 어렵지 않게 읽어낼 수 있는 이러한 글들을 통해 채만식은 가부장과 가족 구성원들 사이의 지배와 종속관계에 기초한 수직적 위계를 축으로 작동되는 조선의 전통적인 가족제도와 결혼제도야말로 조선의 젊은이들을 불행과 도탄에 빠트리게 하는 원천이자 주범이라고 몰아세우고 있다. '가부장제 이데올로기의 신봉자로서의 심봉사 표상'을 통해 채만식이 의도한 문제의식은 그러한 문제의식의 연장선상에 있다. 그러한 맥락에서 『심봉사』 계열체 서사의 문제의식을 "심봉사로 표상되는바 조선의 가부장 전통의 본질에 대한 직접적인 물음"[24]으로 규정하는 해석은 적실해 보인다. 그리고 가부장의 전제적 권력에 기초한 전통적인 가족제도에 대한 문제의식이나 대결의지와 관련하여 마지막 장면은 결정적으로 중요한 의미를 지닌다.

---

[23] 정홍섭, 앞의 글, 317쪽.
[24] 위의 글, 324쪽.

2. 전통적인 가족제도에 대한 상징적 거세와 처벌

『심봉사』계열체 서사의 창작 의도와 방향 가운데 하나로 채만식은 '「심청전」의 커다란 저류(低流)가 되어 있는 불교의 '눈에 아니 보이는 힘'을 완전히 말살 무시한 것'이라고 밝히고 있다. 이 진술을 통해 채만식은 심청의 환생과 부녀의 재회로 끝나는 원텍스트인『심청전』의 전근대적인 초월적인 세계관을 근대적인 합리적 세계관으로 바꾸어 전통적인 가족제도에 대한 자신의 문제의식과 대결의지를 반영하고자 하는 창작 의도와 방향을 밝히고 있다. 그리고 그 진술에 뒤이어 바로 '재래「심청전」의 전통으로 보아 너무나 대담하게 결말을 지은 것'이라는 진술에서 드러나는 바와 같이, 채만식은 전통적인 가족제도에 대한 자신의 문제의식과 대결의지를 대담한 결말 부분을 통해 극명하게 드러내고 있다.

세세히 아뢰오니 황후 이 말을 들으시매 부친이 분명하다. 버선발로 뛰어나와 부친 목을 후려안고 실성통곡(失性痛哭)하는 말이
"아버님 살아왔소. 인당수에 죽은 심청 살았으니 어서 급히 눈을 떠서 나의 얼굴 보옵소서. 애중(愛重)하던 외딸을 자취 없이 잃고 어이 진정히 계시며 그 고생을 어이 하셨나이까. 알뜰이도 보고 싶고 알뜰이도 그리워라. 슬프다 아버님아. 불효여식(不孝女息) 다 보옵소서."
심봉사 이 말 듣고,
"엇다, 이 말이 웬 말이냐?"
대경(大驚)하여 양안(兩眼)을 번쩍 뜨니 백일(白日)이 광명(光明)하여 천지(天地)가 명랑하다. 딸의 얼굴 살펴보니 갑자(甲子) 사월(四月) 십일야(十日夜)에 보던 선녀 분명하다.…… (김진영 외,『심청전』, 민속원, 2005, 285~287쪽)

장승상 부인 : 아까 그건 거짓말 심청이고 그래서 심생원이 눈을 뜨니까 질겁을 해서 달아났다우. 그리고 정말 심청이는, 여보 심생원 정말 심청이

는 임당수에서 아주 영영 죽었……

　심봉사 : (자기 손가락으로 두 눈을 콱 찌르면서 엎드러진다) **아이구 이 놈의 눈구먹! 딸을 잡아 먹은 놈의 눈구먹! 아주 눈알맹이째 빠져바려라.** (마디마디 사무치게 흐느껴 운다) 아이구우 아이구우……

　심봉사 : (일어서서 비틀거리며 하수로 걸어간다. 눈은 눈알이 빠져서 아주 움푹 들어가고 피가 흐른다) 아이구 아이구우 아이구우. 가자 가자아 망녀대를 찾아가아 망녀대로 가자아. (『심봉사』 1. 『채만식 전집』 9, 창작과비평사, 1989, 101쪽)

　원텍스트인 『심청전』의 결말은 황후의 신분으로 환생한 심청이 배설한 맹인 잔치에 참석한 심봉사가 눈을 뜬 후 부녀가 상봉하는 감격적인 장면으로 마무리된다. 하지만, 재래 「심청전」의 전통으로 보아 너무나 대담하게 결막을 지은 것이라는 작가 후기의 진술처럼, 『심봉사』 계열체 서사에서는 자신의 개안이 딸 심청이의 생명을 담보로 한 계약의 결과라는 사실을 알아차린 심봉사가 스스로 자신의 눈을 찔러 다시 맹인으로 돌아가는 참혹한 비극적 결말로 마무리된다. 이를 통해 채만식은 자신을 포함한 조선의 청춘남녀들을 불행의 나락에 빠트린 원천으로 지목한, 가부장의 전제적 권력에 기초한 조선의 전통적인 가족제도를 해체하고 심문하고자 하는 오이디푸스적 욕망을 투사한 것으로 보인다. 이러한 맥락에서 심봉사는 조선의 전통적인 가족제도의 은유적 대체이며, 따라서, 심봉사가 스스로 자신의 눈을 찔러 다시 맹인이 되는 행위는 "눈을 떠서 입신하고자 한 자기의 부질없는 욕망에 대한 회한"[25]으로 해석하기보다는 조선의 전통적인 가족제도에 대한 상징적인 거세이자 처벌 의지의 기호적 현현으로 해석하는 것이 보다 더 온당하다고 생각한다. 그리고 그러한 해석과 판단의 설득력은 "시각의 상실은 남근(phallus)의 상실의

---

25) 방민호, 앞의 책, 190쪽.

은유"26)라는 적실한 원군을 확보한다.

Ⅳ. 나오는 글

구체적인 작품 분석과 해석을 통해 『심봉사』 계열체 서사들이 채만식 문학의 기원으로 작동하는 전통적인 가족제도의 억압과 폭력에 대한 채만식의 저항의지와 대결의식을 반영하고 있음을 밝혀보고자 하는 문제의식과 목적에서 이 글은 출발하였다. 논의의 결과를 정리하면 다음과 같다.

먼저 이 글에서는 채만식이 『심봉사』 계열체 서사에 집요하게 매달린 결정적인 동기로 조선 사회에서 '상징계의 대타자'나 '아버지의 이름'으로 기능하면서 조선의 청춘남녀들에게 폭력과 질곡으로 작용했던 가부장제 이데올로기에 기초한 전통적인 가족제도에 대한 자신의 비판과 저항의지로 파악하였다. 이러한 맥락의 연장선에서 이 글은 '심청이의 효행에 대한 칭송의 서사'에서 '심봉사의 욕망에 대한 처벌의 서사'로 서사의 초점을 전환한 『심봉사』 계열체 서사가 겨냥하는 지점을, 가부장의 전제적 권력에 기초한 전통적인 가족제도의 억압과 폭력을 심문하고 처벌하고자 하는 오이디푸스적 욕망의 실천으로 해석하였다.

전통적인 가족제도에 대한 채만식의 저항의지와 대결의식을 반영하는 소설들의 서사 문법이나 패턴을 반복적으로 변주하는 『심봉사』 계열체 서사의 패러디적 전유는 크게 두 가지 양상으로 드러나고 있었다. 하나는 심봉사에 대한 형상화 부분이고, 다른 하나는 결말 부

---

26) 남진우, 「천상의 빛 대지의 노래」, 『폐허에서 꿈꾸다』, 문학동네, 2013, 33쪽.

분이었다. 작품의 제목을『심청전』에서『심봉사』로 바꾼『심봉사』계
열체 서사에서 서사의 주체로 기능하는 심봉사는『심청전』의 심봉사
에 비해 도덕적·윤리적으로 결손과 훼손의 표지가 훨씬 더 분명한
인물로 형상화되고 있었다. 서술자의 적극적인 서술적 개입에 의해
심봉사는 경박하고 충동적인 기질에다 사리분별력과 합리적인 판단
능력에서 심각한 문제를 지닌 인물로 형상화되었다. 오직, 득남과 과
거 급제를 통해 가문의 대를 잇고 영광을 드높이는 욕망에 지배당하
는 심봉사의 내면은 가부장제 이데올로기 신봉자로서의 모습이었다.

  자신의 개안이 딸 심청이의 생명을 담보로 한 계약의 결과라는 사
실을 알아차린 심봉사가 스스로 자신의 눈을 찔러 다시 맹인으로 돌
아가는 참혹한 비극적 결말을 통해 채만식은 전통적인 가족제도에 대
한 자신의 저항의지와 대결의지를 극명하게 드러내고자 한 것으로 해
석하였다. 이러한 결말의 전유를 통해 채만식은 자신을 포함한 조선
의 청춘남녀들을 불행의 나락에 빠트린 원천으로 지목한, 가부장의
전제적 권력에 기초한 조선의 전통적인 가족제도를 해체하고 심문하
고자 하는 오이디푸스적 욕망을 투사한 것으로 보았다. 이러한 맥락
에서 심봉사는 조선의 전통적인 가족제도의 은유적 대체로, 그리고
심봉사가 스스로 자신의 눈을 찔러 다시 맹인이 되는 행위는 조선의
전통적인 가족제도에 대한 상징적인 거세이자 처벌 의지의 기호적 현
현으로 해석하였다.

◆참고문헌◆

『채만식 전집』 6, 창작과 비평사, 1989.

『채만식 전집』 9, 창작과 비평사, 1989.

김진영 외, 『심청전』, 민속원, 2005.

정홍섭 엮음, 『채만식 선집』, 현대문학, 2009.

공종구, 『한국현대문학론』, 국학자료원, 1997.

권용혁, 『한국 가족, 철학으로 바라보다』, 이학사, 2012.

김석, 「자율적인 시니피앙 논리의 효과인 문학」, 한국프랑스철학회, 『프랑스 철학과 문학비평』, 문학과 지성사, 2008.

김일영, 「채만식의 「심봉사」 작품 군 연구」, 이주형, 『채만식 연구』, 태학사, 2010.

남진우, 『폐허에서 꿈꾸다』, 문학동네, 2013.

루샤오펑 / 조미원 외, 『역사에서 허구로』, 길, 2001.

린다 허천 / 김상구·윤여복, 『패로디 이론』, 문예출판사, 1993.

마르트 로베르 / 김치수·이윤옥, 『기원의 소설, 소설의 기원』, 문학과 지성사, 1999.

박찬부, 『기호, 주체, 욕망』, 창비, 2007.

박찬부, 『에로스와 죽음』, 서울대학교출판문화원, 2013.

방민호, 『채만식과 조선적 근대문학의 구상』, 소명출판, 2001.

장석규, 『심청전의 구조와 의미』, 박이정, 1998.

정홍섭, 「채만식의 고전 패러디」, 이주형, 『채만식 연구』, 태학사, 2010.

조너선 컬러 / 이은경·임옥희, 『문학이론』, 동문선, 1999.

조남현, 『한국 문학잡지사상사』, 서울대학교출판문화원, 2012.

조셉 칠더즈·게리 헨치 / 황종연, 『현대문학·문화 비평 용어사전』, 문학동네, 1999.

한국문학평론가협회, 『문학비평용어사전』 상, 국학자료원, 2006.

황태묵, 「채만식의 고전 읽기와 그 의미」, 공종구 외, 『경계인을 통해서 본 동아시아의 근대풍경』, 선인, 2005.